全国人力资源和社会保障干部培训教材
劳动和社会保障岗位资格证书考试教材
高等教育自学考试劳动和社会保障专业专科教材

总主编　尹蔚民

工伤保险

GONGSHANG BAOXIAN

人力资源和社会保障部　组织编写

主编　胡晓义

副主编　刘　梅

中国劳动社会保障出版社

图书在版编目(CIP)数据

工伤保险/胡晓义主编. —北京：中国劳动社会保障出版社，2011
全国人力资源和社会保障干部培训教材
ISBN 978-7-5045-9370-2

Ⅰ.①工…　Ⅱ.①胡…　Ⅲ.①工伤保险-中国-干部培训-教材　Ⅳ.①F842.61

中国版本图书馆 CIP 数据核字(2011)第 274688 号

中国劳动社会保障出版社出版发行
(北京市惠新东街 1 号　邮政编码：100029)
出 版 人：张梦欣
*
新华书店经销
中国铁道出版社印刷厂印刷装订
787 毫米×1092 毫米　16 开本　18.25 印张　297 千字
2012 年 1 月第 1 版　2016 年 4 月第 5 次印刷
定价：38.00 元
读者服务部电话：(010) 64929211/64921644/84626437/84209101
营销部电话：(010) 64961894
出版社网址：http://www.class.com.cn

全国人力资源和社会保障干部培训教材

编审委员会

序

“十二五”时期是人力资源和社会保障事业发展的重要时期，既面临严峻的挑战，又面临难得的发展机遇。人力资源和社会保障工作要坚持“民生为本、人才优先”的工作主线，实施充分就业的发展战略和人才强国战略，健全覆盖城乡居民的社会保障体系，深化人事制度改革和工资收入分配制度改革，积极构建和谐劳动关系。要完成上述各项目标任务，亟须打造一支高素质的人力资源社会保障干部队伍，以承担历史赋予我们的重要责任，完成党中央和国务院交给我们的光荣使命。

以胡锦涛同志为总书记的党中央历来高度重视干部队伍建设，提出了大规模培训干部、大幅度提高干部素质的战略任务。机构改革后各级人力资源社会保障部门职能增强、业务领域拓宽、人员交流扩大，面对新的形势，加强教育培训，提高干部队伍素质，显得更加重要和紧迫。

加强干部培训教材建设，是增强干部教育培训工作实效的重要途径。编写一套全面反映人力资源社会保障形势任务、政策法规和业务知识的干部培训教材，有利于系统干部认清形势，把握大局，增强责任感、使命感；有利于提高依法行政能力，全面理解和准确把握政策，推动工作落实；有利于加强作风建设，促进系统融合，加快思想上形成共识、工作上形成合力、制度上形成统一、文化上形成风格、服务上形成品牌的进程。

“全国人力资源和社会保障干部培训教材”是新部成立以来组织的第一套综合性干部培训教材（共19本），涵盖就业、社会保障、人才队伍建设、人事制度改革、工资收入分配制度改革、劳动关系等六大板块的工作内容，是系统干部学习培训的好帮手。希望各级人力资源社会保障部门认真贯彻中央和部里的要求，结合本部门工作实际，充分运用这套教材组织培训，努力增强学习培训的针对性和时效性，着力建设一支政治靠得住、业务素质高、工作能力强、作风过得硬的干部队伍，为促进人力资源和社会保障事业的科学发展提供强有力的组织保证和智力支持。

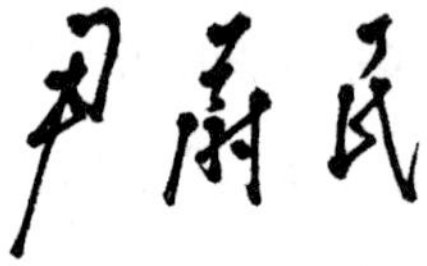

2011年10月8日

前　言

“全国人力资源和社会保障干部培训教材”与读者见面了。这套教材是人力资源和社会保障部组建后开发的第一套针对系统干部培训的综合性教材，是系统干部重要的培训教材和学习资料。

一、教材组织编写的背景

新部成立前，原人事部、劳动保障部在干部培训教材建设方面做了大量工作，积累了一些经验。如 1998 年和 2004 年，原劳动保障部分别组织编写了第一版和第二版劳动保障系统干部培训教材。原人事部也组织编写了一些干部培训教材。但近些年来，随着我国政治、经济和社会的发展，人力资源和社会保障事业发生了巨大的变化，这些教材已经不适应当前系统干部学习和培训的需要。针对新的形势，部里决定组织全部力量，并吸收部外专家学者，开发一套科学、规范、系统的“全国人力资源和社会保障干部培训教材”。

为此，部人事司组织有关单位于 2009 年年初起草了干部培训教材组织开发方案初稿。随后，多次召开座谈会，征求人力资源和社会保障部在职和退休干部、地方人力资源和社会保障系统干部的意见和建议，并在这些意见和建议的基础上对方案进行修改完善。2009 年 11 月底，部党组会讨论通过了干部培训教材组织开发方案。

根据方案的要求，为确保教材的针对性和实用性，在作者选择上采取业务司局为主、部内研究机构和部外专家学者为辅的方式。尹蔚民部长担任教材的总主编，分管部领导担任相应专业教材的主编，教材负责司局及参与司局的负责人担任副主编。在部领导高度重视、各司局积极参与下，干部培训教材组织编写工作顺利开展。

二、教材组织编写的指导思想和基本原则

这套教材以邓小平理论和“三个代表”重要思想为指导，深入贯彻落实科学发展观，按照中央有关干部教育培训工作要求，紧紧围绕人力资源和社会保障中心工作和发展大局，以增强工作本领、提高能力素质为核心，以系统各级各类干部基本公共需求为导向，以人力资源和社会保障政策法规、基本业务知识、基本理论和技能训练为内容，准确把握教材开发定位，科学设计教材课程体系，合理组织教材编写内容，力求为人力资源和社会保障干部教育培训工作提供强有力的基础保障。

在教材编写中，始终坚持以下三个基本原则：一是准确把握人力资源和社会保障事业发展的新形势、新任务，确保教材服从并服务于人力资源和社会保障中心工作；二是充分汲取人力资源和社会保障工作理论和实践发展的新成果，确保教材的先进性和科学性；三是切实适应干部教育培训工作的新需求，确保教材的生命力。

为增强教材的针对性和可读性，要求教材的呈现方式生动新颖、内容活泼，通过本章导读、案例研究、关键概念、新闻摘录、阅读参考、阅读链接等多种形式，多层次、多角度地帮助系统干部学习掌握业务知识，提高能力素质。

三、教材的体系设计

教材的体系设计紧紧围绕我部两大基本职能和中心工作，以各司局业务分工为基础，按照业务板块之间的关联，对有关业务进行整合，尽量反映相关业务工作的融合，体现业务工作的整体性和课程设置的科学性，并同时兼顾原劳动和社会保障部与教育部联合开展的劳动保障专业高等教育自学考试及劳动保障岗位资格“双证书”项目教材的要求。全套教材共19种，具体是：《人力资源和社会保障法制》《人力资源和社会保障事业发展统计与信息化建设》《就业促进与职业能力建设》《社会保障概论》《养老保险》《失业保险》《医疗保险和生育保险》《工伤保险》《社会保障基金监管》《劳动人事争议调解仲裁》《劳动保障监察》《社会保险经办管理》《劳动关系》《公共部门人力资源开发与管理》《公务员制度与管理》《事业单位人事管理》《军官转业安置》《专业技术人才队伍建设与管理》《智力引进》。其中《就业促进与职业

能力建设》《养老保险》《失业保险》《医疗保险和生育保险》《工伤保险》《劳动关系》6种教材为劳动保障专业高等教育自学考试教材和劳动保障岗位资格证书考试教材。

四、教材的组织编写

为了保证教材编写工作顺利进行，确保教材质量，我们先后召开动员会布置编写任务；召开编写要求会安排具体编写工作；召开联络员会议布置教材编写日常任务。每本教材都配备了联络员、统稿人和审纲审稿人。确定联络员，便于编审委员会办公室和各书编写参与单位之间的沟通责任到人。统稿人一般为工作经验丰富的司局级干部，以确保教材能够满足适用性、权威性和先进性的要求。审纲审稿人全部是有关领域的权威专家，由他们对教材大纲和成稿进行把关，以确保教材的理论性、系统性和科学性。

人力资源和社会保障制度建设还处于逐步完善阶段，在人力资源和社会保障事业发展过程中还会不断出现新情况、新问题。这套教材的编写也只能是反映人力资源和社会保障事业发展的阶段性成果。希望系统干部和广大读者多提宝贵意见和建议，我们将在今后的修订改版过程中不断更新教材内容，提高教材水平，打造人力资源和社会保障领域的精品教材，为系统干部业务能力和素质提升提供有力支持。

全国人力资源和社会保障干部培训教材
编审委员会办公室

2011年10月

目　　录

第一章

工伤保险概论

本章导读

工伤保险是社会保险的一个重要分支。工伤保险是对因工作原因遭受事故伤害或患职业病的劳动者提供物质帮助的一种社会保障制度。工伤保险的保障对象是职业人群，其所保障人群虽然不及养老保险和医疗保险广泛，但这些人群一旦受到伤害，给个人、家庭乃至社会带来的影响往往远远大于事故本身，而且是引发劳资争议和冲突的重要原因，因而在大多数国家工伤保险都是最早建立的社会保险险种之一。

我国的工伤保险从新中国成立初期劳动保险制度的建立，到“文革”期间工伤保险制度的破坏和停滞不前，以及改革开放以来实行以社会统筹为特征的改革试点和法律法规制度的建立完善，我国的工伤保险制度经历了从计划经济时期的“企业保险”到市场经济时期的“社会保险”的转换过程，并在近年来取得了令人瞩目的成就。

本章主要对工伤保险的基本概念、工伤保险的特征与基本原则、国外工伤保险制度的建立和立法情况、我国工伤保险制度的历史沿革以及改革开放以来特别是近年来我国工伤保险事业取得的成绩进行概要介绍，以帮助读者理解工伤保险制度的基本内涵和建立、实施工伤保险制度的重要意义。

第一节　工伤保险的基本概念

工伤保险是社会保障体系的重要组成部分，工伤保险制度对于保障因生产、工作过程中的事故伤害或患职业病造成伤、残、亡的职工及其供养直系亲属的生活，对于促进企业安全生产，维护社会安定起着重要的作用。

一、工伤与工伤保险的概念

（一）工伤的概念

“工伤”，亦称“职业伤害”“工作伤害”，各国的概念不尽相同。“工伤”一词比较规范的说法是在1921年国际劳工大会上通过的公约中提及的，即“由于工作直接或间接引起的事故为工伤”。1964年第48届国际劳工大会也规定了工伤补偿应将职业病和上下班交通事故包括在内。

中国国家标准GB 6441—86《企业职工伤亡事故分类》中将“伤亡事故”定义为“企业职工在生产劳动过程中，发生的人身伤害、急性中毒”。

【阅读参考】关于“工伤”的定义

第13次国际劳动统计会议所使用的定义是：雇佣事故指由雇佣引起或在雇佣过程中发生的事故（工业事故和上下班事故）。雇佣伤害指由雇佣事故导致的所有伤害和所有职业病。

美国国家标准ANSIZ16.1《记录与测定工作伤害经历的方法》中，将“工作伤害”定义为“任何由工作引起并在工作过程中发生的（人受到的）伤害或职业病，即由工作活动或工作环境导致的伤害或职业病”。

工伤所带来的是严重的经济损失和人员伤亡。经济损失通过一段时间的恢复生产，是可以弥补的，而人员伤亡所造成的后果，却是很长时间都无法消除的。例如，伤残人员的生理、心理治疗，身体机能的康复；对所供养直系亲属的抚恤等，都需要长期进行。如果解决得不好，不仅是对伤残人员这部分人力资源的浪费，而且会影响其他生产人员的生产积极性，乃至影响到社会的安定。因而，职业伤害（工伤）已构成了各国的劳动问题和社会问题，并引起了各国政府的重视，使其在安全生产、文明生产、预防事故发生和提供工伤补偿等方面不断地加强立法，建立并完善工伤保险制度。

（二）工伤保险的概念

工伤保险亦称工业伤害保险、因工伤害保险、职业伤害赔偿保险。早期的工伤保险实际上是“工伤赔偿”，即：劳动者因工导致伤残、疾病和死亡时，对劳动者本人或其供养亲属给予经济赔偿和提供物质帮助的一种社会保险制度。随着社会的发展，工伤保险的功能不断延伸。现代意义上的工伤保险，不仅包括对因工伤、残、亡者的经济补偿和物质帮助，而且包括促进企业安全生产、降低事故率及职业病发生率，并通过现代康复手段，使受伤害者尽快恢复劳动能力，促进其与社会的融合，也就是建立并形成工伤预防、工伤补偿、工伤康复三位一体的制度体系。

关键概念

工伤保险是指劳动者在生产经营活动中或在规定的某些特殊情况下所遭受的意外伤害，或是罹患职业病，以及因这两种情况造成的死亡、劳动者暂时或永久丧失劳动能力时，劳动者及其供养亲属（遗属）能够从国家、社会得到必要的物质补偿。这种补偿既包括医疗、康复所需，也包括生活保障所需。

我国2003年颁布的《工伤保险条例》中规定，我国实行工伤保险的目的是“为了保障因工作遭受事故伤害或者患职业病的职工获得医疗救治和经济补偿，促进工伤预防和职业康复，分散用人单位的工伤风险。”

【阅读参考】

1964年在第48届国际劳工大会上通过的第121号文件《工伤事故和职业病津贴公约》及《工伤事故津贴建议书》均指出，实施工伤保险的目的，是为受雇人员发生不测事故时，提供医疗护理、现金津贴，进行职业康复；为不同程度的伤残者安排适当职业；采取措施防止工伤事故和职业病的发生。

二、工业化带来的职业伤害及后果

工业化以前的社会，劳动者日出而作，日落而息，几乎全靠体力与手工从事经济活动，生产节奏缓慢，因工负伤、中毒、致残、致死的可能性很小。现代化大生产，新能源、新材料、新工艺、新技术的应用，使劳动者的职业危险性大大增加，工伤事故亦随之发生，而且随着大生产程度的提高以及新技术的应用，事故的严重度也在增高。国际劳工组织在公报中指出，自1990年以来，由于加入具有传染性的职业病以及因工作而导致癌症和呼吸系统疾病等统计资料，同就业有关的死亡事件飞速增加，2000年死亡的人数已经达到了200万人，造成的经济损失约占全球国民生产总值的4%。根据国际劳工组织的统计数字，癌症是造成职业人群死亡的第一大杀手，每年造成的死亡人数达 64 万人，占总数的 32%。工伤事故造成的死亡人数占总数的 19%，传染性职业病占 17%。此外，如伐木、捕捞和采矿业，也是事故发生频率较高的行业。而发展中国家的工伤死亡人数，在各种死因中排前 5 位。因而在世界上大多数国家中，工伤保险制度比其他保险制度建立得更早，适用范围更普及。预防事故、保障职工安全健康已经成为企业、政府的急迫任务。

【阅读参考】**工伤造成的经济损失**

据国际劳工组织的资料表明，全球工伤和职业病造成的经济损失占世界各国国民生产总值（GNP）之和的 4%。在工业化国家，工伤和职业病造成的经济损失更是惊人：仅美国制造业部门，每年工伤事故的经济损失高达 1 900 亿美元以上；德国每年工伤事故和职业病的直接损失为 560 亿马克；澳大利亚每年工伤和职业病的损失费用估计在 150 亿～370 亿澳元之间；据欧洲职业安全卫生机构统计，欧盟成员国的工伤和职业病造成的经济损失达到 GNP 的 2.6%～3.8%。

（晓岚. 国外职业伤害赔偿制度的发展历程［J］. 现代职业安全. 2002，4）

三、工伤保险制度的建立

正是由于工伤给当事人及其家属带来了极大的不幸与灾难，因而不同的国家都以各种形式对工伤进行了补偿。但现代意义上的工伤保险，实际上是职业伤害保险，既包括工伤事故所致人身伤害，也包括“法定”职业病导致的各类疾患及死亡。

（一）工伤保险制度的发展历程

工伤保险制度的确立，经过了从雇主责任保险向社会保险发展的历程。

第一阶段：工伤民事索赔

在前工业化社会，在手工作坊式的小工厂里，对于因工作而发生的伤亡，其事故的预防、处理和赔偿是在公民之间私下进行的。

在欧洲工业化早期，劳动灾害（或称职业灾害），特别是恶性工伤事故及急性职业中毒事故时有发生，却并未引起足够的重视。英国著名经济学家亚当·斯密（Adam Smith）在他的“风险承担理论”中曾这样认为，给工人规定的工资标准中，已包含了对工作岗位危险性的补偿，而工人既然自愿与雇主签订了合同，那就意味着他们是自愿接受了风险，接受了补偿这种风险的收入。因而，工人理应负担其在工作过程中因发生工伤事故而蒙受的一切损失。这一理论风行于早期资本主义时代，成为雇主推卸工伤责任的理论依据。

【阅读链接】

乔刚. 亚当·斯密“最高工资”理论［J］. 合作与经济. 2006，13

但是，随着资本主义的经济发展，大机器所导致的工伤事故日益增多，事故严重度也有所增强；与此同时，工人运动也蓬勃发展。因而，在工业化进程加速的时候，开始有了雇员因工伤索赔而起诉雇主的案件。

第二阶段：雇主责任制

按照民法的规定和程序，很难使受伤害者得到应有的赔偿，也很难合理地处理工伤所引发的社会问题，有时要拖延很长时间，不仅不能适应工伤事故日益增多的情况，往往也使受伤害者得不到及时、合理的赔偿，从而造成不公平的结果。随着社会的发展，法律思想亦发生了深刻的变化，在侵权法领域，出现了无过错责任原则。

【阅读参考】

至19世纪末，法国、德国、英国等普遍认同了“职业危险”原则，即：凡是利用机器或雇员体力从事经济活动的雇主或机构，就有可能造成雇员受到职业方面的伤害；意外事故无论是由于雇主的疏忽还是由于受伤害者的同事的粗心大意，甚至根本不存在有什么过失，雇主也应进行赔偿；赔偿金应该是企业所承担的一部分管理费用。

无过错责任原则与职业危险原则应用于工业伤害领域就代表着雇主责任制的开始。不管雇主是否有过错，都须依照法律法规对受伤害的雇员或死亡雇员的家属承担赔偿责任。如果工伤涉及其他人，出现争议，国家有关方面或法院还要介入。

【阅读参考】

1952年德国制定规范道路交通事故赔偿的特别法《陆上交通法（公路）》，率先在立法上确定无过错责任归责原则。其法理依据即危险责任思想和危险控制理论。此说认为，机动车辆是一种危险性比较高的机器，随近代工业革命登场，但因其存在对于社会有其重要有益性，故获得认可。机动车交通事故是伴随机动车这种危险机器时运行过程中所必然产生的特殊侵权责任。对于这些危险唯有危险物的保有者能控制危险、避免危险，“谁能够控制、减少危险、谁承担责任”，因此机动车的保有者应当对危险物产生的侵害承担赔偿责任。让其承担赔偿责任，能够促使其谨慎驾驶，尽可能避免危险，尽可能减少损害。

职业伤害保险从民法中独立出来后，就进入了雇主责任保险阶段。雇主责任保险是指受伤害的工人或遗属直接向雇主要求索赔，雇主依照法律法规向他们直接支付保险待遇。

雇主责任保险制有自保和向商业保险公司投保两种情况：一是受伤害者或遗属直接向雇主索赔，而雇主对职业伤害的赔偿，有些国家是由雇主个人行使的，也有些是由雇主群体（例如雇主协会或雇主联合会等）行使的。如果工伤还涉及其他方面，出现争议，法院或国家有关机构将出面解决。二是雇主为雇员的职业伤害风险实行保险。这些雇主只能通过向私人保险公司投保而得到保险。这类保险公司征收伤害保险费，通常是根据各企业或各产业部门的工伤事故发生的情况或根据工作风险程度而定，保险费可能差别很大。例如：美国在不实行工伤社会保险的州，要求雇主为其雇员的职业（工伤）风险实行保险，按险别交保险费。美国职业风险是按行业划分的，与行业内部所有企业的伤害频率和安全考绩有关，用以精确地估算该行业工人补偿保险损失成本。但也有些国家，例如挪威和瑞典，就已不再考虑风险因素了。所有雇主不论其业务类别，均按相同比率缴纳工伤保险费。

【阅读链接】

郑尚元．工伤保险法律制度研究［M］．北京：北京大学出版社，2004

但雇主责任保险制仍存在一定的缺陷，那就是当工伤事故一旦发生时，对劳动者会造成极大的身心伤害，如果雇主因欠债、破产，失去责任能力，那劳动者则失去了受赔偿的可能，这对受伤害的劳动者来说是致命的。对企业来说，如果多次发生工伤事故，或者某一工伤事故导致多人受伤，因巨大的工伤赔偿，可能也会影响企业自身的发展：工伤事故争议多，企业负担重，特别是那些资金不足的小企业，遇到重大或特大伤亡事故有很多人伤亡时，雇主难以负担巨额赔偿，其后果只能是企业倒闭、破产、雇员被遣散回家。

而受伤害者则更惨；赔偿金多为一次性支付，而对于那些永久完全丧失劳动能力的人或对其所供养的遗属来说，他们真正需要的是长期的待遇，以保障其基本生活，一次性赔偿金额往往在一两年内就花光了。商业保险公司介入工伤保险有很大的局限性，由于其盈利的本性，这些私营保险公司会千方百计拒绝接受那些职业危险性很大的企业雇主和工人参加保险；在支付赔偿金时，保险公司又会想方设法去降低给付标准，尽可能逃避赔付责任。这种情况使很多国家政府选择了工伤社会保险的制度。

第三阶段：工伤社会保险制度的建立与发展

工伤事故具有严重性、不可避免性和非个人性的特征，所以单纯追究“个人”的责任是不合理的。既然事故是社会性的问题，就需要根据社会公正原则，让全体社会成员分担损失，保证事故的受害人获得赔偿。现代国家的社会职能加强，已经承担起保障社会成员免受意外损失的义务。社会保险已突破了侵权责任的调整范围，在更广的范围内给受害人以补偿。着眼于补偿受害人的损害，不考虑损害的原因和侵权责任。对工伤职工的赔偿必然从工伤索赔、雇主责任制发展到工伤社会保险。

早期的工伤保险实际上是“工伤赔偿”，即：劳动者因工导致伤残、疾病和死亡时，对劳动者本人或其供养亲属给予经济赔偿和提供物质帮助的一种社会保险制度。

多数国家注重修订完善工伤保险立法，在1995—1998年的4年间，据不完全统计，有50多个国家修改或实施了工伤保险制度。许多国家根据经济发展状况，通过立法规定，扩大了工伤保险的覆盖范围，有的调整和完善了工伤保险待遇标准。例如欧洲一些国家对工伤立法作了较大调整。对工伤事故和职业病职工的赔偿标准及遗属待遇提高的幅度较大，并对工伤保险的统筹项目（包括职业病）重新作了严格的界定。但是，也有一部分国家工伤保险制度还没有覆盖非正规就业部门的职工。这些国家的农业雇员、保姆和10人以下企业的职工发生工伤事故后，得不到相应赔偿。在职业病方面，许多国家的立法中对职业病的重要性和危险性关注不够。总体来看，工伤保险通过一系列改革，正日臻完善，但其基本原则及根本性质并没有改变，与许多国家养老保险私有化的趋势形成明显对比的是，实施工伤保险私有化的国家极少。

【阅读链接】

穆怀中．社会保障国际比较［M］．北京：中国劳动社会保障出版社，2002

在工伤保险制度的发展过程中，赔偿、预防、康复三位一体的体制已成为较为通行的做法。多数国家工伤保险基金，除支付工伤待遇外，还包括事故预防和职业康复的费用支出。大多数国家工伤保险机构在工伤职工的医疗和职业康复方面的要求也越来越高，责任也越来越大。这些国家正在积极发展职业康复事业，并纳入了国家社会发展计划。

（二）工伤保险立法的发展概况

1884 年 7 月 6 日，德国颁布了《工伤保险法》，这是世界上第一部工伤保险法，是专门涉及工业事故和职业病及其预防与补偿问题的法规。

【阅读参考】1884 年德国《工伤保险法》主要内容

（1）预防。通过采取一切有效的手段预防事故和控制职业病，以保障劳动者在工作中免遭伤害。

（2）康复。如果发生了工伤事故，就必须采取一切适当的措施，为受伤人员提供医疗服务，使之身体康复，并恢复其职业和社会活动。

（3）待遇给付。为受伤人员及其抚养的家属，提供现金补偿费。

这一立法的影响遍及整个欧洲。各国纷纷效仿德国，先后建立了工伤保险制度，颁布了相关法规。奥地利于 1887 年；芬兰、挪威于 1895 年；英国、爱尔兰于 1897 年；丹麦、法国、意大利于 1898 年分别首次对工伤保险立法。20 世纪初叶，西班牙、荷兰、卢森堡、比利时、葡萄牙、希腊以及澳大利亚等国也先后颁布了《工伤保险法》。瑞典关于工伤保险的首次立法出现在 1901 年。现行的制度是执行 1962 年的《社会保险法》和 1991 年的《疾病支付法令》的规定。法国工伤保险的首次立法在 1898 年，其费用全部由雇主缴纳，平均约占企业工资总额的 4%，政府和职工本人都不负担。美国的首次立法出现在 1908 年，覆盖联邦雇员，后在 1911 年有 10 个州相继进行了相关立法。在美国，现行的法律大约有 4/5 是在 1920 年以前制定的。联邦的工伤补偿计划仅适用于受雇于联邦的工作人员。对于工伤保险的规定，各州之间在具体的规定上有差异。其保险可以通过公营或者私营保险公司来进行。日本的工伤保险立法首次出现在 1911 年。后来在 1947 年、1980 年和 1986 年等多次进行了修改，其内容有了很大的变化。日本的工伤保险并不包括所有的雇员，一些人员是不包括在工伤保险的范围之内的：雇员人数不到 5 人的农业、林业和渔业企业的雇员，但可以进行自愿的保险。海关和公共雇员实行特别的制度。在日本除了综合社会保险制度之外，单就工伤保险规定了一个强制性的保险制度并由政府机构进行管理。而且救济方法不是唯一的，受害人可以在请求工伤补偿之外对雇主提起诉讼，请求补偿损失的差额部分。

（三）工伤保险的组织机构概况

各国的工伤保险的组织管理随国家的性质、政治经济条件和历史传统而异，没有统一的模式，目前大体上有 3 种类型。

第 1 种类型由政府直接（集中或分级）管理。例如日本、英国、巴巴多斯、玻利维亚、乍得、芬兰、冰岛、伊朗、牙买加、韩国、圣卢西亚等国。

第 2 种类型是政府指定政府的中央部门进行监督，由自治性的各种协会（基金会、理事会或联合会），在国家法律范围内管理。例如德国、法国、意大利、塞尔维亚、哥伦比亚、萨尔瓦多、尼加拉瓜、巴拉圭、卢旺达和荷兰等国。

第 3 种类型是在国家立法范围内，由政府委托工会管理业务。例如匈牙利、捷克、斯洛伐克、保加利亚和斐济等国。

（四）工伤保险范围的发展

国际上关于工伤保险的事故范围有一个发展的过程。在工伤保险制度建立初期，它仅包括工业上的意外事故，后来才把由于工作原因造成的职业病也包括进来。

【阅读参考】

1921 年国际劳工大会《关于工人赔偿（包括农业工人）公约》（第 12 号）中把工伤事故定义为：“由于工作直接或者间接引起的事故为工伤事故”。这里的“直接或者间接引起”是指工伤事故必须与工作或者职业的时间和地点相关。

在工伤保险事故的范围中，有些并非是直接的工伤事故，如许多国家把职工在上下班途中发生的意外事故也算作工伤。根据国际劳工组织调查统计，1925 年世界上仅有 7 个国家把这种非直接的工伤事故包括在工伤保险范围内，而到 1963 年 101 个成员国中有 50 个国家把这种事故视为工伤保险事故。

职业病虽非事故，但是因为从事一定的劳动而蒙受疾病，给劳动者造成了损害，后来也归入了工伤保险的范围。职业病从广义上讲是指劳动者在生产劳动和在其他的职业性活动中，因接触职业性有毒有害环境而引起的疾病。但在工伤保险中所称的职业病，通常是指通过国家法律明文作出规定的“法定”的职业病类型。

【阅读参考】

最早把职业病纳入职业伤害补偿范围的是1906年英国的《职业补偿法(修正案)》，将6种职业病列入可赔偿的范围之内。法国在1919年、德国在1925年也开始把职业病列入赔偿范围。1925年国际劳工会议把铅中毒、汞中毒、炭疽病感染3种疾病划入了职业病范围。但由于化学工业的迅速发展，出现了许多新的公害。1964年国际劳工组织《职业伤害赔偿公约》（第121号）把15种疾病列入职业病范围，到1980年被国际劳工组织列为职业病的疾病已经达到29种。现在世界各国的工伤保险制度中，都把职业病包括在内。

（五）工伤保险保障对象范围的发展

早期工伤保险的对象范围只是那些从事有危险工作的工人，而且有些国家还把一些小企业排斥在工伤保险范围之外，后来才逐步扩大范围。目前，世界各国均有扩大工伤范围的趋势。在发展中国家，工伤保险的限制在减少，有权享受待遇的人在增加；一些工业化国家现已把从事经济活动的人和从事非经济活动的人同样包括在一个工伤保险制度中，如奥地利、丹麦、德国、芬兰、日本、挪威、瑞典和突尼斯等国已把个体经营者包括进来。奥地利、法国、德国、卢森堡、挪威和瑞典在法规中还包括学生和教师。有些国家把红十字救援人员、义务消防人员、从事工会工作人员、协助警察工作人员、保卫国家安全人员、家庭雇工、家庭教师甚至保姆等因工作受到的伤害，均包括在工伤保险的范围之列。

第二节　工伤保险的特征与基本原则

一、工伤保险的模式

目前，世界上实行工伤保险的国家大体可分为3种类型：雇主责任保险类型、使用集中公共基金的社会保险类型以及混合型即两种制度并存的类型。

【阅读参考】

1985 年，国际劳工专家对 140 个国家的工伤保险制度进行分类时证实，由于各国受历史、经济、文化背景所限，实行由政府机构管理社会保险制度的有 93 个，占 66%，即大约有 2/3 的国家实行工伤社会保险制度，实行的是使用公共基金的社会保险类型，其工伤保险基金可以是一般社会保险基金的组成部分，也可以不是；大约有 40 个国家仍实行雇主责任保险类型，占 29%，即近 1/3；也有一些国家是两种方式并存，这类国家占 5%。可见，雇主责任保险向社会保险模式过渡已成为国际趋势。

（一）雇主责任保险类型

实行雇主责任保险制度的国家大致可分为下列 3 种类型：

1. 没有明文规定要求雇主有义务实行保险的国家，如阿根廷、印度、巴基斯坦、斯里兰卡和缅甸等。

2. 规定对某些危险性较大的职业，雇主必须向商业保险公司投保的国家，如马来西亚、乌拉圭、萨尔瓦多和哥斯达黎加等。

3. 明文规定所有雇主必须缴纳保险费的国家，如美国、澳大利亚、芬兰和新加坡等。

（二）社会保险类型

实行社会保险制度的国家亦大致可分为 3 种类型：

1. 工伤保险作为一项独立的社会保险制度，在管理和基金方面有自主权的国家，如比利时、意大利、德国、日本和泰国等。这些国家在管理上亦有所不同。例如，加拿大由各省制定劳工赔偿法，省级劳工部实行监督管理，另有劳工赔偿局经办业务；意大利由工伤保险总局实施工伤保险法律法规；德国是由工伤保险同业工会等来实施的；日本则是由劳动省的劳动基准局实施工伤保险补偿法。

2. 工伤保险虽然是独立的，但在行政管理方面由同一机构负责，如奥地利、法国和菲律宾等。

3. 工伤及其他意外事故包括在整个社会保险制度之中，如阿尔及利亚、巴拿马、哥伦比亚和英国等。

（三）混合型

在少量的两种制度兼而有之的国家中，如美国，工伤保险不由社会保障总署经管，而是由各州政府的劳工部门组织实施；在有些州不是实行工伤社会保险，而是雇主责任保险，但法律规定雇主必须缴纳保险费。

在很多发展中国家，雇主支付部分工伤待遇（如误工工资或伙食补助）与社会保险制度支付职工伤害保险待遇是并存的。一方面，受到社会保险保护的企业减轻了雇主责任保险的负担。另一方面，由雇主支付或提供一定的待遇，在一些国家也逐步得到了恢复，并将这些待遇作为法定待遇的补充。例如，在德国、俄罗斯和英国，政府还强化了对雇主在事故预防、职业康复、伤残职工再就业等方面的责任要求。

【阅读链接】

周弘．30国（地区）社会保障制度报告［M］．北京：中国劳动社会保障出版社，2011

二、工伤保险的特征

工伤保险具有补偿与保障的性质，缴费由用人单位负责。比起其他保险项目，工伤保险的特征较为明显：待遇最优厚、保险内容最全面、保险服务最周到。

（一）工伤保险与其他社会保险制度相同的特征

1. 工伤保险具有强制性

工伤事故具有突发性和不可预测性，多属于意外事故。同时“工伤”亦具有不可逆性。工伤所造成的器官或生理功能的损伤，可以是暂时的、部分的丧失劳动能力；也可能是虽经治疗休养，仍不能完全复原，以致身体或智力功能部分或全部丧失，造成残疾，这种残疾表现为永久性部分或永久性全部丧失劳动能力。

职业病虽列入因工伤残的范围，但它同一般伤残又有所区别。职业病具有迟发性，而且往往造成体内器官生理功能的损伤，且大多损伤属于不可逆性损伤。

由于工伤可能为个人带来终身痛苦，给家庭带来永久的不幸，于企业不利，于国家不利。因而，国家法律往往规定强制实施工伤保险。

2. 工伤保险具有社会性（普遍性）

工伤保险是世界上历史最悠久、实施范围最广的社会保障制度。政府通过法律，通过社会经济生活的一定干预，在发生职业风险与未发生职业风险之间进行收入再分配，切实达到保障伤残劳动者基本生活水平的目的。

3. 工伤保险具有互济性

工伤保险通过统筹的基金来分散职业风险，以缓解企业之间、行业之间、地区之间因职业风险不同而承受的不同压力，在较大范围内分散风险，为劳动者和企业双方建立保护机制。

【阅读参考】

根据国际社会保险协会（ISSA）2000年的统计资料，在全球近200个国家（包括地区）中，有172个国家建立了社会保障制度。其中，建立了工伤保险项目的有164个，其他的30多个国家也有与工伤事故方面相关的立法。

4. 工伤保险具有福利性和非营利性

工伤保险基金属劳动者所有，是保障劳动者安全健康的物质基础，专款专用，国家不征税，并由国家财政提供担保，由隶属于政府部门的非营利性事业单位经办，为受保人服务。

（二）工伤保险不同于其他社会保险制度的特征

1. 工伤保险具有补偿性（赔偿性）

这是工伤保险不同于其他社会保险的显著特性。在绝大多数国家中，工伤保险费用不实行分担方式，全部费用由用人单位缴纳，劳动者个人不缴纳费用。

2. 工伤保险具有事故预防与职业康复性

现代工伤保险已不仅仅限于对工伤职工给予工伤补偿，而是把它与工伤补偿、职业康复和工伤预防紧密地结合起来，以便更好地发挥其在维护劳动者权益、社会稳定、保护和促进生产力发展方面的积极作用。

三、工伤保险的基本原则

目前，世界上大多数国家在实行工伤保险制度时，普遍遵循的主要原则可大致归纳如下：

（一）补偿不究过失原则

又称无责任补偿原则。在劳动者负伤后，不管过失在谁，工伤职工均可获得经济补偿，保障其基本生活。但这并不妨碍有关部门对企业事故责任人的追究，以防止类似事故重复发生，教育广大群众，降低事故率。

（二）劳动者个人不缴费原则

工伤保险费由企业或雇主缴纳，劳动者个人不缴费，这是工伤保险与养老、医疗、失业等其他社会保险项目的区别之处。由于在生产中劳动者创造社会财富的同时，也付出了鲜血乃至生命，所以理应由雇主（或由企业）、社会保险机构负担补偿费用，这在各国已形成共识。

（三）风险分担、互助互济原则

这是社会保险制度中的基本原则。通过法律强制征收保险费，建立工伤保险基金，采取互助互济的方法，分散风险，缓解部分企业、行业因工伤事故或职业病所产生的负担，从而减少社会矛盾。

（四）保障与赔偿相结合的原则

社会保险制度的一项基本原则就是保障原则，即当劳动者在暂时或永久地丧失劳动能力时，对其给予物质上的必要保证，使他们能够继续享有基本的生活水平，以保证劳动力扩大再生产运行和社会的稳定。此外，工伤保险还具有补偿（赔偿）的原则，这是工伤保险与其他社会保险的显著区别。劳动力是有价值的，在生产劳动过程中，劳动力受到损害，理应对这种损害给予赔偿。

（五）补偿与预防、康复相结合的原则

工伤补偿、工伤预防与工伤康复三者是密切相连的。工伤预防是最基本的，各国政府都致力于采取各项措施，减少或消灭事故。工伤事故发生后，应立即对受伤害者予以医治并给予经济补偿，使受伤害者能够得到及时的救治，同时使其（或家庭）生活得到一定的保障。并且及时地对受伤害者进行医学康复及职业康复，使其尽可能恢复劳动能力，或是恢复部分劳动能力，能够具备从事某种职业的能力，能够自食其力，尽可能地减少或避免人力资源的浪费，也是十分重要的，这已引起各国政府和工伤保险机构的高度重视。

（六）区别因工和非因工的原则

工伤保险制度中，对于界定“因工”与“非因工”所致伤害有明确规定。职业伤害与工作环境、工作条件、工艺流程等有直接关系，因而医治、医疗康复、伤残补偿、死亡抚恤待遇等，均比其他社会保险的水平高。只要是“因工”受到伤害，待遇上不受年龄、性别、缴费期限的限制。“因病”或“非因工”伤亡，与劳动者本人职业因素无关的事故补偿，许多国家规定的待遇平均比工伤待遇低得多。

（七）一次性补偿与长期补偿相结合原则

对“因工”而部分或完全永久性丧失劳动能力的职工或是因工死亡的职工，受伤害职工或遗属在得到补偿时，工伤保险机构一般有一次性支付补偿金项目，此外，对一些伤残者及工亡职工所供养的遗属，有长期支付项目，直到其失去供养条件为止。这种补偿原则，已为世界上越来越多的国家所接受。

（八）确定伤残和职业病等级原则

工伤保险待遇是根据伤残和职业病等级而分类确定的。各国在制定工伤保险制度时，都制定了伤残和职业病等级，并通过专门的鉴定机构和人员，对受职业伤害职工的受伤害程度予以确定，区别不同伤残和职业病状况，给予不同标准的待遇。

第三节　我国工伤保险制度的历史沿革

一、计划经济时期的职工工伤待遇

中华人民共和国成立后，国家面临经济落后、生产萎缩、失业和通货膨胀严重，因工致病、致伤、致残人群庞大等一系列社会问题以及生产条件恶劣等生产安全问题。在恢复经济建设的同时，我国正式开始了全国统一的社会保障制度的创建工作。1951 年 2 月 26 日中央人民政府政务院颁布了全国统一的《中华人民共和国劳动保险条例》（简称《劳保条例》）。这是我国第一部包括工伤、死亡遗属等社会保险在内的，对城镇企业职工实行的全国性统一法规，也是社会保险制度在中国开始实施的起点。这个条例对社会保险的实施范围、保险费的征集、管理和支付、保险的项目和标准以及保险业务的执行和监督都作了明确规定。

【新闻摘录】

1951 年 2 月 26 日，政务院颁布《中华人民共和国劳动保险条例》，规定从 1951 年 3 月 1 日起，重点试行。工人群众从来最感痛苦的生、老、病、死、伤、残等困难，得到初步的解决。

本院根据中国人民政治协商会议共同纲领第三十二条“逐步实行劳动保险制度”的规定，制定《中华人民共和国劳动保险条例草案》，于 1950 年 10 月 29 日公开发表，征求全国人民的意见。3 个月以来，共收到全国各地工会组织、工商业界、政府机关及个人寄来的意见书 141 件，现已据此将条例修改完毕，但因该条例尚系重点试行性质，故决定仍由本院公布施行。

(http：//news. qq. com/a/20090630/001019. htm)

随着国家财政经济状况逐步好转，政务院于 1953 年 1 月 2 日又通过了《关于中华人民共和国劳动保险条例若干修正的决定》，进一步扩大了社会保险的实施范围，提高了若干劳动保险的待遇标准，例如疾病、生育津贴和丧葬费等都有了酌量增加。与此同时，国家机关、事业单位的社会保险制度也以单项法规的形式逐步建立：1950 年 12 月 11 日内务部公布了《革命工作人员伤亡褒恤暂行条例》，规定了伤残死亡待遇；1952 年、1953 年和 1955 年又 3 次对这个条例进行了修改，提高了待遇水平。可以说，自 1949 年 10 月至 1957 年年底，主要是制定全国统一的社会保障基本制度，颁布基本立法。在制度建设方面，基本上是实行两套待遇相近、办法有别的社会保障制度，即企业职工的社会保险（亦称“劳动保险”，包括工伤保险制度）；以及国家机关、事业单位中实行的公费医疗、“公伤”死亡抚恤等社会保险项目。

随着我国工业生产的发展，职业病伤害开始突出表现出来。为加强对职工职业病伤害的保障，1957 年 2 月 23 日，卫生部制定和颁布了《职业病范围和职业病患者处理办法的规定》，确定了将严重危害工人、职员健康，严重影响生产、职业性危害比较明显的职业中毒、尘肺病等 14 种与职业活动有关的疾病正式引入职业病范围（即“法定职业病”），同时首次将职业病列入工伤保险的保障范畴。

中华人民共和国成立之初，在百废待兴之际，党和政府很快建立起城镇职工社会保险制度，并使之初具规模，这对于稳定社会、提高职工生产积极性、保护劳动者安全与健康、促进和发展生产都起到了积极作用。但是在实践过程中也出现了不少问题。为此，中央及时作出了调整社会保险制度的决定。此间我国的工伤保险待遇项目主要是依据 1953 年修正公布的《中华人民共和国劳动保险条例》及其后发布的一系列单行规定而制定的。主要包括：工伤医疗待遇、伤残待遇、职业病待遇、职业康复待遇以及因工死亡待遇。

1966—1976 年的“文化大革命”期间，工伤保险和整个社会保险体系遭到严重的破坏，工伤保险由“国家保险”退化为“企业保险”。1978 年 12 月中国共产党召开了十一届三中全会，中国进入了以经济建设为中心的新的历史时期。社会保险制度的重建工作也被提到了议事日程。在此期间颁发了一系列规定：

一是扩大了实施社会保险的范围，除肯定并恢复了“文化大革命”前的劳动保险实施范围外，还专门就学徒及临时工的工伤保险待遇作出新的补充规定，将实施范围由原有的国营企业扩大到其他一些非国有企业“比照执行”。

二是整顿与加强劳动保险工作。1980 年 3 月 14 日国家劳动总局、全国总工会作出《关于整顿与加强劳动保险工作的通知》，强调建立医务劳动鉴定委员会，确定病、伤职工的休假、复工、定残工作；加强对退休、退职、残废职工和因工死亡职工遗属的管理教育工作；受理职工的申诉等。

三是进一步明确因工负伤治疗与疗养期间的其他费用问题。

四是关于工伤补助及抚恤问题，进一步作出了规定。

五是关于职业病。继 1957 年卫生部公布的 14 种法定职业病、1963 年增添皮毛工人布氏杆菌、1964 年增添煤矿井下工人滑囊炎、1974 年增加接触炭黑引起的尘肺病之后，这一时期有关职业病的待遇也有所增加及调整，将电焊混合尘肺、炭黑尘肺、滑石尘肺及其他混合尘肺、石棉尘肺，参照矽肺病处理；对于职工患血吸虫病、支农换钩端螺旋体病、接触铅而中毒的，也比照因公待遇处理；同时积极治疗，适当安排工作，已完全丧失劳动能力的，按因工残废作退休处理。

【阅读链接】

胡晓义等. 当代中国社会保障制度（人力资源和社会保障大讲堂）[M]. 北京：中国劳动社会保障出版社，2009

二、经济体制转变中的工伤保险制度改革

（一）工伤保险制度改革背景

1. 旧的工伤保障制度无法适应新形势的需要

随着改革开放的不断深入，《中华人民共和国劳动保险条例》规定的企业职工工伤补偿制度，已不适应新形势的需要。尤其是经济体制改革后，劳动用工制度、工资制度、物价水平和生活消费标准等都发生了显著变化，致使职工工伤保障出现了许多亟待解决的问题，主要表现在以下几个方面。

一是覆盖范围过窄。由于覆盖范围只限于国有企业和城镇集体企业，难以维护所有劳动者的基本权益。改革开放后，大量外商投资企业不断涌现，形成了国营、集体、私营、个体、股份制和外商投资企业等多种经济形式共同发展的新格局。其中一些企业由于不重视安全管理，劳动条件较差，工伤事故和职业病发生率较高，由于没有相应的强制性工伤保险，一旦发生工伤事故和职业病，受害者和亲属的权益就难以保障。

二是缺乏抗风险能力。我国在建国初期建立的劳动保险基金制度，没有进一步发展和完善，反而在“文革”中又被取消，变为没有基金保障的“企业保险”。“企业保险”方式由于缺乏社会共济，当企业发生工伤事故和职业病时，面临的工伤风险难以分散。一旦发生事故，企业不堪重负，既不能有效保障职工的合法权益，也给企业的生存和发展带来众多的困难。

三是工伤待遇项目不完整，标准低。如缺少一次性补偿待遇，只注重补偿工资收入损失，对伤残者的肢体、器官缺损及其功能障碍以及工亡者等均无一次性赔偿。由于工伤待遇标准基本上还是20世纪五、六十年代制定的，之后又没有建立起正常的调整机制，因此在改革开放以后，随着职工收入的提高，工伤待遇占工资收入的比例逐年下降，使得领取长期工伤待遇的工伤人员生活水平逐渐下降，甚至出现生活困难的情况。因此，伤残职工“闹工伤”事件屡有发生，严重影响了企业的生产和工作秩序，同时也损害了工伤职工的利益。

四是政策和管理不规范。如缺乏科学的评残等级标准和健全的劳动能力鉴定制度。《劳动保险条例》将工伤残疾等级分为完全丧失劳动能力和部分丧失劳动能力两类。完全丧失劳动能力的又分为饮食起居需人扶助和不需人扶助两个等级。这种只划分两类三级的评残标准，过于原则和粗略，不能反映不同伤残人员的伤残程度，缺乏公平合理性，极易发生争议纠纷。另外，由于当时多数地区劳动能力鉴定工作标准不统一，办事机构和专业人员缺乏，职工因工残疾退休只凭医生的一纸诊断证明即可批准，缺乏规范性，使“人情风”和突击退休之风得以大行其道。据调查，在以工残为由的退休者中，约60%不符合完全丧失劳动能力的退休条件，这既破坏了政策的公平性，也给国家和企业造成了不必要的负担。

五是工伤预防机制未建立。由于当时工伤工作重点只局限于事故后的赔偿，没有开展事故前的预防工作。工伤预防机制的缺失，使对工伤事故率上升的企业无惩罚措施，对事故率下降的也无奖励办法，不利于降低工伤事故率和促进安全生产。

2. 经济体制改革催生新的工伤保险制度

20 世纪 80 年代中期，我国经济体制改革进入了以城市改革为重点，以企业搞活为中心的阶段。企业成为自主经营、自负盈亏，相对独立的商品生产者和经营者。随着经济市场化程度的提高，企业之间工伤费用负担不均衡的矛盾日益显现。如新建企业劳动者普遍年轻、人工成本费用低，又不存在以往工伤造成的经济负担，在竞争中占有优势。同时，随着劳动力正常流动和企业产权变动频度的增加，一部分伤残和患职业病的职工，因工作单位变动，原所享受的工伤待遇是由原单位支付还是由调入单位支付，往往争议不休，难以落实，致使伤残职工权益受损。加之经济发展，工业化进程加快，企业伤亡事故率及职业病发生率明显上升，职业安全形势严峻，事故多发与工伤保险制度滞后的矛盾，直接影响着企业制度的改革和社会的稳定。

3. 建立完善的工伤保险制度是社会保障制度的迫切要求

随着我国社会主义市场经济体制改革的不断深入和社会保障体系的逐步建立，工伤保险制度的改革也被提上了日程。1991 年全国人大七届四次会议批准的《国民经济和社会发展十年规划和第八个五年计划纲要》提出：要努力改革工伤保险制度。1993 年，党的十四届三中全会通过的《中共中央关于建立社会主义市场经济体制若干问题的决定》中提出要在我国“普遍建立企业工伤保险制度。”1994 年，《中华人民共和国劳动法》进一步明确了建立包括工伤保险在内的社会保障制度。

我国改革开放进程的加快和社会主义市场经济体制的建立，以及原有制度本身存在的缺陷，使新中国成立之初建立的工伤补偿制度已不适用，建立适应社会主义市场经济体制的工伤保险制度是新时期的迫切任务。

（二）工伤保险制度改革的主要内容和试点的主要做法

1. 改革的主要内容和工作进展

我国工伤保险制度改革始于 20 世纪 80 年代中期以后，特别是 1988 年原劳动部主持制定了社会保险制度改革方案，初步形成了工伤保险制度改革框架，提出了工伤保险制度改革的主要内容：一是建立工伤保险基金，逐步实行社会化管理。工伤保险基金按照“以支定收，留有储备”的原则，根据不同行业的不同事故率确定企业缴费率，并随着企业工伤事故实际发生情况定期调整。二是调整和完善工伤保险待遇项目和标准。由原来只对重度伤残职工发给退休金，改为对所有因工致残职工依据伤残等级发给定期抚恤金和一次性补助金；适当提高丧葬补助金和供养亲属抚恤金标准，同时增加一次性抚恤制度；建立工伤保险待遇调整机制。三是加强和规范工伤保险管理。对工伤认定条件、劳动能力鉴定标准以及工伤待遇支付等环节作出了规范和明确。

【阅读参考】

1988 年，原劳动部召开了全国劳动厅（局）长会议。会议要求各地按照改革方案做好工伤保险制度改革的准备工作，并提出选择有条件的地区进行试点。之后，试点工作在海南省海口市，辽宁省东沟县、铁岭市、锦州市，广东省东莞市、深圳市，福建省将乐县、霞浦县，吉林省延吉市等地先后展开。20 世纪 90 年代初，劳动部陆续出台了一系列有关工伤保险改革的政策，为改革的进一步深化创造了条件。到 1995 年，全国参加工伤保险制度改革试点的市县达 1 103 个，参保人数 2 615 万人。

2. 各地改革试点工作的主要做法

一是扩大覆盖面。一般都将全民、集体、外商投资企业的固定工、合同工和临时工纳入工伤保险范围之内。广东省和海南省还包括私营企业和实行企业化管理的事业单位，海口市包括个体工商户，东莞市包括乡镇企业。

二是适当调整工伤待遇。对于伤残人员，除发给定期伤残抚恤金（相当于原来的退休金）外，还按鉴定后的伤残等级发给一次性伤残补助金；对于死亡人员，既发给丧葬补助费，还有一次性工亡补助金和供养亲属的抚恤金。

三是建立工伤保险基金，实行差别费率。一般按企业工资总额的一定比例提取工伤保险费，平均为 1%左右。确定统筹总金额时，一般在以支定收的基础上宽余 15%作为应急储备。依据各行业工伤风险程度和以往一定时期工伤事故率确定各行业企业的保险费率，即实行差别费率。

四是实行企业管理与社会化管理相结合。如一次性抚恤费、定期伤残抚恤金、遗属抚恤费、工伤医疗费、护理费、丧葬费等由社会保险机构负责；治疗工伤期间工资、丧事处理、生活福利等由企业负责。

五是加强工伤保险管理。各地建立和健全了劳动能力鉴定机构，建立工伤档案，加强争议仲裁工作等。社会保险机构还协助监督安全生产措施的落实，并对安全生产搞得好的单位给予适当奖励或返还部分工伤保险费，以鼓励企业搞好安全生产。

各地的上述做法，为推进全国工伤保险制度改革积累了宝贵经验，原劳动部于1990年在辽宁省东沟县召开了工伤保险制度改革现场经验交流会，对各地工伤保险改革情况进行了交流；1992年又在辽宁省兴城市召开了工伤保险立法研讨会，讨论了《中华人民共和国企业职工工伤保险条例（征求意见稿）》。会上就工伤保险制度改革的意义、指导思想、基本原则、建立工伤保险基金和加强工伤保险管理等交流了经验，理清了改革思路，为进一步做好全国各地的试点工作起到了推动作用。

【阅读链接】

胡晓义．走向和谐：中国社会保障发展60年［M］．北京：中国劳动社会保障出版社，2009

（三）《企业职工工伤保险试行办法》等相关法规的颁布和影响

1996年8月12日，原劳动部在总结多年工伤保险改革试点经验和借鉴国外成熟做法的基础上，颁布了《企业职工工伤保险试行办法》（劳部发［1996］266号），要求各地从1996年10月1日开始试行。这一部颁规章将改革后的工伤保险制度做了统一规定，对沿用至90年代初的企业自我保险的工伤制度进行了根本性改革。同时，原国家技术监督局也在1996年3月颁布了《职工工伤与职业病致残程度鉴定》（国家标准GB/T 16180—1996）。而在此之前的1987年11月15日，为了保护职工的身体健康，合理解决职工患职业病后的劳动保险问题，卫生部、劳动人事部、财政部、中华全国总工会颁布了新的《职业病范围和职业病患者处理办法的规定》，把102种疾病列入职业病范围，从制度上为进一步维护职工的权益提供了保障。

新的工伤保险制度的实施，着重强调了工伤保险要把工伤预防、工伤康复和工伤补偿结合起来的思路，进一步明确了我国工伤保险制度的任务和框架，影响深远。

【阅读参考】《企业职工工伤保险试行办法》的主要内容

1．实行工伤保险基金社会统筹，变“企业保险”为社会保险。确立了“以支定收、收支基本平衡”的工伤保险基金筹集原则，并在一个统筹地区范围内实行基金统一调剂，大大分散了企业的工伤风险。

2. 扩大工伤保险的覆盖范围。突破了以往工伤保险“全民企业执行、集体企业参照”的局限，把覆盖面扩大到各类企业及全体职工，进一步维护了广大劳动者的合法权益。

3. 建立工伤保险差别费率机制。一是行业差别费率。即根据各行业工伤保险事故风险和职业危害程度，规定不同的费率标准；二是企业浮动费率，即在行业差别费率基础上，根据不同企业工伤事故发生率和职业安全情况，实行企业浮动费率。

4. 规范工伤保险待遇项目和待遇标准。除了对工伤保险保障工伤人员基本生活的定期待遇进行调整提高外，对被鉴定为一至四级的工伤职工增加了一次性补偿。

5. 明确管理程序，完善了制度体系。统一规范了工伤认定和劳动能力鉴定的标准和程序，首次提出了建立工伤预防、工伤补偿和工伤康复相结合的工伤保险制度体系的要求。

《职工工伤与职业病致残程度鉴定》是我国工伤保险立法中的一个重要国家标准，它明确规定了鉴定的范围、分级原则和伤残等级。（1）适用范围：适用于职工在职业活动中负伤和因职业病致残程度的鉴定。（2）致残分级原则：依据伤病者医疗终结时器官损伤、功能障碍及其对医疗与护理的依赖程度，适当考虑由于伤残引起的社会心理因素影响，对伤残程度进行分级。（3）致残等级：依据分级原则将工伤和职业病伤残造成功能丧失情况分为10个等级。标准划分5个部分、54类、469个条目，详细开列了分级依据或判定基准以及正确使用标准的说明。《职工工伤与职业病致残程度鉴定》是我国第一部工伤评残国家标准，它的颁布使我国工伤与职业病致残评定工作，有了科学、规范、详尽的依据，有助于遏制伤残等级评定工作中的随意行为，减少并消除由此带来的工伤待遇不合理、管理不规范等问题，有力地推进了工伤保险制度改革和发展。

（四）工伤保险制度改革的成效

《企业职工工伤保险试行办法》的颁布，使工伤保险制度改革进入了全面实施阶段，为工伤保险事业的发展注入了新的活力，取得了明显的改革成效。主要表现在以下5个方面：

1. 参保人数明显增加，保障能力进一步增强。工伤保险制度抵御职业伤害风险的能力明显增强，获得工伤保险保护的职工总量在扩大，待遇水平也有明显提高。

2. 建立了统筹基金，提高了抵御工伤风险的能力。《企业职工工伤保险试行办法》颁布前，在“企业保险”制度下，各行业企业的工伤保险费用支出负担不平衡现象十分突出，影响企业平等竞争。《企业职工工伤保险试行办法》实施后，通过实行工伤保险基金的社会统筹，提高了抵御工伤风险的能力，使高风险企业能够平等参与竞争。同时，为体现保险费用的公平负担和基金收支平衡，按照各行业职业伤害风险程度和伤害频率，划分职业伤害风险等级，在统筹范围内普遍实行差别费率，为工伤保险基金收支平衡建立了重要机制。

【阅读参考】

截至2002年年底，全国有28个省、自治区、直辖市和新疆建设兵团实施了工伤保险社会统筹，实行工伤保险费用社会统筹的市县近2 000个，比1995年的1 103个增加了近一倍，约占当年全国市县总数的75%以上；全国参加工伤保险的城镇职工已有4 406万人，比1995年增加1 791万人；共有34.9万人享受工伤保险待遇。工伤保险基金收支也由1995年的10亿元增加到52亿元，累计结余81.1亿元。

3. 提高了社会共济能力，促进了企业改革。工伤保险制度改革前，工伤人员的待遇全部由企业支付，由于经济体制转轨，企业面临市场经营风险，经济效益时有升降起伏，难以持续保证职工工伤待遇支付。随着企业转制、改组、兼并、破产的改革力度加大，如何妥善处理工伤职工的生活保障及其他工伤待遇的接续问题，就成为“企业保险”条件下的棘手难题。《企业职工工伤保险试行办法》实施后，对工伤职工实行社会化管理和安置，将企业的保险责任转移到政府和社会机构承担，并通过工伤保险基金社会统筹，以“社会共济”形式分摊工伤待遇支付与接续的费用，为顺利推进企业改革创造了条件。

4. 减少了企业与职工之间的工伤争议，促进了社会和谐。在工伤保险制度改革前，由于工伤待遇项目不完整，待遇水平偏低等制度不完善的缺陷，导致工伤职工及其家属利益明显受损，由此引发了许多劳动争议，出现“闹工伤”现象。《企业职工工伤保险试行办法》实施之后，工伤保险待遇由社会保险经办机构按照国家规定标准支付，把企业从争议纠纷中解脱出来，有助于保持企业的正常生产工作秩序，受到了企业和职工的欢迎。

5. 初步建立了工伤保险预防机制，提出了建立预防、补偿和康复相结合的工伤保险制度体系的目标。《企业职工工伤保险试行办法》在规范工伤补偿项目和标准的基础上，进一步提出了促进工伤预防和加强工伤康复的要求，并明确了开展工伤预防和职业康复所需费用的支付途径。通过规定实行行业差别费率和企业浮动费率，奖优罚劣。对促进企业改善劳动条件，加强安全生产管理，减少伤亡事故和职业病的发生，以及促进工伤职工最大限度地恢复生理和工作能力、重返社会等都起到了积极的作用。

三、工伤保险法律体系建设

2003 年 4 月，国务院颁布《工伤保险条例》，标志着我国工伤保险制度建设进入法制化轨道。2010 年 10 月 28 日，《社会保险法》正式颁布，自 2011 年 7 月 1 日开始实施，其中，对工伤保险作出了专章规定，进一步明确了工伤保险的法律地位。2010 年 12 月 20 日，在总结《工伤保险条例》颁布以来实践经验的基础上，国务院发布了关于修改《工伤保险条例》的决定，对《工伤保险条例》进行了修订完善。至此，标志着我国工伤保险法律体系的基本形成。

（一）《工伤保险条例》出台背景

1. 工伤保险法制建设的要求。参加工伤保险人数总体上较少，一些非公经济体和个体工商户基本上未参加工伤保险。主要问题是工伤保险制度立法层次低，约束力弱，工伤保险制度推广扩大有困难，迫切需要提高立法层次，拓展适用范围。

【阅读参考】

自 1996 年原劳动部发布《企业职工工伤保险试行办法》，到 2002 年，虽然全国已有 28 个省、自治区、直辖市制定了工伤保险方面的地方性法规或规章，但是参加工伤保险的职工仅为 4 406 万人，其中，国有企业 3 408 万人、集体企业 670 万人、外资企业 328 万人。

2. 深化社会主义市场经济体制改革的要求。进入 21 世纪以来，随着我国市场经济改革的深化，工业化、城镇化快速发展，大量农民向城镇转移就业，就业制度发生了很大的变化。原有的工伤保险制度适用范围窄，仅限于企业单位，已不适应社会主义市场经济的要求。按照社会保险的普遍性原则，社会组织的各类劳动者都应当参加工伤保险。由此，要通过强有力的法律手段，将更多的职业人群纳入工伤保险的范围，保障劳动者的工伤保险权益。

3. 多年实践为工伤保险立法创造了条件。自 1996 年《企业职工工伤保险试行办法》的实施，各地通过不断探索实践，发现了问题，积累了经验，为工伤保险制度进一步改革创造了条件。1999 年国务院颁布《社会保险费征缴暂行条例》，规定工伤保险参照执行。2002 年，国务院将《工伤保险条例》列入立法工作计划。在条例起草的过程中，立法部门多次征求有关部门和专家学者的意见。根据我国改革的实际情况，借鉴国外成功经验，针对《企业职工工伤保险试行办法》中存在的问题，对工伤保险制度进行了进一步的完善和补充。2003 年 4 月 27 日，温家宝总理签署了第 375 号国务院令，公布了《工伤保险条例》，并自 2004 年 1 月 1 日起实施。

【阅读链接】

陈刚. 工伤保险［M］. 北京：中国劳动社会保障出版社，2005

（二）《工伤保险条例》颁布的重要意义

《工伤保险条例》的颁布，是我国工伤保险制度建设进程中具有里程碑意义的大事，标志着我国的工伤保险制度步入了法制化的轨道，我国的工伤保险制度改革也因此进入到一个崭新的发展阶段，意味着适应我国社会主义市场经济的新型工伤保险制度初步形成。同时，《工伤保险条例》的颁布，使工伤保险成为我国社会保障体系的重要组成部分，对于进一步健全我国的社会保障体系，维护我国经济和社会的健康稳定发展，以及加快我国社会保障法制化建设无疑起到了重要的推动作用。

《工伤保险条例》的颁布，使广大职工的合法权益得到切实有效的维护。《条例》进一步明确和规范了工伤保险制度的适用范围，将不同所有制形式，不同地域和不同组织结构的用人单位统一纳入到工伤保险制度范围，规定只要与用人单位建立了劳动关系的劳动者，无论各种用工形式、各种用工期限的劳动者，都应该获得工伤保险制度的保障。而且《条例》明确规定了工伤职工在遭受事故伤害或者患职业病后，在及时获得医疗救治的基础上，对工伤职工的各项津补贴待遇、辅助器具配置待遇以及开展职业康复等都作出了非常明确的规定，从而充分保障了工伤职工的基本生活及其生存权和发展权。

《工伤保险条例》的颁布实施，也为分散用人单位风险，减轻用人单位的负担提供了重要保证。《条例》立法的宗旨之一是促进工伤预防，减少企业安全生产事故的发生。通过建立工伤保险基金，有效分散了用人单位的工伤风险，较好避免了用人单位一旦发生工伤事故后对生产经营带来的重大影响。

同时，《条例》也明确规定通过对用人单位实行行业差别费率和单位浮动费率机制，建立工伤保险费用与工伤发生率挂钩的预防机制，对于促进用人单位特别是有效促进企业改进安全生产工作起到了积极的作用。

(三)《工伤保险条例》的修订发布

《工伤保险条例》自 2004 年实施以来，参保人数大幅增加，基金规模成倍增长，享受待遇人数不断上升，工伤保险事业取得了巨大成就。但实践中，原条例也显露出一些不足，如覆盖范围还不够宽，保障水平还不够高，保障功能还不太全等。随着社会经济的发展，修订条例的必要性和紧迫性凸现。

【阅读参考】

2006 年，原劳动保障部向国务院报送了《工伤保险条例修正案》送审稿；2007—2008 年，组织开展了大量的研究论证工作，对条例修正案进行了不断完善。2009 年，人力资源和社会保障部根据新的情况变化，再次起草了《工伤保险条例修正案》报送国务院。2009 年 7 月 24 日—8 月 15 日，国务院法制办将关于修改《工伤保险条例》的决定（征求意见稿）向全社会公开征求了意见。

考虑到与《社会保险法》的衔接，在《社会保险法》颁布后的 2010 年 12 月 8 日，国务院第 136 次常务会议讨论通过了《关于修改〈工伤保险条例〉的决定》。温家宝总理签署第 586 号国务院令予以公布，自 2011 年 1 月 1 日起施行。新条例的颁布实施，是深入贯彻落实科学发展观的内在要求，是贯彻实施《社会保险法》的重要内容，是完善工伤保险制度的重大举措。新条例的颁布实施，同时也为工伤保险事业的发展提供了新的机遇。

新《工伤保险条例》主要修订内容：

一是扩大了工伤保险适用范围。在原条例规定适用于各类企业和有雇工的个体工商户的基础上，新《工伤保险条例》适用范围扩大到除参照《公务员法》管理的事业单位以外的所有事业单位，以及社会团体、民办非企业单位、基金会、会计师事务所、律师事务所等组织。

【新闻摘录】（宜兴市政府网 2011 年 7 月 14 日讯）

宜兴市扩大工伤保险适用范围，事业单位社会团体等被纳入

从 2011 年 7 月起，宜兴市扩大了工伤保险适用范围，事业单位、社会团体等用人单位的职工也被纳入工伤保险实施范围。

长期以来，我国的工伤保险适用范围为境内各类企业的职工和个体工商户的雇工，事业单位和社会团体职工的工伤保险却是空白。《社会保险法》于今年7月1日起实施，修改后的《工伤保险条例》扩大了工伤保险适用范围，事业单位、社会团体等组织机构被纳入工伤保险。在宜兴市，根据新《工伤保险条例》规定，从2011年7月1日起，全市各类不参照《公务员法》管理的事业单位、社会团体，以及民办非企业单位、基金会、律师事务所、会计师事务所等用人单位，均应当按照《条例》规定参加工伤保险，为其全部在职职工按照本单位职工工资总额的1%缴纳工伤保险费。

(http：//unn. people. com. cn/GB/22220/149429/159151/15154928. html)

二是调整扩大了工伤认定范围。将原规定的上下班途中机动车事故伤害认定为工伤，调整扩大到非本人主要责任的所有交通事故，包括非机动车事故，以及城市轨道交通、客运轮渡和火车事故伤害，从而惠及更多职工群众，既体现了社会公平原则，也符合实践发展的需要。

【新闻摘录】(京华时报2011年7月15日讯)

今后，职工因客运轮渡、火车或者是城市轨道交通造成的非本人主要责任的伤害可认定为工伤。北京市人社局工伤保险处处长李红透露说，本市工伤的认定范围已经做了调整，包括城市的轨道交通、火车以及客运轮渡。具体说，属于上下班途中的非本人主要责任的交通事故，由交管局出具的证明来决定他是本人主要责任还是非本人主要责任，如果是火车、客运轮渡以及城市轨道交通造成的非本人主要责任，由各自相关的责任单位来出具能够证明是非本人造成的伤害，也能够认定为工伤。

此外，过去有关部门规定只有机动车造成的交通伤害，不分主次责任，在上下班途中遇到都算工伤。而目前这一政策已经调整为，包括机动车、自行车、三轮车、电动车和行人等造成的交通事故伤害，只有是非本人主要责任的伤害，才可认定为工伤。

(http：//www. chinadaily. com. cn/hqgj/jryw/2011-07-15/content _ 3201433. html)

三是简化了工伤认定程序。新《工伤保险条例》设置了工伤认定的简易处理程序，对于事实清楚、双方无争议的工伤认定申请的认定时限，由原来规定的60天缩短为15天，并取消了工伤认定争议处理中行政复议前置的规定，缩短了工伤认定时间。

四是大幅度提高了工伤保险待遇。将因工死亡职工的一次性工亡补助金标准，从原来的48～60个月的统筹地区上年度职工月平均工资，提高至按上年度全国城镇居民人均可支配收入的20倍发放。同时对伤残职工的一次性伤残补助金做了调整，将一至四级、五至六级和七至十级伤残职工的一次性伤残补助金标准分别增加了3个月、2个月和1个月的本人工资。

五是增加了基金支出项目。明确了将工伤预防的宣传、培训等费用纳入基金支付的规定，为开展工伤预防工作提供了经费保障。同时，将原由用人单位支付的工伤职工“住院伙食补助费”“统筹地区以外就医的交通食宿费”以及“终止或解除劳动关系时的一次性医疗补助金”，改由工伤保险基金统一支付。这进一步规范统一了工伤待遇标准，保证了及时发放，减轻了参保用人单位的负担，有助于提高企业参加工伤保险的积极性。

六是加大了强制力度。新《工伤保险条例》增加了行政复议和行政诉讼期间不停止支付工伤职工治疗工伤的医疗费用的新规定，使工伤职工能够得到及时救治，也从制度上遏制了部分用人单位恶意诉讼的企图。新《工伤保险条例》还增加了对不参加工伤保险和拒不协助工伤认定调查核实的用人单位的行政处罚规定，提高了工伤保险的强制性，有利于更好地保护广大职工的权益。

四、工伤保险事业发展成就和规划展望

（一）改革开放以来工伤保险事业发展成就

1. 覆盖范围不断扩大，参保人数大幅增加

我国的工伤保险制度在《企业职工工伤保险试行办法》实施前，参保对象主要是国有企业及其职工，1995年年底参保人数仅为2 615万人。在1996年《企业职工工伤保险试行办法》实施后，参保对象扩展到了各类企业及其职工，2003年年底参保人数达到4 575万人。在2004年《工伤保险条例》颁布实施后，参保人数始终保持高速增长态势，我国工伤保险制度的覆盖范围已由各类企业扩展到了事业单位、社会团体、民办非企业单位、基金会、律师事务所、会计师事务所等组织和有雇工的个体工商户。部分省市还在公务员和参照公务员管理的事业单位实施了工伤保险。2010年12月，为了配合《社会保险法》和新修订的《工伤保险条例》的贯彻实施，针对建筑施工企业、小型服务企业、小型矿山企业等难以直接按照工资总额计算缴纳工伤保

险费的特点，人力资源和社会保障部制定了《部分行业企业工伤保险费缴纳办法》，进一步推进上述类型企业参加工伤保险。

【阅读参考】《部分行业企业工伤保险费缴纳办法》

第三条　建筑施工企业可以实行以建筑施工项目为单位，按照项目工程总造价的一定比例，计算缴纳工伤保险费。

第四条……小型服务业企业以及有雇工的个体工商户，可以按照营业面积的大小核定应参保人数，按照所在统筹地区上一年度职工月平均工资的一定比例和相应的费率，计算缴纳工伤保险费；也可以按照营业额的一定比例计算缴纳工伤保险费。

第五条　小型矿山企业可以按照总产量、吨矿工资含量和相应的费率计算缴纳工伤保险费。

在2006年年底，工伤保险参保人数历史性地突破了1亿人，达到10 268万人（见图1—1）。截至2010年年底，工伤保险参保人数已达到16 161万人，比2003年年底净增11 586万人，增长了2.5倍，2004—2010年的5年间参保人数年平均增长率为36%。

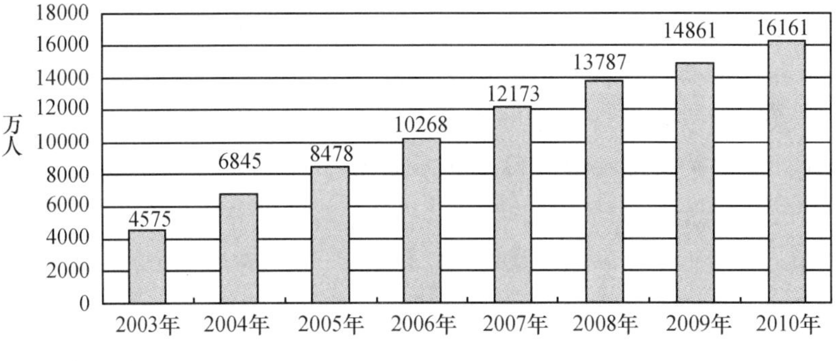

图1—1　工伤保险参保人数情况

2. 全面实施“平安计划”，切实保障了农民工的工伤保险权益

农民工是我国改革开放和工业化、城镇化进程中涌现的一支新型的劳动大军，主要分布在劳动密集型的煤矿、建筑等高风险行业和餐饮、家政等服务行业。由于农民工接受的安全培训较少，加之用人单位劳动条件普遍较差，易发生工伤事故和职业病，其安全和健康最需要保障，由于其流动性强，往往没有劳动合同，农民工参加工伤保险在政策上一直没有针对性的解决办法，使农民工的参保成为一大难题。针对农民工的现实情况，原劳动保障部在调

查研究的基础上，于2004年发布了《关于农民工参加工伤保险有关问题的通知》（劳社部发［2004］18号），明确了相关的具体政策。2006年，国务院下发了《关于解决农民工问题的若干意见》（国发［2006］5号），明确提出要优先解决农民工的工伤保险和大病医疗问题，依法将农民工纳入工伤保险范围。为认真贯彻落实《国务院关于解决农民工问题的若干意见》的要求，切实推进高风险企业农民工参加工伤保险工作，原劳动保障部于2006年5月下发了《关于实施农民工“平安计划”加快推进农民工参加工伤保险工作的通知》（劳社部发［2006］19号），开始在全国组织实施农民工“平安计划”，即用3年左右时间，将矿山、建筑等高风险企业的农民工基本覆盖到工伤保险制度之内。

【新闻摘录】（光明日报2007年5月28日讯）

“平安计划”保平安，让我们为“平安计划”喝彩，为广大民工祝福

我国约有2亿农民工，煤矿、建筑等高危行业一线工人中绝大多数都是农民工。不能让农民工因伤致贫，流汗又流泪！去年起，全国开展了高风险行业农民工工伤保险三年全覆盖的“平安计划”，让越来越多的农民工实现“伤有所保”。“平安计划”的出台，充分体现了国家对农民工，尤其是对高危行业一线民工的高度关心。为了让广大民工尽可能地参保，政府与企业都想了许多办法。如有的为农民工“量身定做”参保办案。根据农民工流动性强、主动参保意识淡等特点，各地进行了全方位的探索，制度进一步细化。如河南、甘肃、辽宁等省份结合实际，先后出台了建筑企业农民工参加工伤保险的规定，使工伤保险推行得更加顺畅。

（http：//www.gmw.cn/content/2007－06/03/content_613921.htm）

在实施“平安计划”，推进农民工参加工伤保险工作中，原劳动保障部门本着以人为本的原则，进行了一系列的制度创新。针对不同行业的特点，细化和完善了煤矿、建筑、服务业等企业的参保政策，方便了企业参保和缴费。根据农民工的特点，简化了工伤认定和劳动能力鉴定程序，规范了工伤待遇经办工作业务流程，建立了农民工工伤保险服务的“绿色通道”。同时，对跨地区流动就业的工伤农民工，规定可选择一次性领取待遇，保证了农民工的合法权益。

根据对“平安计划”一期的评估情况，“平安计划”实施3年，农民工成为推动工伤保险参保的主体力量，截至2008年年底，农民工参保人数达到4 942万人。2006—2008年3年间农民工参保人数年平均增长率为58%。特别是煤矿等高风险农民工参保成绩突出。评估情况显示，包括国有重点煤矿和国有地方煤矿在内的国有煤矿企业农民工的参保率已超过了90%，小煤矿和非煤矿山的农民工参保率也都超过了80%。“平安计划”一期圆满完成，取得了显著成效。2009年开始，人力资源和社会保障部又发布了实施“平安计划”二期的通知，确定用两年左右的时间，将有稳定劳动关系的农民工基本纳入工伤保险。截至2010年年底，农民工参保人数达到6 300万人（见图1—2）。

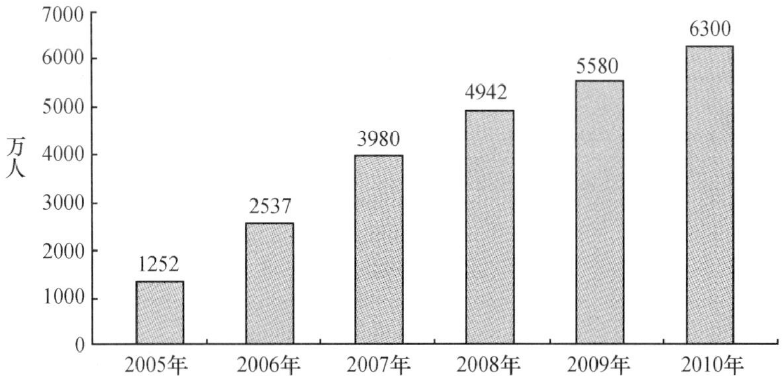

图1—2 农民工参保人数情况

3. 基金规模持续扩大，待遇水平不断提高

《工伤保险条例》实施以来，全国工伤保险基金收入稳步增长，2004年基金收入为58亿元，2010年基金收入达到285亿元。2004年基金支出为33亿元，2010年达到192亿元。截至2010年年底，工伤保险基金累计结余479亿元，全国各统筹地区基本都建立了储备金制度，储备金总额为82亿元（见图1—3）。

享受工伤保险待遇人数从2003年的30万人增加到了2010年的147万人，增长了近5倍（见图1—4）。2006年以来，根据我国的经济发展水平和物价水平，全国各地陆续提高了工伤保险待遇标准，最高的调整幅度达到每人月均300多元，我国工伤保险待遇标准的调整机制逐步建立。

4. 工伤保险管理服务水平不断增强

工伤保险的管理服务体系基本建立，服务水平不断提高，保障效果发生了明显变化。全国各地普遍建立了独立于企业事业单位之外的工伤认定、劳动能力鉴定和工伤保险经办三支专业队伍，为工伤职工提供一条龙的专业化服务。在计划经济时期的劳动保险制度下，企业不仅要具体经办劳动保险事

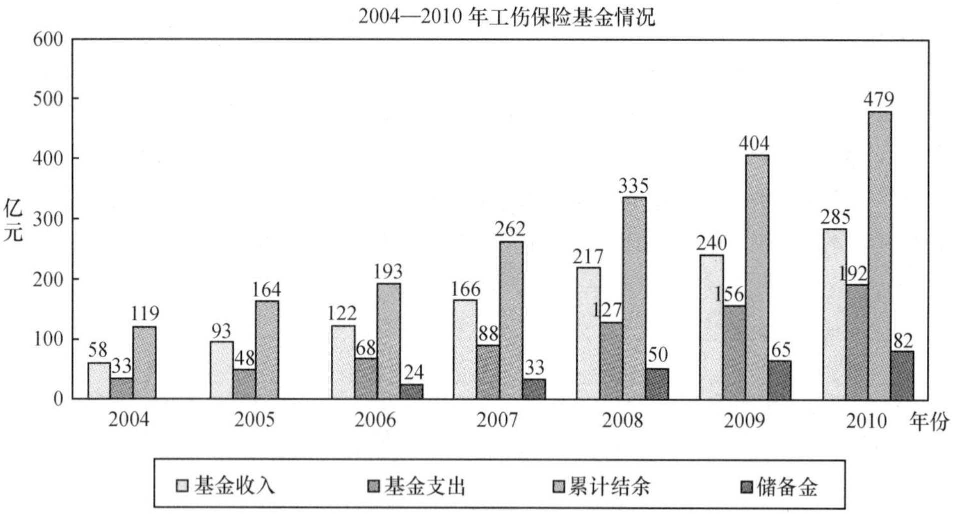

图 1—3　工伤保险基金收支情况

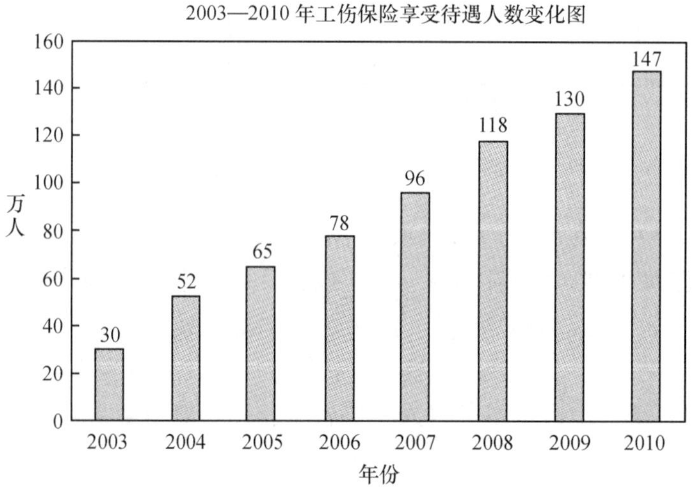

图 1—4　工伤保险享受待遇人数变化情况

务，还要负责对工伤职工的日常管理，企业承担的社会事务十分繁重。工伤保险制度的改革，实现了工伤保险事务和工伤职工管理的社会化服务，大大减轻了企事业单位的社会事务负担，促进了企业的发展，推动了改革的进程。随着工伤保险事业的发展，工伤保险服务体系逐步建立和完善，服务体系的能力建设不断加强。《工伤保险条例》颁布实施以来，对工伤认定、劳动能力鉴定和工伤保险经办三支队伍分别开展了多种形式的政策标准的培训工作，三支队伍的专业素质有了进一步的提高。

【新闻摘录】（燕赵都市网邯郸 2011 年 07 月 13 日电）

河北魏县：病魔无情人有情，工伤保险暖人心

前不久，河北省邯郸市魏县因公死亡的职工马千正（化名）的父母拿到儿子的工亡补助金时，眼含热泪，连声道谢。

马千正是魏县某医院的一名医生，因长期劳累工作，突发疾病倒在了工作岗位上。接到该单位的工伤申报后，该县人社局社保中心工作人员立即对马千正的工亡事故及相关资料进行核实。马千正不幸身亡后，家里失去了唯一的生活来源，一家 5 口老小生活无靠、衣食无着。根据这一实际情况，该县社保中心工作人员及时帮助办理了相关手续，使其遗属一次性领取了工亡补助金、丧葬费等，并每月享受遗属津贴 1 400 余元，为不幸的一家人带来了安慰和希望。

近年来，该县人社局社保中心以保障和改善民生为指导思想，在工伤保险受理、缴费、理赔等环节上开辟绿色通道，并大力推行首问负责、一次性告知、限时办结等制度，缩短了办理时限，提高了服务水平。

（http：//yanzhao. yzdsb. com. cn/system/2011/07/13/011308328. shtml）

5. 工伤预防和工伤康复试点工作稳步推进

我国的工伤保险实现了由偏重补偿到预防、补偿和康复相结合的转变，与国际接轨的“三位一体”保障体系架构初见雏形。从工伤保险制度初建时期以工伤补偿为主，优先解决工伤职工最急迫的经济补偿问题开始，开展了工伤预防和工伤康复的试点工作，这两项工作稳步推进，取得了一定进展。

工伤预防方面。一是利用费率浮动促进工伤预防的机制初步建立。2003 年，原劳动保障部、财政部、卫生部和国家安全生产监督管理局联合下发了《关于工伤保险费率问题的通知》，明确提出了合理确定工伤保险费率，促进工伤预防工作。根据《通知》的要求，全国工伤保险统筹地区大多制定了工伤保险费率的浮动办法，采用差别费率和浮动费率机制，根据企业的风险和工伤事故发生情况，调整企业缴纳工伤保险费的差别费率与浮动费率，从而激励和督促企业改善安全生产状况，减少工伤事故和职业危害的发生，充分发挥了工伤保险制度预防事故的经济杠杆作用。二是探索了从工伤保险基金提取资金开展工伤预防工作的有效探索。1996 年原劳动部制定的《企业职工工伤保险试行办法》，明确规定了工伤保险基金中事故预防费、安全奖励金、宣传和科研费等有关工伤预防的项目支出。2004 年《工伤保险条例》颁发实施后，全国有山西、吉林、河南、湖南、广东、海南和陕西等 12 个省市出台了有关工伤预防费使用管理的政策文件，确定了工伤预防费纳入工伤保险基金支出范围，建立了工伤预防工作经费的保障机制，有针对性、主动地为企业开展预防工伤事故与职业危害的服务工作，从而降低工伤事故和职业病的发生。

【新闻摘录】（南海网—海南日报 2009 年 11 月 7 日讯）

积极探索工伤预防新机制　海南省设定工伤预防试点

为进一步完善工伤保险制度，海南省正着手探索工伤预防新机制。记者今天从省人力资源和社会保障厅获悉，省本级单位、海口市、儋州市和昌江黎族自治县被列为海南省工伤预防试点四大地区（单位），开始探索工伤预防的新路子。

省人力资源和社会保障厅有关负责人表示，在推进四大试点地区（单位）工作的基础上，今后海南省将进一步建立工伤预防专项经费使用管理制度，探索建立与相关部门联合互动齐抓共管工伤预防的工作机制，促进海南省工伤预防工作迈上一个新台阶。

（http：//news. qq. com/a/20091118/000396. htm）

工伤康复方面。一是政策标准逐步完善。2007 年，原劳动保障部发布了《关于加强工伤康复试点工作的指导意见》，提出了“十一五”期间工伤康复试点工作的主要任务是：探索工伤康复政策体系，探索工伤康复管理服务模式，探索工伤康复技术规范和相关标准，探索多层次培养工伤康复专门人才的方式；制定和完善政策标准，建立规范的服务工作机制；初步形成以医疗康复为基础，以职业康复为核心，以促进工伤职工回归社会为目的，具有中国特色的工伤康复制度框架。黑龙江、河南、广东、广西、湖南、宁夏和陕西等省按照《指导意见》的要求，先后出台了有关工伤康复工作的管理办法。2008 年，人力资源和社会保障部制定颁布了《工伤康复诊疗规范（试行）》和《工伤康复服务项目（试行）》两个康复技术标准，为工伤康复工作奠定了良好的基础。二是工伤康复试点工作在全国普遍展开，在完善政策标准的同时对工伤康复服务模式进行了积极探索，初步形成了两种典型的服务模式：（1）直接管理模式，即由工伤保险机构自办专门的工伤康复机构，突出职业康复特点，为工伤职工提供特色康复服务。（2）协议管理模式，即由工伤保险机构与社会上的综合医院或其他医疗康复机构签订服务协议，为工伤职工购买康复服务，充分利用社会康复资源优势，形成工伤康复服务的供需协议关系，共同发展工伤康复事业。黑龙江省、山东省济南市、河南省郑州市、江西省南昌市劳动保障部门也采取购买服务、合作合办等方法，确定了一些康复机构，开展了工伤康复的探索，并取得了经验。三是支持建立了全国工伤康复综合基地。2004 年，原劳动保障部确定了广州社会劳动康复中心为全国工伤康复综合试点单位，先行开展工伤康复试点工作。

【阅读参考】

2001 年，广州市率先建立了社会劳动康复中心。2005 年，广州社会劳动康复中心移交广东省劳动保障厅管理，更名为广东省工伤康复中心。2009 年，为积极推进我国工伤康复工作的健康发展，人力资源和社会保障部授予了广东省工伤康复中心“全国工伤康复综合基地”牌匾，支持将广东省工伤康复中心建设成为国家医疗康复和职业康复基地、康复人才培养基地和工伤康复国际交流合作基地，以促进建立具有中国特色的工伤康复体系。

（二）工伤保险事业发展规划和展望

1. 我国工伤保险事业发展中长期规划目标

进一步完善我国的工伤保险制度，实现工伤保险事业的持续健康发展，需要在准确分析和把握工伤保险面临的形势和主要问题的基础上，从制度建设、覆盖人数等方面分阶段确定事业发展的规划和目标。按照党中央、国务院关于到 2020 年实现城乡统筹的社会保障体系建设目标的要求，预期工伤保险的中长期目标是：基本形成覆盖城乡所有用人单位和劳动者的工伤预防、工伤补偿、工伤康复相结合的制度体系；保障项目比较齐全，保障水平与经济发展水平相适应的政策标准体系；以人为本、规范便捷的管理服务体系。

2. 实现我国工伤保险事业发展规划目标的主要措施

一是坚持把扩大覆盖面作为工伤保险事业发展的优先目标。不断扩大覆盖面，尽快将各类职业人群纳入工伤保险制度中来，是近几年来工伤保险工作的优先目标。今后一个时期，工伤保险无论是制度的进一步完善，还是推进事业的进一步发展，都应继续把扩大覆盖面摆在优先位置来考虑。这也是我国国情的特殊性所决定的。在推进扩面工作中，应把握好工作重点和工作方法。比如要牢牢抓住以农民工为主的重点扩面人群；结合国家经济政策和社会发展情况，适时把握新的扩面增长点；努力拓展扩面新领域，工伤保险的扩面不仅要向各类服务企业，有雇工的个体工商户以及各类城市新兴工业园区等发展，还要向分布在农村地区的乡镇乡村企业延伸；转变扩面工作方式，应逐步由过去的单一行政推动扩面转向政策宣传和执法处罚并重，要大力发挥社会保险监察的作用，变企业被动参保为依法主动参保。

二是不断完善工伤保险的相关政策法规。《社会保险法》和新修订《工伤保险条例》颁布实施以来，从中央到地方已先后制定颁布了一系列配套政策和规章，从参保、认定鉴定、费率调整到待遇支付和管理服务等，为近年来工伤保险事业的快速发展提供了有力支持。下一步，在进一步完善相关政策标准的同时，还要认真做好当前和今后一个时期工伤保险各项重点工作。如适时出台灵活就业人员参保的政策措施，抓紧研究公务员工伤保障政策，加快解决“老工伤”问题工作进程，进一步做好工伤保险的市级统筹工作，积极稳妥地推进工伤预防和工伤康复试点工作。

三是全面提高工伤保险管理服务水平。要以精细化、信息化管理为中心，加强基础管理工作，提高管理服务的效率和质量。要以基本实现工伤保险指标的联网监测为目标，加快工伤保险信息系统的建设。同时进一步完善工伤保险统计指标体系，加强统计分析工作，提高对工作指导的科学性、有效性。加强机构和队伍建设，提高工伤保险的组织管理水平，为工伤保险事业的持续健康发展提供有力的支撑和保障。

思考题

1. 简述国外职业伤害保险制度的发展历史。
2. 简述我国工伤保险制度的发展历史。
3. 我国为什么要实行工伤社会保险？
4. 如何看待我国的工伤保险制度改革？

第二章

工伤预防

本章导读

2010 年新修订的《工伤保险条例》强调了工伤预防、补偿和康复三位一体的原则，首次将工伤预防工作摆在了和工伤补偿和康复同等的地位。而世界上很多国家早将工伤预防的地位置于后二者之前。

工伤预防可以降低工伤事故和职业病的发生，保障劳动者的安全健康，分散企业风险，强化安全责任，减少工伤保险基金的支出和社会物质财富的损失，降低社会成本。随着社会的进步，应从源头上减少和避免工伤事故和职业病的发生，因此就更需要加强工伤预防的体系建设。

通过本章的介绍，目的在于使读者了解工伤预防的概念；领会工伤预防在工伤保险中的地位和作用；学习国外工伤预防的经验；理解工伤预防的主要措施，即费率机制的预防措施和使用工伤保险基金开展的预防措施，从而深化对工伤保险制度的工伤预防的作用和意义的认识。

第一节　工伤预防概述

在社会主义市场经济条件下，随着经济快速发展，工业化程度不断提高，工伤保险应对工伤事故和职业危害的保障作用愈加重要。现代意义的工伤保险制度是工伤预防、补偿和康复三位一体的保险体系。我国实行的工伤保险制度除了保障工伤职工得到医疗救治和经济补偿以外，还包括促进工伤预防工作，避免和减少工伤事故和职业病的发生，并通过医疗康复和职业康复，使工伤职工回归社会和重返工作岗位，促进社会的和谐稳定。

一、工伤预防的概念

工伤预防是指采用经济、管理和技术等手段，事先防范职业伤亡事故以及职业病的发生，改善和创造有利于安全健康的劳动条件，减少工伤事故及职业病的隐患，保护劳动者在劳动过程中的安全和健康。工伤预防的目的是从源头上减少和避免工伤事故和职业病的发生，实现“零工伤”的最终目标。建立工伤保险制度的目的是保护劳动者和分散企业风险。保护劳动者的基本目标是保障其因工作受到事故伤害或患职业病后，能获得医疗救治和经济补偿，保障其基本生活，最高目标应是“无伤害”；分散企业风险，直接目的是保障企业不至于因工伤事故导致企业经营发生困难，最高目标应是“无风险”，故工伤保险制度的最终目标是实现“零工伤”，将工伤预防放在首位。

工伤预防在促进安全生产、保护劳动者的安全健康方面有着十分重要的意义和作用。

二、工伤预防的地位和作用

（一）工伤预防的地位

国际劳工组织第121号《工伤事故津贴公约》要求：“每个成员国必须把制定工业安全与职业病预防条例”写入工伤保险条款，要求实施工伤保险制度的国家，必须采取工伤预防的措施，将工伤预防作为政府的重要职责。

我国《安全生产法》第三条明确提出“安全生产管理，坚持安全第一、预防为主的方针”。2003年4月国务院颁布的《工伤保险条例》第一条提出了“促进工伤预防”的立法宗旨，第四条要求“用人单位和职工应当遵守有关安全生产和职业病防治的法律法规，执行安全卫生规程和标准，预防工伤事故发生，避免和减少职业病危害”，2010年新修订《工伤保险条例》中明确规定工伤预防的宣传、培训等费用可从工伤保险基金中列支，赋予了我国工伤保险制度的工伤预防功能的法律地位和制度基础，也说明我国政府对工伤预防工作的一贯重视。

（二）工伤预防的作用

1. 工伤预防可以降低工伤事故和职业病的发生，保障劳动者的安全健康。

工伤预防是企业安全生产工作的一项重要内容。企业要进行生产活动，就存在发生伤亡事故和职业病的可能。据统计，我国每年工伤人数近100万人；评定伤残等级人数近40万人；新患职业病的有1万多人。如何减少工伤事故和职业病的发生，保障劳动者在生产过程中的安全健康，这就需要事先的预防工作。据有关部门的统计资料，现有的事故 80%以上是可以通过对安全生产的重视而避免的，说明工伤预防工作的迫切性和重要性。

2. 工伤预防工作有利于企业发展，促进社会和谐稳定。

近几年来，我国工伤事故和职业危害所造成的对职工生命和生活的危害及重大经济损失，已经引起各级政府和社会各方面的广泛关注。据统计，在我国，一次死亡 10 人以上的特大事故平均每周发生 2 起，一次死亡 3 人以上的重大事故每天就要发生 2 起。职业危害也触目惊心，全国累积的尘肺病患者就有 60 多万人。随着工伤保险制度的改革，将工伤预防引入工伤保险，使企业了解工伤保险不只是补偿，也是分散企业风险，强化安全责任，改善作业环境，保护劳动者安全健康的重要手段。一方面，通过工伤预防，提高企业安全生产管理水平，消除事故隐患，减少和避免事故的发生，提升了企业形象，减少了发生工伤事故给企业带来的损失，保证企业生产经营的顺利进行，有助于企业的良性发展，进而推动经济社会的发展进步。另一方面，企业工伤事故少了，将大大减少由此引发的劳资双方的争议，有利于建立和谐的劳动关系，促进社会的和谐稳定。

【阅读参考】安全生产形势依然严峻

一是事故总量仍然过大……目前每年仍有接近 8 万人在各类事故中丧生，因事故伤残和因职业危害致病的人数更多。二是重特大事故尚未得到有效遏制……（2010 年）重特大事故严重反弹，相继发生了 11 起涉难 30 人以上或直接经济损失超亿元的特别重大事故，给人民群众生命财产造成重大损失。三是安全生产基础仍然薄弱……四是非法违法行为、违规违章现象屡禁不止……

（摘自国家安全生产监督管理总局局长骆琳在 2011 年全国安全生产工作会议上的讲话）

3. 工伤预防可以减少工伤保险基金的支出和社会物质财富的损失，降低社会成本。

国际通行的“损失控制”理论表明，在前期投入少量资金开展工伤预防工作，事后可减少大量的赔偿支出。据国际劳工组织测算，一个国家职业伤害造成的经济损失占 GDP 的 2%左右。按 2010 年我国近 40 万亿人民币的 GDP 总额计算，我国一年中各种职业伤害造成的经济损失高达 8 000 亿人民币。工伤预防工作既能减少职业伤害，也是减少工伤保险基金支出的重要手段。实践证明，加强工伤预防工作，是控制工伤保险基金支出的有效办法。同时，工伤事故的降低，工伤人数的减少，除了可以降低工伤保险赔付和待遇支付外，还可减少人力资源社会保障部门工伤认定、劳动能力鉴定和待遇核付等一系列工作的工作量和管理费用，从而降低行政成本。

第二节　工伤预防的措施

工伤保险制度的工伤预防，体现在工伤保险基金的收支两方面，主要有两类措施：一是费率机制的预防措施，这是在收取工伤保险费时通过费率调节达到预防的目的，是工伤保险制度内在的预防功能；二是使用工伤保险基金开展的预防措施，这是从工伤保险基金中支出工伤预防费的积极预防手段，是工伤保险制度外在的预防功能。

【阅读参考】

目前，世界上工伤预防体制主要可以分为三类：第一类是独立型，即工伤保险机构自身单独管理和核算，从而也使工伤预防体制相对独立，这种体制以意大利和德国为代表，在世界上为数不少。第二类为混合型，即有几个部门联合管理工伤预防，如英国和大部分转型国家。在中、东欧转型国家，一般有两个相互独立的政府部门，一个主管职业安全（隶属劳动部），另一个分管职业卫生（隶属卫生部），同时存在。第三类为附属型，即工伤预防职能从属于国家的某个部委，这类部委主要是分管劳动和卫生的，如日本、芬兰、荷兰和挪威。

一、费率机制的预防措施

《社会保险法》第三十四条、《工伤保险条例》第八条规定，国家根据不同行业的工伤风险程度确定行业的差别费率，并根据使用工伤保险基金、工伤发生率等情况在每个行业内确定费率档次。社会保险经办机构根据用人单位使用工伤保险基金、工伤发生率和所属行业费率档次等情况，确定用人单位缴费费率。费率机制的预防措施，是指在筹集工伤保险基金的过程中，采取工伤保险行业差别费率和浮动费率机制，根据用人单位的工伤风险和工伤事故发生情况，调整用人单位的缴费费率，利用经济杠杆作用激励和督促用人单位加强安全管理和工伤预防工作。

（一）行业差别费率机制

关键概念

行业差别费率机制是指根据不同的行业所面临的工作环境而可能发生伤亡事故的风险和职业的危险程度，分别确定不同比例的工伤保险社会统筹基金缴费率的机制。

行业差别费率是工伤保险费率确定的基础。差别费率是国际通用的一种筹资方法，世界上建立工伤保险制度的国家，大多实行行业差别费率，使用人单位的缴费与所属行业风险程度、事故发生频率相挂钩。例如，对工伤事故发生频率高的煤炭开采业、建筑业等企业确定较高的基准费率，反之，对银行业、证券业、商业等企业确定较低的基准费率。差别费率使工伤保险费的征缴更加趋于合理化。行业差别费率的确定，首先按照不同行业的工伤风险程度，在每个行业确定一个基准费率，然后在基准费率的基础上，再根据不同行业各单位的安全生产状况、工伤保险费用的使用等情况，在每个行业内确定若干费率档次。实行差别费率机制，使工伤保险的互助互济原则和雇主责任制原则有机结合，使工伤保险和工伤预防紧密结合，既保护工伤职工合法权益，又分散用人单位风险。

不同的行业，其工伤事故或者职业病的发生概率是不一样的。反映不同工伤风险的行业划分，一方面要参照国民经济行业分类，另一方面要依据职业安全卫生的经验数据，经验数据则根据事故和职业病统计数据分析得出。这些数据不是单独的事故发生率、职业病发生率等，还要考虑事故造成的损失率。用人单位费率的确定主要依据企业的规模和所从事的行业，其中企业所从属的行业是考虑费率水平的重要条件，各个企业风险程度是确定费率过程中的重要因素。

确定行业差别费率所依据的评价指标主要有以下几种：

（1）工伤事故发生次数。是指单位时间内某行业发生工伤事故的次数总和。本指标说明工伤事故的发生频率和劳动保护安全制度的总效应。

（2）因工伤亡总人数。是指单位时间内因工伤残、死亡的人数之和。

（3）因工伤亡总人次数。是指单位时间内因工负伤，致残乃至死亡的累积人数与次数之和。这一指标反映行业工伤事故的总体规模，是确定差别费率的重要指标之一。

（4）工伤事故频率。是指单位时间内每千名职工因工负伤的总人次数。这一指标是反映行业或企业内职业伤害发生的程度，说明在职工总体中工伤事件发生的几率高低。

（5）工伤死亡率。是指单位时间内因工死亡的职工占工伤总人数的比例，这一指标反映工伤事故对职工的伤害程度，说明行业工伤事故的严重程度高低。

（二）浮动费率机制

浮动费率是指在差别费率的基础上根据企业在一定时期内安全生产状况和工伤保险费用支出情况，在评估的基础上，定期对企业费率给予浮动的办法。浮动费率的目的是利用经济手段促进企业重视安全生产，强化工伤预防工作，降低企业伤亡事故率。

浮动费率是与企业的工伤事故率直接挂钩的，企业上年的事故越多，其下年其缴费就越多，这就体现出浮动费率的经济杠杆作用。为了利用好浮动费率这个杠杆作用，必须制定规范的浮动费率机制，科学地统计分析和评估行业企业的工伤事故率、收支率和工伤保险费用支出情况，调整企业的工伤保险费率。通过调整工伤保险费率促进企业抓好安全生产，减少工伤事故的发生，这是实行浮动费率机制的目的所在。

【阅读参考】统一费率制和差别费率制

统一费率制，即按照法定统筹范围内的预测开支需求，与相同范围内企业的工资总额相比较，求出一个总的工伤保险费率，所有企业都按这一比例缴费……根据对世界上 110 多个实行工伤保险国家的统计资料，约有 37%的国家采用此制度……

差别费率制，即对单个企业或某一行业单独确定工伤保险费的提缴比例，其中具体又分为（1）企业差别费率制……（2）行业差别费率制，它是以某一行业所有企业的安全成绩为依据来制定费率的方法。在国家没有制定统一的行业差别费率的情况下，用企业差别费率来确定企业工伤保险费率有利于各地基金的平衡，并促进企业的安全生产。企业差别费率确定办法与行业差别费率也不矛盾，制定全国统一的行业费率表，可由同一行业所有企业各自的差别费率加权平均计算出来……

(三) 我国费率机制的运行情况

我国目前根据不同行业的工伤风险程度，将行业划分为 3 个类别：一类为风险较小行业（如银行业、证券业等），二类为中等风险行业（如房地产业、铁路运输业等），三类为风险较大行业（如煤炭开采业、石油加工业等），分别实行 3 种不同的工伤保险缴费费率。各省、自治区、直辖市工伤保险费平均缴费率，原则上控制在职工工资总额的 1.0%左右。在这一总体水平下，3 类行业的基准费率分别控制在用人单位职工工资总额的 0.5%左右、1.0%左右、2.0%左右。具体标准由各统筹地区社会保险部门会同财政、卫生、安全监管部门，按照以支定收、收支平衡的原则，根据工伤保险费使用、工伤发生率、职业病危害程度等情况提出分类行业基准费率的具体标准，报统筹地区人民政府批准后实施。行业基准费率的具体标准可定期调整。

目前费率浮动共有 11 个档次。用人单位属一类行业的，按行业基准费率缴费，不实行费率浮动。用人单位属二、三类行业的，费率实行浮动。用人单位的初次缴费费率，按行业基准费率确定，以后 1～3 年浮动一次。在行业基准费率的基础上，可上下各浮动两档：上浮第一档到本行业基准费率的 120%，上浮第二档到本行业基准费率的 150%，下浮第一档到本行业基准费率的 80%，下浮第二档到本行业基准费率的 50%。费率浮动的具体办法由各统筹地区社会保险行政部门会同财政、卫生、安全监管部门制定。例如，房地产业的一家用人单位，当年确定基准费率是职工工资总额的 1.0%，若连续 3 年没有发生工伤事故和职业病，从第 4 年起该单位的费率将下浮到 0.8%；若在执行基准费率的当年就发生了重大死亡事故，则第 2 年的费率将上浮到 1.2%。

《工伤保险条例》第八条规定：工伤保险费根据以支定收、收支平衡的原则，确定费率。国家根据不同行业的工伤风险程度确定行业的差别费率，并根据工伤保险费使用、工伤发生率等情况在每个行业内确定若干费率档次。行业差别费率及行业内费率档次由国务院社会保险行政部门制定，报国务院批准后公布施行。统筹地区经办机构根据用人单位工伤保险费使用、工伤发生率等情况，适用所属行业内相应的费率档次确定单位缴费费率。自 2004 年《工伤保险条例》实施以来，我国的工伤保险费率机制已初步建立，并对企业加强安全管理、开展工伤预防起到一定的促进作用。但是，目前我国的行业差别费率划分较粗，行业基准费率差距过小，未能真正反映各行业的工伤风险；浮动档次较少，费率浮动范围和评价指标的科学性不够，未能有效发挥对工伤预防的促进作用。因此，我国的工伤保险费率机制还需不断改革和完善，从而使工伤保险制度的预防功能得以充分发挥。

二、利用基金的预防措施

利用基金的预防措施，是指从工伤保险基金中提取一定比例的工伤预防费，采取教育、技术和经济等措施，提高用人单位和职工的工伤预防意识，促进企业加强安全生产，改善企业职业安全卫生状况，减少工伤事故和职业病的发生。

（一）教育措施

教育措施是指利用工伤保险基金开展工伤预防的宣传、教育与培训活动，是贯彻“安全第一，预防为主”方针，普及安全生产和工伤保险知识，提高用人单位和职工工伤预防意识，增强工伤预防能力，减少和避免工伤事故和职业病发生的重要措施。

开展工伤预防的宣传、教育与培训工作，在安全生产和工伤保险中有着非常重要的意义，也是国内外工伤预防工作普遍采用的基本措施。一方面，可以提高用人单位和职工做好安全生产管理的责任感和自觉性，帮助其正确认识安全生产和工伤保险的重要性，树立“以人为本”的安全价值观和“预防优先”的预防理念。另一方面，能够普及和提高劳动者的工伤预防和职业安全卫生方面的法律、法规、基本知识，增强安全操作技能，做到不伤害自己，不伤害别人，也不被别人伤害，从而保护自己和他人的安全与健康。

工伤预防的宣传主要包括媒体宣传活动、政策咨询活动和知识竞赛；制作公益广告和标志；印制和发放宣传资料等。教育培训针对培训内容和培训对象，灵活选择多种方式方法，采用讲授法、实际操作演练法、案例研讨法和宣传娱乐法，还可以通过网络视频开展网上培训等。

【新闻摘录】（人民网上海 2007 年 5 月 18 日讯）

上海对 50 万农民工免费进行安全生产培训

今天上午，在上海市松江区泖港镇政府会议中心里，上海万佳精密元件有限公司的 160 名工人正在认真听课，课的内容是关于如何进行安全生产。日前，上海市安全生产监督管理局制定的《农民工安全生产培训实施办法》已经正式实施，作为今年市政府的一项实事工程，上海市将对全市 50 万名农民工免费进行安全生产培训……

……课堂上，老师制作的幻灯片中一些触目惊心的现场照片吸引了工人的目光，不少人都是一脸不忍。来自贵州的电焊工夏纲说：“以前对安全方面的事听得多、想得少，听课后，今后一定要珍惜生命。”

（http：//ha. people. com. cn/news/2011/05/18/553343. html）

（二）技术措施

技术措施是指利用工伤保险基金补助企业开展伤亡事故和职业病预防的技术活动，引导企业对其设备、设施和生产工艺等从工伤预防和职业安全卫生的角度进行设计、改造、检测和维护，从而改善企业的职业安全生产状况，减少工伤事故和职业病的发生。另外，技术措施还包括利用基金资助对工伤预防新技术、新产品的开发等科研活动，提高工伤预防的技术水平。

1. 工伤事故预防的安全技术措施

防止事故发生的安全技术是指为了防止事故的发生，采取的约束、限制能量或危险物质，防止其意外释放的技术措施。常用的防止事故发生的安全技术有消除危险源、限制能量或危险物质、隔离等。

（1）消除危险源

消除系统中的危险源，可以从根本上防止事故的发生。但是，按照现代安全工程的观点，彻底消除所有危险源是不可能的。因此，人们往往首先选择危险性较大、在现有技术条件下可以消除的危险源，作为优先考虑的对象。可以通过选择合适的工艺、技术、设备、设施，合理结构形式，选择无害、无毒或不能致人伤害的物料来彻底消除某种危险源。

（2）限制能量或危险物质

限制能量或危险物质可以防止事故的发生，如：减少能量或危险物质的量，防止能量蓄积，安全地释放能量等。

（3）隔离

隔离是一种常用的控制能量或危险物质的安全技术措施。采取隔离技术，既可以防止事故的发生，也可以防止事故的扩大，减少事故的损失。

（4）故障—安全设计

在系统、设备、设施的一部分发生故障或破坏的情况下，在一定时间内也能保证安全的技术措施称为故障—安全设计。通过设计，使得系统、设备、设施发生故障或事故时处于低能状态，防止能量的意外释放。

（5）减少故障和失误

通过增加安全系数、增加可靠性或设置安全监控系统等来减轻物的不安全状态，减少物的故障或事故的发生。

（6）个体防护

个体防护是把人体与意外释放能量或危险物质隔离开，是一种不得已的隔离措施，但是却是保护人身安全的最后一道防线。

（7）设置薄弱环节

利用事先设计好的薄弱环节，使事故能量按照人们的意图释放，防止能量作用于被保护的人或物。如锅炉上的易熔塞、电路中的熔断器等。

（8）避难与救援

设置避难场所，当事故发生时人员暂时躲避，免遭伤害或赢得救援的时间。在事先选择撤退路线，当事故发生时，人员按照撤退路线迅速撤离。事故发生后，组织有效的应急救援力量，实施迅速的救护，是减少事故人员伤亡和财产损失的有效措施。

【阅读链接】

《中华人民共和国安全生产法》第十四条、第十九条（由中华人民共和国第九届全国人民代表大会常务委员会第二十八次会议于2002年6月29日通过，自2002年11月1日起施行）

2. 职业病预防的技术措施

通过预防性健康检查，早期发现职业病有利于及时采取措施，防止职业危害因素所致疾病的发生和发展，还可以为评价劳动条件及职业危害因素对健康的影响提供资料，并有助于发现新的职业性危害因素，是保护劳动者相关权益所不可缺少的。职业病预防的内容包括职业健康检查、健康监护档案、健康监护资料分析等几个方面。

（1）职业健康检查

可分为就业前健康检查和就业后的定期健康检查两种形式。

①就业前健康检查是指对准备从事某种作业的劳动者进行的健康检查，其目的在于：检查受检者的体质和健康状况是否符合参加该作业，是否有职业禁忌症，是否有危及他人的疾患和传染病、精神病等。根据检查结果决定可否从事该作业或安排其他适当工作。取得基础健康状况资料，可供定期检查和动态观察时进行自身对比之用。

②定期健康检查是按《职业健康检查项目及周期》的规定，按一定时间间隔对接触职业性危害因素作业工人进行的定期健康检查。其目的是为了及时发现职业危害因素对健康的早期影响和可疑征象；早期诊断和处理

职业病患者和观察对象及其他疾病患者，防止其发展和恶化；检出高危人群，即对高危害因素易感的人群，作为重点监护对象；发现具有职业禁忌症的工人，以便调离或安排其他适当工作；采取措施防止其他工人健康受损。

另外，职业病普查也是一种健康检查，主要是对接触某种职业危害因素的人群，普遍地进行一次健康检查。通过普查发现职业病，还可检出有职业禁忌症的人和高危人群。

（2）健康监护档案

健康监护档案的内容有：职业史和疾病史；职业性危害因素的监测结果及接触水平；职业健康检查结果及处理情况；个人健康基础资料等。

（3）健康监护资料分析

对接触有害因素工人的健康监护资料的统计分析，对指导职业病防治工作有重要意义，可作为职业病预防工作的重要信息资源。

【阅读链接】

《中华人民共和国职业病防治法》第三十二条、第三十三条（由中华人民共和国第九届全国人民代表大会常务委员会第二十四次会议于2001年10月27日通过，自2002年5月1日起施行）

（三）经济措施

经济措施，是指除利用费率机制的经济杠杆作用对企业进行调节以外，利用工伤保险基金对安全生产和工伤预防工作开展得较好的企业给予奖励，同时对违反国家安全规定、工伤预防工作较差的企业给予处罚，从而引导企业重视工伤预防，进入工伤预防和安全生产的良性轨道。

在经济措施中，一般综合考虑企业的安全生产情况、工伤事故和职业病发生率、工伤保险基金收支率等指标，对企业进行奖励和处罚。

【新闻摘录】

瑞典的安监管理

在瑞典，有一个特别的政府部门叫做工作环境管理局。工作环境管理局及其分部会开展监督检查工作，具体会看雇主是否有很好的安全管理，是否有系统性的方式确保工作场所安全。通过这样的检查，监察人员发现有一些地方需要改进，就记录下来发给雇主，之后跟踪雇主是否采取了改进措施。

如果雇主没有按照整改意见采取行动，监察人员还会设定一个时间限度要求整改，如果没有做到，他们会对公司进行罚款。监察人员会设定新的时间限度，在新的时间限度之内还没有整改的话，会继续罚款。对于非常危险的情况，监察人员可以禁止雇主开展生产活动。

（夏波光. 工伤预防“问计”欧盟［J］. 中国社会保障. 2010，1：14—16）

工伤保险利用基金的外在预防措施，除了以上几种外，还存在管理性的措施，主要指工伤保险管理机构利用工伤保险基金，研究制定工伤预防工作中有关的规范、技术规程和标准，并对企业执行这些规程、规范和标准的情况进行监督和检查，对企业存在的安全卫生隐患提出咨询意见和建议。

(四）我国基金预防机制的运行情况

在2010年新修订《工伤保险条例》颁布实施前，我国已有河南、广东、海南、山西、内蒙古、吉林、黑龙江、江西、湖南、宁夏、陕西和西藏12个省（区），出台了有关工伤预防费使用管理的政策文件，确定了工伤预防费纳入工伤保险基金的支出范围，建立了工伤预防工作经费的保障机制，有针对性地、主动地为企业开展工伤事故与职业病预防的服务性工作。

工伤预防费的提取比例多为统筹地区工伤保险基金征缴收入的3%～5%，最高不超过8%。工伤预防费主要用于工伤事故和职业病预防的宣传、教育与培训；安全生产奖励；对高危行业参保企业作业环境的监测和对从事职业危害作业的职工（主要是农民工）进行职业健康检查的补助；以及对用人单位工伤风险程度的评估等。

在已出台工伤预防费使用管理政策文件的12个省（区），部分统筹地区初步建立了工伤预防的工作机制，在工伤预防费的支出范围、使用程序和监督管理、采取的预防措施以及有关部门的协作机制等方面进行了有益的探索，取得了较好的效果。特别是广东省，作为一个农民工用工大省，针对农民工的特点，利用工伤预防费开展教育培训、职业健康检查和对工伤预防工作较好的企业进行安全生产奖励等预防工作后，工伤事故的千人伤亡率从2005年到2009年连续下降，工伤事故高发的情况有所好转，社会效果明显。

我国目前从工伤保险基金提取工伤预防费开展工伤预防工作，这种预防机制还处在改革探索阶段，还需在制度建设和改革实践中不断完善，加以统一和规范。2009年，人力资源和社会保障部下发了《关于开展工伤预防试点工作有关问题的通知》，选择了广东、海南和河南 3 省的 11 个城市作为试点城市，正式启动了工伤预防试点工作。通过试点，探索建立工伤预防的工作模式，完善工伤预防的相关政策，为在全国范围内开展工伤预防工作积累实践经验，从而建立我国工伤预防的制度体系。

【新闻摘录】（中国政府网 2009 年 9 月 25 日讯）

人力资源和社会保障部发通知部署工伤预防试点工作

为探索建立工伤预防的工作模式，完善工伤预防的相关政策，为在全国范围内开展工伤预防工作积累实践经验，探索建立我国工伤预防的制度体系，近日，人力资源和社会保障部发出《关于开展工伤预防试点工作有关问题的通知》。

通知决定，结合河南、广东和海南 3 省工伤预防工作实际，选择郑州市、洛阳市、安阳市、三门峡市，广州市、深圳市、珠海市、东莞市，海南省省本级、海口市、昌江县、儋州市作为工伤预防试点城市。试点工作将在今明两年进行。

（http：//www.gov.cn/gzdt/2009-09/25/content_1426298.htm）

第三节　国外工伤预防经验

国际工伤保险制度的发展已走过被动赔偿的消极工伤保险阶段，工伤预防、工伤赔偿和工伤康复相结合是国际工伤保险发展的主流。在大多数的工业化国家，已开始把“控制损失”作为工伤保险主要的目标，很多国家已将工伤预防作为工伤保险的首要职责和主要内容。

一、国外工伤预防的法律规定

为了确保职工的生命安全，德国制定了“劳动保护法规”，由政府部门对各行各业的安全生产、劳动保护、职工伤亡依法行使监察的职能，实行行业管理。由“协会”或“公会”制定行业的技术标准、规范，各企业认真贯彻执行。同时，这些技术标准、规范也是法院判定是否正确遵守行业行为的法定依据。各企业依据这些标准、规范制定各自的企业安全规章制度和工作条例。德国的《社会法典》规定了“预防优先”和“康复先于赔付”的原则，并把“预防为主”作为工伤保险工作的首要目标，赋予工伤保险管理机构“使用所有适用手段防止事故和职业病发生”的责任。德国同业公会每年使用工伤保险基金中约5%的资金，用于开展工伤预防工作，取得了很好的经济效益和社会效益。

法国、澳大利亚、加拿大、美国、巴西、意大利和日本等国家在工伤保险立法中均有事故预防优先的条款。

法国在《关于就业伤亡的补偿》立法中，写入了伤亡事故预防与工伤保险补偿计划相联系的条款。工伤保险基金由国家级、省级、地方级社保机构负责，与其他基金一同管理，每年提取7%～8%作为事故预防基金。此外，社保机构还收取相当于工资收入1.5%的保险费，由雇主缴纳，再加上对那些不遵守职业安全的雇主的罚款，一同作为事故预防基金。

澳大利亚的社会保障立法明确规定，建立事故保险基金的目的首先在于工伤预防，然后才是伤亡事故处理、职业康复和发放补偿金。该国法律还规定，除了雇主外，私人保险机构也必须为事故预防提供资金。澳大利亚的许多保险机构都雇佣检查员及安全调研员，为事故预防提供意见和建议。工伤保险机构还为企业提供咨询并组织安全教育工作。

加拿大的省级保险法要求所有的雇主必须在企业内建立一个安全委员会。加拿大哥伦比亚省工人赔偿委员会每年安排3.48%的事故预防费，用于安全宣传教育和管理。

美国的马萨诸塞州早在1912年就开始利用部分工人补偿基金用于伤亡工伤预防。俄亥俄州的保险计划委员会成立了安全和健康基金会，该基金会每年拿出其财政收入的1%作为工伤预防基金，用于实施各种工伤预防计划。虽然美国政府并未规定私人保险人缴纳预防费用，但他们仍以每年保额1.1%的资金资助工伤预防工作。

巴西社会保障法规定，社会保险机构必须向工业安全、健康及医药卫生基金会缴纳一定费用。社会保险机构的一部分收入必须用于安全措施的建立或事故预防工作。

意大利的《工伤事故与职业病条例》，赋予了国家工伤保险所（INAIL）的主要职责：预防发生工作事故，为从事危险工作的工人提供保险，使工伤事故的受害者重回劳动力市场和社会生活。为了减少事故发生，INAIL采用了许多重要的手段持续监测事故倾向，向中小企业提供预防性培训与建议，并向改善安全条件的企业提供资金，鼓励企业在预防措施方面进行技术革新。意大利每年利用工伤保险基金的5%～10%，用于开展工伤预防工作。

日本的社会保障制度规定，社会保险基金在支持正常的补偿外，有责任支持推动工伤预防工作，资助各种工业安全与卫生的科研与实验活动；资助劳动者的职业病普查及对工业环境管理所进行的有关科研工作。日本劳动福利事业团负责办理具体的业务，开展与工伤保险有关的改善劳动环境、预防事故、工伤人员疗养康复及援助因工死亡家属等工作。

【阅读参考】世界主要国家工伤保险首次立法时间表

国家	首次颁布时间	国家	首次颁布时间
德国	1884 年 7 月 6 日	意大利	1898 年 3 月 17 日
法国	1898 年	芬兰	1895 年 12 月 5 日
奥地利	1887 年 12 月 28 日	爱尔兰	1897 年
英国	1897 年	西班牙	1900 年 1 月 30 日
丹麦	1898 年	荷兰	1901 年
瑞典	1901 年	比利时	1903 年 12 月
卢森堡	1902 年 4 月 5 日	挪威	1895 年
澳大利亚	1908 年	日本	1911 年
美国	1912 年		

（张小平．“三位一体”工伤保险体系下的工伤预防机制研究［D］．中国人民大学劳动人事学院．硕士论文，2008）

二、国外工伤预防的管理模式

一般说来，工伤预防从立法、执行、监察到提供预防服务，往往需要国家多个部门或机构的共同参与，协作实施。

在工伤预防的管理机构方面，国外工伤预防的管理模式分为三种：第一种是工伤预防由政府或专门机构承担，如英联邦国家和东欧一些国家的工伤保险立法中没有工伤预防的内容，国家实施工伤保险并负责赔付，而工伤预防则由政府专设部门或者委托专门机构负责管理；第二种是工伤保险和工伤预防由两个相关机构分别管理，如日本在劳动省基准局下设了两个机构分别管理；第三种是工伤保险和工伤预防由同一个机构负责管理，如德国同业公会在管理工伤保险时同时兼顾了预防、补偿和康复三项职能。

在工伤预防的工作机制方面，各国实践经验表明，工伤预防必须与本国国情相结合，必须将工伤保险预防与其他主体预防手段相结合。由于各国工伤保险制度的具体实施差异较大，并没有一套普遍适用的工伤保险预防机制。但一些基本的方法与手段可供借鉴，一般来说，大多数国家工伤预防机制主要由两部分组成：一是运用费率机制来实现事故预防；另一种是建立专门的工伤预防基金。

三、国外工伤预防的措施与经验

工伤预防在全球范围内广泛开展，取得了较好的经济效益和社会效益。如作为工伤保险制度发源地的德国，是工伤预防、工伤补偿和工伤康复三位一体的工伤保险制度比较完善的国家，由于重视工伤预防工作，从 1970 年到 2008 年，工伤事故发生率下降了约 60%，工亡事故发生率更是下降了约 75%，同时工伤保险平均缴费费率从 1.51%下降到了 1.26%。各国的工伤预防措施主要包括以下几个方面：

（一）工伤保险与安全生产工作紧密结合

日本这两项工作统一由劳动省基准局管理，并设立“劳动福利事业团”办理具体业务。劳动福利事业团向劳动省提出计划，申请经费，独立经营，建立工伤保险医院、疗养院、康复中心等工伤福利设施；向中小企业提供低息贷款，帮助改善劳动条件；工伤保险工作做到了人、钱、事统一管理。日本允许社会保障部门做预防工作，其中最重要的是对不同的工伤预防组织给予财政权力，全国实行三级机构垂直管理模式，第一级是劳动卫生省劳动基准局，第二级是各都道府县设劳动基准局（47 个），第三级是厂（矿）区劳动基准监督署（340 多个），全国共有安全监督官 3 000 多名。为防止事故，日本安全监督管理部门加大了事故预防投入的比例，主要用于安全科学技术研究、宣传培训、检测检验等方面，1998 年事故大幅下降。

为了促进企业的安全生产，减少工伤事故，德国各工伤保险同业公会在全国自上而下设立了安全技术监察部门，配备专职安全监督员，一直深入到厂（矿）密集的工业区，形成了能够对每个企业进行有效监督检查的管理网络体系。监督人员在工作中发现企业存在安全生产问题时，一是能够及时提出指导性意见，督促企业整改；二是可提请国家安全生产监督管理部门监督企业整改。此外，同业公会内还设有技术支援机构、医院和研究室。技术支援机构可帮助企业培训和检测分析，指导企业改进工作，医院可医治一些较轻的伤员和职业病患者，研究机构可对一些影响职工安全与健康的危害因素做一些前瞻性的专题研究。

（二）设立专门的工伤预防基金

法国的社会保障机构建立专门的工伤预防基金和专职的安全监督员。基金主要用于为企业提供安全方面的咨询，提供安全技术和安全专家，监督实施安全条例和工伤统计分析等工作。社会保障机构负责的工伤预防基金会，资助了一个职业安全与职业病预防研究所，其主要职能是加强研究并发布有关的职业安全与卫生信息，并且培训事故预防专家；社会保障工作者的预防工作包括提供安全技术及预防专家等，他们把研究成果提交给负责职业安全与卫生的劳动管理人员。同时，政府的劳动部门也有一支职业安全和卫生方面的专职监察队伍。

在美国，俄亥俄州的保险计划委员会实施了许多工伤预防工作，该基金会拿出其收入的1%作为工伤预防基金。虽然美国政府并未规定私人保险人缴纳预防费用，但他们仍以每年保险额1.1%的资金资助工伤预防工作。主要工作内容包括：建立预防数据库，教育、指导与培训，财政支持及其他。

（三）调节费率促进工伤预防

日本工伤保险费按行业差别划分，共分8大产业53个行业，最高费率为14.8%，最低费率为0.5%，另外各行业都附加0.1%的通勤事故保险费率，行业之间差别费率达25倍。为促进工伤预防，行业差别费率每3年调整一次，根据企业的收支比例计算，上下浮动幅度最高达40%。

德国根据行业的不同特点设立了35个同业公会，形成不同的费率。平均费率最低为0.71%，最高为14.58%，相差18倍。德国还根据企业的安全生产状况上下浮动保费，浮动幅度最高达30%。实践表明，这些做法有效地发挥出促进企业提高安全生产的作用。

（四）加强劳动保护工作

德国在劳动保护监察方面实行双轨制，在制定劳动保护规范方面的具体体现是：国家制定劳动保护规范的框架，工伤保险同业公会按照此规范细节制定劳动保护方面的规程与规定。这些规程与规定，涉及劳动保护的各个方面，包括机器安全设置方面的规范，也包括使用机器时的劳动保护用品方面的规范。目前，劳动保护方面的规程与规定总计约130个。所有制定、公布、出版劳动保护规程与规定的费用，都由工伤预防经费承担。

德国工商业同业公会中的技术监督机构（TAD）负责对企业进行劳动保

护监察和咨询服务。目前技术监督机构约有 3 000 名监察员，其工作重点在于就劳动保护方面与企业会谈。监察员在工矿企业检查安全条件和职业危险程度，有权要求企业安全工程师积极配合。检查结束后，要将检查结果通知雇主。如果发现雇主有违反安全卫生规定的情况，而雇主又不整改的，他们将报告政府工伤监督官员，对其进行处罚。此外，同业公会还建立了 20 多个检测检查站，免费为中小企业提供服务。

（五）开展安全教育培训和提供劳动医疗服务

开展安全教育培训是德国工伤保险同业公会预防工伤事故的又一个重要手段。同业公会设立了 36 个培训中心，通过电视、微机等工具，对学员进行劳动安全教育培训。学员在培训期间的食、宿、培训、交通一律免费，由工伤预防经费中列支。另外，同业公会为尽早发现职业病，还积极提供劳动医疗服务。劳动医疗由同业公会所属的 170 个检查中心进行。检查中心的医生不是治疗医生，仅负责健康检查。根据规定，在一般情况下，雇主招收新工人要进行劳动健康检查；对于特种工种的工人，必须定期进行检查；其他工种工人也应定期检查。

【阅读参考】部分典型国家的工伤预防模式情况表

国别	工作模式	基金来源	管理机构	主要职能
德国	赋予工伤保险预防职能	工伤保险基金提取 5%	国家劳动安全检查机构、工伤保险同业公会	制定规章与规定 劳动保护监察和咨询服务 劳动医疗、安全教育培训、预防工伤与职业病科研
法国	专门的事故预防基金	对不守职业安全的雇主罚款	国家受雇劳动者疾病保险基金会	提供安全方面资讯 提供安全技术和安全专家 监督实施安全条例 工伤统计分析
瑞士	工伤保险中专门从事预防的分支机构	对高风险和安全记录不良的企业专门征收	劳动社会保障部	为企业提供安全服务

思考题

1. 什么是工伤预防？

2. 工伤预防的地位和作用是什么？
3. 工伤预防的机制有哪些？
4. 工伤预防的措施有哪些？如何落实和完善？
5. 国外是如何进行工伤预防的？如何借鉴国外的经验做好我们的工作？

第三章

工伤认定

本章导读

以《企业职工工伤保险试行办法》（劳部发［1996］266号）为标志，20世纪中后期我国开始实行工伤认定制度，《工伤保险条例》对工伤认定制度又作了进一步规范和完善，是我国工伤保险制度建设的重要成果。

工伤认定制度是工伤保险制度的重要组成部分，是职工享受工伤保险待遇的前提，对于明确工伤职工的身份、保障工伤职工合法权益发挥了重要作用。

本章通过对工伤认定的概念、认定对象和特点、我国工伤认定工作总体情况、工伤范围、工伤认定遵循的原则以及工伤认定程序等制度的介绍，帮助读者全面理解工伤认定基本制度，提高在实践中把握工伤认定范围和工伤认定程序的能力。

第一节　工伤认定概述

职工受到事故伤害或者患职业病，申请享受工伤保险待遇的应当向社会保险行政部门申请工伤认定。工伤认定是工伤职工享受工伤保险待遇的前提，工伤认定制度的确立，有利于明确工伤职工的身份，保障工伤职工享受工伤保险待遇的合法权益。2010年12月31日人力资源和社会保障部公布了新修订的《工伤认定办法》，对工伤认定的程序作出了新规定，《工伤保险条例》和《工伤认定办法》规定了工伤认定制度的主要内容。

一、工伤认定的概念、认定对象和特点

（一）工伤认定的概念

工伤认定是指社会保险行政部门根据工伤保险法律法规及相关政策的规

定，确定职工受到的伤害，按照规定是否属于应当认定为工伤或视同工伤的情形。

（二）工伤认定的对象

根据《工伤保险条例》第十八条以及人力资源和社会保障部有关政策的规定，工伤认定的对象一般包括具备下列条件的职工：一是所在单位纳入了工伤保险制度的调整范围；二是存在受到伤害或者患职业病的事实；三是与用人单位存在劳动关系，包括事实劳动关系；四是要有相关的医疗诊断证明或职业病诊断证明。

关键概念

劳动关系是指劳动者与劳动力使用者以及相关组织为实现劳动的过程所构成的社会经济关系。

这里的“职工”是指与用人单位存在劳动关系的各种用工形式以及各种用工期限的劳动者，包括在两个以上单位同时就业的灵活就业人员。

【阅读参考】劳动关系成立的要素

根据原劳动和社会保障部2005年下发的《关于确立劳动关系有关事项的通知》（劳社部发［2005］12号）规定，用人单位招用劳动者未订立书面劳动合同，但同时具备下列情形的，劳动关系成立。

（一）用人单位和劳动者符合法律、法规规定的主体资格；

（二）用人单位依法制定的各项劳动规章制度适用于劳动者，劳动者受用人单位的劳动管理，从事用人单位安排的有报酬的劳动；

（三）劳动者提供的劳动是用人单位业务的组成部分。

对于工伤认定对象应注意以下几点：

1.《工伤保险条例》适用范围内的所有用人单位的职工受到事故伤害或者患职业病，申请工伤认定并符合受理条件的，社会保险行政部门应予受理。

2.《工伤保险条例》适用范围内的用人单位未参加工伤保险，其职工申请工伤认定并符合受理条件的，社会保险行政部门应予受理。

3. 无营业执照或者未经依法登记、备案而经营的单位所雇用的人员，以及被依法吊销营业执照或者撤销登记、备案的单位所雇用的人员受到事故伤害或者患职业病的；用人单位使用童工造成童工伤残、死亡的，受伤害者不需申请工伤认定，直接由雇用方给予一次性赔偿，拒不给付赔偿的，由社会保险监察机构予以处理，或通过法律程序予以解决。

（三）工伤认定的特点

工伤认定属于具体行政行为，申请工伤认定的职工或者其近亲属、该职工所在单位对工伤认定申请不予受理的决定不服的；申请工伤认定的职工或者其近亲属、该职工所在单位对工伤认定结论不服的，可以依法提起行政复议，也可以依法向人民法院提起行政诉讼。

关键概念

行政复议，是指按照《行政复议法》的规定，公民、法人或者其他组织认为行政机关或法律法规授权的组织实施的具体行政行为侵犯自己的合法权益，向行政复议机关提出申请，由复议机关受理、审查并作出决定的法律制度。

行政诉讼，是指依照《行政诉讼法》的规定，公民、法人或者其他组织认为行政机关或法律法规授权的组织实施的具体行政行为侵犯自己的合法权益，向人民法院起诉，人民法院对被诉行为进行审查并依法裁决的法律制度。

【阅读参考】

新修订的《工伤保险条例》取消了行政复议前置程序。按照原条例的规定，在工伤争议处理程序中，行政复议是行政诉讼的前置程序。条例修订时简化了这一程序，规定发生工伤争议的，有关单位或者个人可以依法申请行政复议，也可以依法直接向人民法院提起行政诉讼。

工伤认定有以下特点：

1. 工伤认定因申请而启动，未提出申请的，社会保险行政部门不主动启动认定程序。

2. 工伤认定的受理主体、提出认定申请的主体都是由法律明确规定的。

3. 认定为工伤的数量没有限制，只要符合认定条件都可以认定（含视同）工伤。

4. 工伤认定结论具有法律约束力，相关义务人（用人单位和社会保险经办机构）应依据已认定为工伤的结论，按照法律法规的规定支付工伤职工应享受的工伤待遇。

二、我国工伤认定工作总体情况

(一)《工伤保险条例》实施以来工伤认定工作基本情况

2004 年以来，为解决《工伤保险条例》在实施中遇到的问题，原劳动保障部出台了《关于实施〈工伤保险条例〉若干问题的意见》（劳社部函[2004] 256 号)，对《工伤保险条例》实施中遇到的一些普遍性问题作了明确的界定。

《工伤保险条例》实施以来，随着工伤保险覆盖范围的不断扩大，申请工伤认定的人数呈逐年上升趋势（见图 3—1)。2005—2010 年申请工伤认定总计达到 500 余万件。2010 年全国受理工伤认定申请首次超过百万件。认定工伤较多的省份主要集中在沿海经济发达地区，发生工伤较多的主要是农民工，为解决这一问题，原劳动保障部将工作重点放在促进用人单位参保，特别是解决农民工的参保方面。在工伤总数中，排在第一位的是在工作时间和工作场所，因工作原因（简称“三工”）受到事故伤害的情形，占 80％以上。

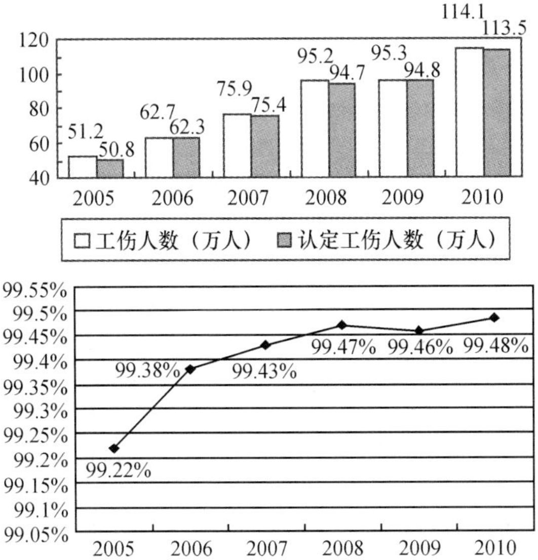

图 3—1　认定工伤人数及所占比例

(二）工伤认定情况特点分析

从 2005—2010 年的统计情况看，工伤职工中 99％以上是属于应当认定为工伤的情形（见图 3—1)，只有不到 1％属于认定为视同工伤的情形。

在认定为工伤的情形中属于“三工”情形的排在第一位，占认定工伤总数的比例一般在 87％～89％之间（见图 3—2)；属于上下班情形认定为工伤的占 5.5％～6％，排在第二位；因工外出认定为工伤的排在第三位，占 2.5％～2.9％。在视同工伤的情形中，符合“在工作时间和工作岗位，突发疾病死亡或者在 48 小时之内经抢救无效死亡的”排在第一位，占 80％～85.5％，符合“在抢险救灾等维护国家利益、公共利益活动中受到伤害的”占视同工伤的 9.5％，符合“已取得革命伤残军人证，到用人单位后旧伤复发的”占视同工伤的 5％。

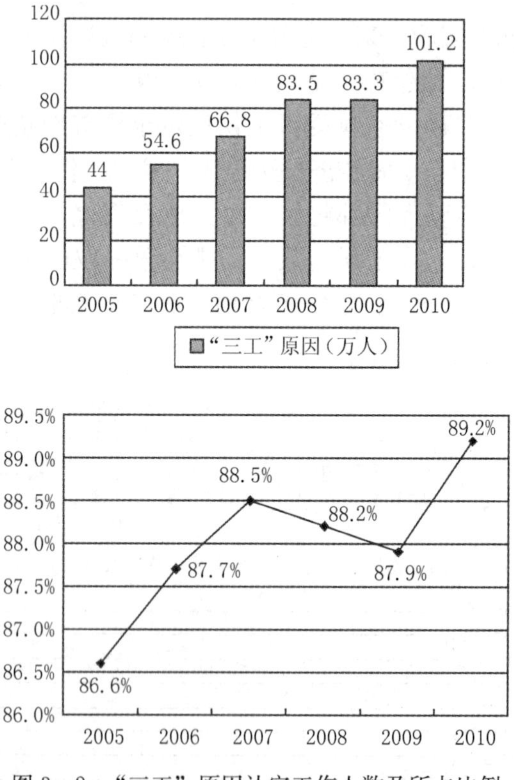

图 3—2 “三工”原因认定工伤人数及所占比例

2010 年全年工伤保险行政复议 8 193 件，行政诉讼 5 487 件，行政复议和行政诉讼的件数分别占申请工伤认定总件数的 0.7％和 0.5％。

第二节 工伤范围和工伤认定原则

一、工伤范围

《社会保险法》和《工伤保险条例》对工伤范围作出规定，即规定职工因工作原因受到事故伤害或者患职业病应当认定为工伤的情形、认定为视同工伤的情形以及不得认定为工伤或者视同工伤的情形。

（一）认定为工伤的情形

《社会保险法》规定，职工因工作原因受到事故伤害或者患职业病属于工伤范围。根据《工伤保险条例》第十四条的规定，职工有下列情形之一的，应当认定为工伤：（1）在工作时间和工作场所内，因工作原因受到事故伤害的；（2）工作时间前后在工作场所内，从事与工作有关的预备性或者收尾性工作受到事故伤害的；（3）在工作时间和工作场所内，因履行工作职责受到暴力等意外伤害的；（4）患职业病的；（5）因工外出期间，由于工作原因受到伤害或者发生事故下落不明的；（6）在上下班途中，受到非本人主要责任的交通事故或者城市轨道交通、客运轮渡、火车事故伤害的；（7）法律、行政法规规定应当认定为工伤的其他情形。

（二）认定为视同工伤的情形

根据《工伤保险条例》第十五条的规定，职工有下列情形之一的，视同工伤：（1）在工作时间和工作岗位，突发疾病死亡或者在48小时之内经抢救无效死亡的；（2）在抢险救灾等维护国家利益、公共利益活动中受到伤害的；（3）职工原在军队服役，因战、因公负伤致残，已取得革命伤残军人证，到用人单位后旧伤复发的。

（三）不得认定为工伤或者视同工伤的情形

根据《社会保险法》第三十七条和《工伤保险条例》第十六条的规定，职工有下列情形之一的，不得认定为工伤或者视同工伤：（1）故意犯罪的；（2）醉酒或者吸毒的；（3）自残或者自杀的。这三种情形的适用，是指职工如果受到的伤害符合《工伤保险条例》第十四条或第十五条中某一种情形的规定，但该情形符合上述三种情形之一的，不应认定为工伤或者视同工伤。

实际工作中，有些情形既不属于应当认定为工伤或视同工伤情形的，也不属于不得认定为工伤或者视同工伤情形的，则不属于工伤或者视同工伤的认定范围。

二、工伤认定遵循的原则

工伤认定是对职工受到的伤害是否属于工伤范围的情形作出判断，是职工是否享受工伤保险待遇的前提条件，直接关系职工及其近亲属的权益。《工伤保险条例》规定了应当认定为工伤、视同工伤和不得认定为工伤三类情形，这些规定只是一个类的划分。现实生活中的情况十分复杂，给工伤认定工作带来一定难度，有些情形需要社会保险行政部门相关工作人员根据《工伤保险条例》的立法精神作出判断。所以，从事工伤认定的人员在认定过程中如何适用《工伤保险条例》的规定十分重要。根据《条例》的立法精神，工伤认定应遵循以下原则：

一是依法认定原则。工伤范围严格按照法律的规定执行，该认定为工伤或视同工伤的要作出认定结论，没有法律依据则不应认定为工伤或视同工伤。

二是合情合理原则。在法律规定过于原则的情况下按照社会普遍接受的情理——公序良俗作为判断是否属于工伤的标准，按照这一原则，“上下班路途”就可以按职工在合理时间、合理的上下班路途中去把握。

三是以人为本原则。工作中法律规定边缘性案件时，可认可不认的，应认定为工伤。

四是“工作原因”推定原则。“工作原因”推定原则是指职工有受到伤害的事实，职工所受伤害发生在工作时间、工作场所内，在排除所受伤害是非工作原因的情况下，推定职工所受伤害是因工作原因造成的，应认定为工伤。如发现从事高空作业的职工倒在地上了，在排除非工作原因的情况，就可适用“工作原因”推定原则，认定为工伤。

【案例 3—1】

李某是某建筑公司施工项目成品部件的保管员。2008 年 8 月 1 日 17：50 左右，在没有任何人安排，也没有人知道李某到 6 号楼做什么的情况下，腰部系着一根绳子的李某从 6 号楼 601 房间的阳台坠落死亡。事后，李某的亲属向社会保险行政部门提出工伤认定申请。社会保险行政部门对相关情况进行了调查核实，在没有证据证明李某是非工作原因的情况下，推定李某因钥匙遗落在堆放阀门管件的房间内，遂将一根绳子系在腰部，要从 6 号楼 601

房间的阳台跨越到隔壁房间的阳台进屋去取钥匙，不料失足从高处坠落，这种情况属于因工作原因受到事故伤害。因此，社会保险行政部门认定李某为因工死亡。

第三节 认定为工伤的情形

《工伤保险条例》第十四条规定了7种应当认定为工伤的情形（见本章第二节的工伤范围）。这7种情形可以概括为事故伤害、意外伤害、职业病以及其他情形4类。

一、事故伤害

关于工伤事故，不同的国家有不同的称谓。我国国家标准《企业职工伤亡事故分类标准》（GB 6441—86）中指出，伤亡事故指企业职工在生产劳动过程中，发生的人身伤害、急性中毒。死亡事故是指包括当时死亡或伤后1个月内死亡的事故。

根据《企业职工伤亡事故分类标准》的规定及《工伤保险条例》的基本精神，工伤事故应该是指适用《工伤保险条例》的所有用人单位的职工在工作过程中发生的人身伤害和急性中毒事故，即职工在本岗位工作，或虽不在本岗位工作，但由于其所在单位的设备和设施不安全、管理不善，以及本单位领导指派到本单位以外从事工作时，所发生的人身伤害和急性中毒事故。其本质特征是由于工作原因直接或间接造成的伤害和急性中毒事故。

【阅读链接】

国家标准《企业职工伤亡事故分类标准》（GB 6441—86）、原劳动部《关于重伤事故范围的意见（试行）》（［60］中劳护久字第56号）

（一）在工作时间和工作场所内，因工作原因受到事故伤害的

《工伤保险条例》第十四条第一项规定，在工作时间和工作场所内，因工作原因受到事故伤害的，应当认定为工伤。这一规定是从工伤概念的最基本含义，即“工伤”是由于工作直接或间接引起的伤害出发，这是应当认定为工伤的一种最基本情形。

这里的“工作时间”，是指法律规定的或者单位要求职工工作的时间。例

如《劳动法》规定劳动者每日工作时间不超过 8 小时，平均每周工作时间不超过 40 小时。这段时间就属于职工的工作时间。但是，如果单位在合法的前提下对其职工的工作时间有特殊要求，比如对那些实行不定时工作制的职工来说，单位确定的他们应该工作的时间，属于该职工的工作时间。此外，合法的加班期间以及单位违法延长工时的期间也属于职工的工作时间，职工在此期间受到事故伤害，属于应当认定为工伤情形的，应按规定将其认定为工伤。

【案例 3—2】

小唐被某地一家私营印刷厂录用，从事三班倒的印刷工作。工作第 10 天，小唐刚下夜班回宿舍睡觉，就听见车间主任李某喊自己起床再去加班。于是，小唐立即起床投入另一班的印刷工作，但他不幸出了工伤，被机器切掉两个手指。印刷厂将小唐送到医院，交了 500 元押金后就一走了之。当小唐在家人的陪伴下，找到印刷厂老板要求认定工伤并享受相关待遇时，老板说，小唐出工伤时，并不当班，而且我也没派他加班，所以不能算工伤。况且，厂里有规定，职工操作不当，出工伤事故，厂里概不负责。此后，小唐经他人指点，向当地社会保险行政部门申请工伤认定，当地社会保险行政部门依法作出小唐是工伤的认定决定。按照法律法规，企业最后支付了小唐的工伤医疗待遇、医疗期间的生活费待遇和伤残待遇等。

根据国际劳工组织《1981 年职业安全和卫生及工作环境公约》（第 155 号）第三条 c 的规定，工作场所是指覆盖工人因工作而需在场或前往，并在雇主直接或间接控制之下的一切地点。这里的“工作场所”也应按照这一解释的基本精神去把握。

这里的“事故伤害”，是指职工在工作过程中发生的人身伤害和急性中毒等事故。

关键概念

“工作时间”是指法律规定的或者单位要求职工工作的时间，以及在工作时间前后所做的预备性或收尾性工作所占据的时间。

“工作场所”是指职工日常工作所在的场所，以及领导临时指派其所从事工作的场所。

（二）工作时间前后在工作场所内，从事与工作有关的预备性或者收尾性工作受到事故伤害的

按照国际劳工组织的定义，工伤是由于工作原因直接或间接受到的伤害。因此，国际上许多国家一般都将从事与工作有关的预备性或者收尾性工作受到伤害的，列入工伤的范围。我国工伤保险制度也采纳了这一观点，并作出了具体规定。

《工伤保险条例》第十四条第二项规定，工作时间前后在工作场所内从事与工作有关的预备性或者收尾性工作受到事故伤害的，应当认定为工伤。这里的“从事与工作有关的预备性或者收尾性工作”，主要是指在法律规定的或者单位要求的开始工作时间之前的一段合理时间内，以及在法律规定的或者单位要求的结束工作时间之后的一段合理时间内，职工在工作场所内从事本职工作或者领导指派的其他与工作有关的准备工作和收尾工作。准备工作诸如运输、备料、准备工具等；收尾工作诸如清理场地、收拾工具等。例如，煤矿职工在采矿工作结束升井后，必须要到矿区进行洗澡更衣，恰在此时出现滑倒摔伤，这种情形应当按照收尾性工作受到事故伤害的规定认定为工伤。实际工作中，到底什么情况属于从事与工作有关的预备性或者收尾性工作，应由从事工伤认定的人员根据具体情况判定。

（三）上下班途中，受到非本人主要责任的交通事故或者城市轨道交通、客运轮渡、火车事故伤害的

由于工伤是指劳动者从事职业活动或者与职业责任有关的活动时所遭受到的伤害，从这一基本概念判断，为了充分保障职工的权益，我国将上下班途中发生的交通事故等纳入工伤保险的认定范围。2003 年出台的《工伤保险条例》规定，凡在上下班途中受到机动车事故伤害的情形，都应当认定为工伤。在 2010 年 12 月公布的《国务院关于修改〈工伤保险条例〉的决定》中，将相应条款修改为“在上下班途中，受到非本人主要责任的交通事故或者城市轨道交通、客运轮渡、火车事故伤害的”，即与原条例相比，调整扩大了认定为工伤的情形。这是因为，随着电动自行车的普及，非机动车交通事故比例逐年上升，这些事故的受害人没有机动车第三者责任强制保险和道路交通事故救助基金的保障，从制度公平角度出发，应当将职工在上下班途中受到的机动车和非机动车交通事故伤害都纳入工伤认定范围。此外，职工乘坐城镇轨道交通工具、客运轮渡、火车上下班的情况日益增多，需要将受到城市

轨道交通、客运轮渡、火车事故伤害的情况也纳入工伤认定范围。在扩大工伤认定范围的同时，为了减少道德风险，条例修改时对上下班途中事故的工伤认定也作了适当限定，主要是增加了“非本人主要责任”的条件。比如因无证驾驶、驾驶无证车辆、饮酒后驾驶车辆、闯红灯等交通违法行为造成自身伤害，交通管理部门出具属于本人主要责任证明的，就不能认定为工伤。

【阅读链接】

《道路交通安全法》（中华人民共和国主席令第 8 号）2004 年5 月5 日起施行

《道路交通安全法实施条例》（国务院令第 405 号）2004 年 5 月1 日起施行

对于“上下班途中受到事故伤害”的立法经历了一个曲折的过程。1996 年原劳动部发布的《企业职工工伤保险试行办法》规定：“在上下班的规定时间和必经路线上，发生无本人责任或者非本人主要责任的道路交通机动车事故的，应当认定为工伤”。该办法将此类伤害纳入工伤范围，对于充分保护职工的权益具有积极意义，但在表述上仍存在一些不妥之处；多年试行的实践也表明，有些规定不好操作。例如，什么是上下班的“规定时间”和“必经路线”，加班后回家的途中时间是否属于“上下班的规定时间”，回家路线的不确定性是否属于“必经路线”等问题难以界定，因此引发了大量争议。

2003 年公布的《工伤保险条例》根据以往的实践经验，对上下班途中事故作了规定，凡在上下班途中受到机动车事故伤害的情形，都应当认定为工伤。对于“上下班途中”和“受到机动车事故伤害”的含义，把握以下几点：一是“上下班途中”既包括职工正常工作的上下班途中，也包括职工加班的上下班途中；二是这种伤害既可以是职工驾驶或乘坐的机动车发生事故造成的，也可以是职工因其他机动车肇事所致；三是此种事故伤害发生的区域范围应当包括公路、城市街道和胡同（里弄）等供车辆、行人通行的地方。但在饮酒驾车、驾驶无牌照机动车发生事故本人受伤是否能认定为工伤一直是一个争议较大的问题，同时对于乘火车、摆渡上下班发生事故伤害的，因没有依据不能认定工伤，关于“上下班途中事故”的规定仅限于“受到机动车事故伤害”，而未将上下班途中发生的其他事故纳入工伤范围。

2010 年 12 月国务院第 136 次常务会议通过的《国务院关于修改〈工伤保险条例〉的决定》，将原来的相应规定修改为“受到非本人主要责任的交通事故或者城市轨道交通、客运轮渡、火车事故伤害的应认定为工伤”，从而突破了过去机动车事故的局限性。同时也强调了受到伤害不应该属于受伤害者本人主要责任所致。这一规定解决了目前工伤认定工作中的矛盾问题和不公平问题。

【案例 3—3】

张某系某市政工程公司雇用的农民工。2010 年 8 月 20 日，张某和工友在某工地铺路面地砖。傍晚 7 点多时天色变黑，雷雨交加，因露天作业没有躲避的地方，在施工队未下令收工的情况下，张某与其他工友离开工地往施工队住地赶。途中张某被汽车撞倒，头部着地，送往医院抢救无效死亡。其亲属以“下班途中发生交通事故受到伤害”为由，向社会保险行政部门提出工伤认定申请。社会保险行政部门经调查核实了解到张某等人在露天作业过程中突然遇到下大雨，由于施工单位没有为施工人员提供雨具或临时工棚，在无法施工的情况下提前收拾工具返回住地，虽然是没有接到上级领导收工的指令，但提前收工返回宿舍住地应当认同是属于下班途中，因此在 2010 年 11 月认定张某为因工死亡。

二、意外伤害

《工伤保险条例》第十四条第三项规定，在工作时间和工作场所内，因履行工作职责受到暴力等意外伤害的，应当认定为工伤。

这里所称“工作时间”，是指法律规定的或者单位依法要求的职工应当工作的时间，以及在工作时间前后所做的预备性或收尾性工作所占用的时间。

这里所称“工作场所”，既应包括本单位内的工作场所，也应包括因工作需要或者领导指派到本单位以外去工作的工作场所。

这里所称“因履行工作职责受到暴力等意外伤害的”有两层含义：一是指在工作时间和工作场所内，职工因履行工作职责受到的暴力伤害。例如，商场保安由于阻止窃贼偷窃而被窃贼伤害的情形等。二是指职工在工作时间和工作场所内因履行工作职责受到的意外伤害。例如，在施工工地上因高处落物受到伤害等。在这种情况下，无论从法理的角度，还是从工伤保险的基本精神来讲，都应将其纳入工伤的范围。

对于职工在工作时间和工作场所内受到的暴力等意外伤害，现实中情况比较复杂，是否属于履行工作职责所致，应由社会保险行政部门根据具体情况作出判断。在工伤认定工作中，应对各方面情况进行综合分析，没有证据否定职工所受到的伤害与履行工作职责有必然联系的，在排除其他非履行工作职责的因素后，应认定为因履行工作职责所致。

【案例 3—4】

2007 年 12 月 22 日下午 2 点左右，某制衣厂生产一线的员工刘××在车间工作过程中，看见车间员工许××持刀对工友进行伤害，刘××对许××的行为进行劝说并准备报警，被许××用刀捅伤胸腹部。刘××被送到医院救治，于当日经抢救无效死亡。刘××的亲属提出工伤认定申请，社会保险行政部门认为，刘××虽然不是车间的管理人员和保安人员，但对工作场所出现的暴力行为进行劝阻，应该视为刘××是在履行一种管理职能，也是作为一名普通员工都应该有的一种义务。维护企业正常、安全的生产作业环境，应视为履行工作职责的行为。因此，刘××所受到的暴力伤害应该认定为工伤或者视同工伤。

三、职业病

（一）职业病的工伤认定和种类

1. 职业病的工伤认定

职业病是职业伤害的一种，按照《工伤保险条例》的规定，被诊断为职业病的，应当认定为工伤，但是就《工伤保险条例》适用范围而言，职业病认定为工伤时要注意掌握两点：首先，应当是《工伤保险条例》覆盖范围内的用人单位的职工。其次，应该是在《工伤保险条例》覆盖范围内的所有用人单位的职工在职业活动中所患的职业病。需要说明的是，如果某人患有职业病目录中规定的某种疾病，但不是在职业活动中引起的，而是由于其居住地周边生产单位污染物排放或者是其他情况引起的，这种疾病就不属于《工伤保险条例》中所称的职业病。其所受到的伤害，应通过司法途径加以解决，而不能按工伤保险的有关规定执行。

关键概念

职业病是指企业、事业单位和个体经济组织的劳动者在职业活动中，因接触粉尘、放射性物质和其他有毒、有害物质等因素而引起的疾病，由具有职业病诊断资格的医疗卫生机构进行诊断，并按规定的职业病项目范围出具职业病诊断证明的。

2. 职业病的种类

按照卫生部、原劳动和社会保障部2002年4月发布的《职业病目录》（卫法监发［2002］108号）的规定，职业病包括如下10类：

一是尘肺。包括矽肺、煤工尘肺、石墨尘肺、炭黑尘肺、石棉肺、滑石尘肺、水泥尘肺、云母尘肺、陶工尘肺、铝尘肺、电焊工尘肺、铸工尘肺、根据《尘肺病诊断标准》和《尘肺病理诊断标准》可以诊断的其他尘肺。

二是职业性放射性疾病。包括外照射急性放射病、外照射亚急性放射病、外照射慢性放射病、内照射放射病、放射性皮肤疾病、放射性肿瘤、放射性骨损伤、放射性甲状腺疾病、放射性性腺疾病、放射复合伤、根据《职业性放射性疾病诊断标准（总则）》可以诊断的其他放射性损伤。

三是职业中毒。包括铅及其化合物中毒（不包括四乙基铅）、汞及其化合物中毒、锰及其化合物中毒、镉及其化合物中毒、铍病、铊及其化合物中毒、钡及其化合物中毒、钒及其化合物中毒、磷及其化合物中毒、砷及其化合物中毒、铀中毒、砷化氢中毒、氯气中毒、二氧化硫中毒、光气中毒、氨中毒、偏二甲基肼中毒、氮氧化物中毒、一氧化碳中毒、二硫化碳中毒、硫化氢中毒、磷化氢、磷化锌、磷化铝中毒、工业性氟病、氰及腈类化合物中毒、四乙基铅中毒、有机锡中毒、羰基镍中毒、苯中毒、甲苯中毒、二甲苯中毒、正己烷中毒、汽油中毒、一甲胺中毒、有机氟聚合物单体及其热裂解物中毒、二氯乙烷中毒、四氯化碳中毒、氯乙烯中毒、三氯乙烯中毒、氯丙烯中毒、氯丁二烯中毒、苯的氨基及硝基化合物（不包括三硝基甲苯）中毒、三硝基甲苯中毒、甲醇中毒、酚中毒、五氯酚（钠）中毒、甲醛中毒、硫酸二甲酯中毒、丙烯酰胺中毒、二甲基甲酰胺中毒、有机磷农药中毒、氨基甲酸酯类农药中毒、杀虫脒中毒、溴甲烷中毒、拟除虫菊酯类农药中毒、根据《职业性中毒性肝病诊断标准》可以诊断的职业性中毒性肝病、根据《职业性急性化学物中毒诊断标准（总则）》可以诊断的其他职业性急性中毒。

四是物理因素所致职业病。包括中暑、减压病、高原病、航空病、手臂振动病。

五是生物因素所致职业病。包括炭疽、森林脑炎、布氏杆菌病。

六是职业性皮肤病。包括接触性皮炎、光敏性皮炎、电光性皮炎、黑变病、痤疮、溃疡、化学性皮肤灼伤、根据《职业性皮肤病诊断标准（总则）》可以诊断的其他职业性皮肤病。

七是职业性眼病。包括化学性眼部灼伤、电光性眼炎、职业性白内障（含放射性白内障、三硝基甲苯白内障）。

八是职业性耳鼻喉口腔疾病。包括噪声聋、铬鼻病、牙酸蚀病。

九是职业性肿瘤。包括石棉所致肺癌、间皮瘤，联苯胺所致膀胱癌，苯所致白血病，氯甲醚所致肺癌，砷所致肺癌、皮肤癌，氯乙烯所致肝血管肉瘤，焦炉工人肺癌，铬酸盐制造业工人肺癌。

十是其他职业病。包括金属烟热、职业性哮喘、职业性变态反应性肺泡炎、棉尘病、煤矿井下工人滑囊炎。

【阅读链接】

《卫生部、劳动和社会保障部关于印发〈职业病目录〉的通知》（卫法监发［2002］108号）

（二）职业病的诊断

1. 职业病诊断（鉴定）的主体

根据《职业病防治法》第四十二条的规定，劳动者可以在用人单位所在地或者本人居住地的省级以上人民政府卫生行政部门批准的医疗卫生机构进行职业病诊断。

当事人对职业病诊断有异议的，可以向作出诊断的医疗卫生机构所在地地方人民政府卫生行政部门申请鉴定。职业病鉴定分为两级：初次鉴定和再次鉴定。初次鉴定由设区的市级职业病诊断鉴定委员会作出，对初次鉴定结论不服的，可以向省、自治区、直辖市人民政府卫生行政部门申请再鉴定。再次鉴定由省、自治区、直辖市职业病诊断鉴定委员会作出。再次鉴定结论为最终结论。

2. 职业病的诊断因素

《职业病防治法》第四十二条规定，职业病诊断应当综合分析下列因素：

一是病人的职业史，即从事职业的种类以及从事每种职业的时间。

二是职业病危害接触史和现场危害调查与评价。职业病危害接触史包括接触毒物的种类、浓度以及接触毒物时间。现场危害调查与评价包括职业病防护设施运转状态及个人防护用品佩带情况、同一作业场所其他作业工人是否受到伤害或有类似的表现，以及工作场所毒物检测与分析结果。

三是临床表现以及辅助检查结果等。临床表现包括患者的症状与体征，根据其临床表现和患者的职业接触史及现场调查情况，有针对性地进行实验室检查并作出相应的分析，如：职业病危害因素的危害作用与病人的临床表现是否相符，接触危害因素的浓度（强度）与疾病严重程度是否一致，接触危害因素的时间、方式与职业病发病规律是否相符，病人发病过程和（或）病情进展或出现的临床表现，与拟诊疾病的规律是否相符，等等。

上述所列因素是职业病诊断的基本要素，任何职业病诊断都不得排除上述因素。职业病的诊断应根据患者临床症状，必要的病理化学检查，并全面观察患者的职业史及其劳动生活条件等。患者临床症状虽与某种职业病相似，如果致病原因与职业条件无关，不能列为职业病。如甲职工时常头晕临床症状与苯中毒十分相似，经诊断为再生障碍性贫血。但是该职工所在的工作环境根本不存在接触苯的可能性。在这种情况下，甲职工所患的这种病，不能认定为职业病。

3. 职业病诊断（鉴定）把握要点

基于职业危害因素种类的多样性、职业危害因素对每一个体所产生的损害程度的差异性，以及职业病临床表现的复杂性等，职业病诊断必须把握以下要点：

（1）职业病诊断必须由取得省级以上人民政府卫生行政部门资质认定的医疗卫生机构承担。

（2）职业病诊断机构必须遵守批准的职业病项目范围，如尘肺诊断、职业中毒诊断、职业性物理因素损伤疾病的诊断、职业性皮肤病的诊断、职业性耳鼻喉口腔疾病的诊断及职业性放射病的诊断等，不得超出规定的项目范围进行诊断。

（3）职业病诊断机构对上述所列因素依法进行综合分析后，没有证据否定职业病危害因素与病人临床表现之间的必然联系的，在排除其他疾病因素后应当诊断为职业病。

【阅读链接】

《职业病诊断与鉴定管理办法》（中华人民共和国卫生部令第 24 号）2002 年 3 月 28 日公布

四、其他情形

（一）因工外出期间，由于工作原因受到伤害或者发生事故下落不明的

1. 因工外出和下落不明的含义

《工伤保险条例》第十四条第五项规定，职工“因工外出期间，由于工作原因受到伤害或者发生事故下落不明的”，应当认定为工伤。这里“因工外

出”，包括两种情况：一是到本单位以外但是还在本地范围内，二是到本地区以外或境外。在第一种情况下，可以是受领导指派，也可以是因职责需要自行到本单位以外的情形。在第二种情况下，则必须是受领导指派的情形。“发生事故下落不明的”，是指因遭受生产事故、空难事故、船舶事故、意外事故或者自然灾害等各种形式的事故而失去任何音讯的情形。职工因工外出期间受到的伤害，包括事故伤害、暴力伤害和其他形式的伤害。在实际工作中，职工除了在本单位内工作外，由于工作需要，有时还必须到本单位以外去工作，这时如果职工由于工作原因受到事故伤害，按照工伤保险的基本精神，也应该认定为工伤。同时，考虑到职工因工外出期间，遇到事故下落不明的，很难确定职工是在事故中死亡了，还是由于事故暂时无法与单位取得联系，本着充分保护职工合法权益的基本精神，《工伤保险条例》规定，只要是在因工外出期间，发生事故造成职工下落不明的，就应该认定为工伤，其工伤认定不以宣告失踪为要件。但要说明的是认定为工伤后，一旦下落不明的人员又被发现了，则要撤销工伤认定结论，并追回所发生的费用。

关键概念

因工外出是指职工由于工作需要到本单位以外从事与本职工作或本单位业务范围有关的工作。

下落不明是指职工离开其住所或最后居住地或者其工作单位没有任何音讯的状况。

2. 工作原因的掌握

职工因工外出期间受到伤害的情形十分复杂，判断是否因工作原因，应该掌握的原则是：没有证据否定职工因工外出期间受到的伤害与工作之间的必然联系的，在排除其他非工作原因后，应该认定为工作原因。

《工伤保险条例》属于公法范畴，在公法领域行政主体必须依法行政。但是，对于行政管理相对人来讲，没有相应的证据证明其行为的，应遵循有利于行政管理相对人的原则进行推定。具体到因工外出期间是否因工作原因受到的伤害，应遵循“因工作原因”推定原则，也就是没有证据证明不是因工作原因的，就应认定为因工作原因。这样规定也是为了更好地保护因工外出职工的合法权益。

值得注意的是，《工伤保险条例》所称的工伤既包括因工受伤，也包括因工死亡。

【案例 3—5】

某商店负责人许某于 2005 年 4 月中旬赴外省为商店联系货源业务，他与供货厂家经理约定 4 月 17 日下午先看货样，再面谈具体业务，但许某看完货样后已到下班时间，于是双方约定直接前去厂外一家酒楼边吃饭边谈业务。饭后许某自己步行回宾馆时，不幸被一辆中型货车碰撞碾轧死亡。

许某所在公司而后向社会保险行政部门提出了工伤认定申请。行政部门对许某是否属于因工外出期间的工伤问题进行了分析，认为许某的情形不能完全套用 8 小时工作制，工作区域也不能确定在一个固定的范围。按照《工伤保险条例》中对因工外出人员的工伤认定条件，提到“因工外出期间”和强调“由于工作原因”的两个条件，许某所发生的情况应该是符合《工伤保险条例》第十四条第五项“因工外出期间，由于工作原因受到伤害或者发生事故下落不明的”规定，因此，社会保险行政部门对许某的伤害作出了认定工伤的结论。

（二）法律、行政法规规定应当认定为工伤的其他情形

在现实生活中，职业伤害的情形是复杂多样的，随着社会和人类生产活动的发展，可能会出现新的应该认定为工伤的情形，而对于未来出现的情形不可能在《工伤保险条例》中规范穷尽。为了使工伤范围的规定更科学、更合理，使那些随着时间的推移应该纳入工伤的情形能够纳入，同时也为了与其他法律规定相衔接，《工伤保险条例》第十四条第七项规定，职工有“法律、行政法规规定应当认定为工伤的其他情形”的，应当认定为工伤。

这里“法律、行政法规规定应当认定为工伤的其他情形”主要是指《工伤保险条例》出台后，由全国人大及其常委会制定并颁布实施的法律，以及国务院制定并颁布实施的行政法规规定应该认定为工伤的其他情形。这些情形也应该按照《工伤保险条例》的规定进行工伤认定、劳动能力鉴定以及享受规定的工伤保险待遇等。

需指出的是，为了保证工伤保险制度的统一性、严肃性，避免随意扩大工伤范围，造成基金的不合理支出，《工伤保险条例》没有将规定工伤范围的权力赋予部门和地方政府，而是限于法律和行政法规。

第四节　视同和不得认定为工伤的情形

一、视同工伤的情形

根据《工伤保险条例》第十五条的规定，视同工伤的情形有以下几种情况：一是在工作时间和工作岗位，突发疾病死亡或者在48小时之内经抢救无效死亡的；二是在抢险救灾等维护国家利益、公共利益活动中受到伤害的；三是职工原在军队服役，因战、因公负伤致残，已取得革命伤残军人证，到用人单位后旧伤复发的。

这三种情形都与本单位工作没有直接的关系，不具有职业伤害的本质属性，但是将其纳入工伤补偿范围有其合理性。因此，《工伤保险条例》将上述三种情形规定为“视同工伤”，以区别于第十四条“应当认定为工伤”的各种情形。视同工伤的职工享受的工伤保险待遇，与认定为工伤的情形没有区别，无论视同工伤还是认定为工伤，都应按照《工伤保险条例》的规定享受工伤保险待遇。

（一）在工作时间和工作岗位，突发疾病死亡或者在48小时之内经抢救无效死亡的

《工伤保险条例》第十五条规定“在工作时间和工作岗位，突发疾病死亡或者在48小时之内经抢救无效死亡的”视同工伤。这里所称的“工作时间”，是指法律规定的或者单位要求职工工作的时间，包括加班加点时间。这里所称的“工作岗位”，是指职工日常所在的工作岗位和本单位领导指派所从事工作的岗位。例如，清洁工人负责的清洁区域范围内都应该属于该工人的工作岗位。这里的“突发疾病”是指上班期间突然发生的任何种类的疾病。一般多为心脏病、脑出血、心肌梗塞等突发性疾病。考虑到职工在工作时间、工作岗位突发疾病可能与工作劳累、紧张等因素有关，为了更好地保障职工的权益，《工伤保险条例》将工作时间和工作岗位突发疾病死亡或者在48小时内经抢救无效死亡的也纳入工伤保险予以保障。这充分体现了以人为本的立法精神，在实践中也较好地保障了职工的权益。

“48小时之内”的起算时间，应从医疗机构的初次接诊（抢救）时间开始计算。需要指出的是，如果在工作时间和工作岗位发病，送到医疗机构经48小时的治疗（抢救）之后死亡的，不属于视同工伤的情形。之所以规定

“48 小时”的限制，主要是考虑重症疾病的有效抢救时间一般在 48 小时以内。这样规定，一方面有利于保障在工作时间、工作岗位突发重症疾病死亡的职工的权益，另一方面也有利于防止将突发疾病无限制地扩大到工伤保险范围内。对于突发疾病超过 48 小时死亡的，可以通过医疗、养老保险等渠道给予保障。

（二）在抢险救灾等维护国家利益、公共利益活动中受到伤害的

《工伤保险条例》第十五条规定：“职工在抢险救灾等维护国家利益、公共利益活动中受到伤害的”视同工伤。这样规定主要考虑职工参与抢险救灾等维护国家利益、公共利益活动的行为，虽然与本单位工作没有直接的关系，但这种行为应该得到国家和社会的提倡与保护，职工由此受到的伤害应该得到相应的补偿。这里所称的“维护国家利益、公共利益活动”，是指职工在国家利益或者社会公共利益受到威胁时，有组织或者自发施行的、旨在阻止或者减少这种威胁及其可能造成的损失的行为。《工伤保险条例》列举了“抢险救灾”的情形，凡是与抢险救灾性质类似的行为，都应当认定为属于维护国家利益和维护公共利益的行为。例如，为使国家、公共利益，他人的人身、财产和其他权利免受侵害采取制止侵害的行为而受到伤害的不特定主体，也应按照该项的规定，将其认定为视同工伤。需强调的是，在这种情形下，工伤认定不受工作时间、工作地点、工作原因等条件的限制。这样规定也与国际劳工公约的规定相衔接。国际劳工组织《1964 年工伤事故津贴建议书》（第 121 号）第三条第一款规定，各会员国应在必要时，将有关工伤及职业病津贴的法律的实施范围逐步扩大到某些不领取工资的劳动者；承担抢险救灾或维护秩序与法制任务的志愿人员；其他从事公益活动或参与公民义务事业的人员，例如自愿协助公共部门、社会部门或医疗部门的人员。

【案例 3—6】

2006 年某日，租住在北京某小区的朱某与丈夫李某发生口角，朱某打开液化气罐企图自杀，女儿见状紧急呼救。邻居张某闻讯前来救人，由于液化气爆燃，张某被烧伤。

事后张某以抢险救灾为由向所在区人力资源社会保障部门提出工伤认定申请，行政部门根据《工伤保险条例》的规定，认定其为视同工伤。张某所在单位不服认定结论，最终对簿公堂。

张某所在公司认为张某受伤纯属朱某的个人行为造成，不存在维护国家

利益和公共利益之情形。且张某的住处并非是公司安排的职工宿舍，其受伤也不在工作场所内。而区人力资源和社会保障局方面辩称，公安部门的认定报告证明了张某的行为是见义勇为，没有理由要求仅在单位内部发生的事情为公共利益。条例中也并未规定工作地点、工作原因等条件的限制。

法院审理认为，张某的行为符合《工伤保险条例》第十五条第一款第二项之规定，所以依法作出裁决，维持劳动部门的工伤性质认定。

（来源：安全管理网 http：//www. safehoo. com/Injury/Case/200911/33324. shtml）

（三）职工原在军队服役，因战、因公负伤致残，已取得革命伤残军人证，到用人单位后旧伤复发的

《工伤保险条例》第十五条规定，职工原在军队服役，因战、因公负伤致残，已取得革命伤残军人证，到用人单位后旧伤复发的，视同工伤，并按照本条例的有关规定享受除一次性伤残补助金以外的工伤保险待遇。复转军人“旧伤复发”的确认应由协议医疗机构出具相应的医疗诊断，并由具有认定权的社会保险行政部门进行确认。根据《军人抚恤优待条例》第十八条的规定，退出现役后没有参加工作的革命伤残军人，由民政部门发给伤残抚恤金；退出现役后参加工作，或者享受离休、退休待遇的革命伤残军人，由民政部门发给伤残保健金。继续在部队服役的革命伤残军人，由所在部队发给伤残保健金。《工伤保险条例》这样规定，主要是考虑职工原在军队服役期间，因公负伤致残后，已经按照军人的有关规定享受各项待遇，工伤保险基金应该支付的是伤残军人旧伤复发后新发生的费用及相应的长期性待遇。

【阅读链接】

《军人抚恤优待条例》（中华人民共和国国务院、中华人民共和国中央军事委员会令第 413 号）2004 年 10 月 1 日施行，2011 年 7 月 29 日修订。

二、不得认定为工伤的情形

根据《社会保险法》第三十七条和《工伤保险条例》第十六条的规定，不得认定为工伤或者视同工伤的情形有以下几种情况：一是故意犯罪；二是醉酒或者吸毒；三是自残或者自杀；四是法律、行政法规规定的其他情形。

工伤保险虽然实行无过错责任原则，但只有那些与工作具有因果联系的

伤害才可纳入工伤范围。职工在工作时间和工作场所内，因故意犯罪或醉酒、吸毒造成的伤害，以及自杀或者自残性质的伤害，与工作不具有因果关系，并且这种伤害具有主观故意性，所以，其后果应由行为人自己承担，不属于工伤保险的范围。

（一）故意犯罪

《社会保险法》和《工伤保险条例》规定故意犯罪伤亡的情形不得认定为工伤，是因为职工的这种伤亡是由于其自身的违法或故意犯罪行为造成的，按照《刑法》和治安管理方面法律的规定，这种行为应由本人承担相应的法律后果。此外，将这种伤亡排除在工伤之外，也是大多数国家的通行做法。

我国《刑法》第十三条规定，一切分裂国家、颠覆人民民主专政的政权和推翻社会主义制度，破坏社会秩序和经济秩序，侵犯国有财产或者劳动群众集体所有的财产，侵犯公民私人所有的财产，侵犯公民的人身权利、民主权利和其他权利，以及其他危害社会的行为，依照法律应当受刑罚处罚的，都是犯罪。犯罪具有以下 3 个特征：一是社会危害性。这是犯罪的最基本的、具有决定意义的特征。社会危害性必须达到一定程度才能构成犯罪，情节显著轻微危害不大的，不认为是犯罪。二是刑事违法性。具有社会危害性的行为并不都是犯罪，只有违反了《刑法》规定的危害社会的行为才是犯罪。三是应受惩罚性。犯罪的应受惩罚性是由犯罪的前两个特征派生出来的法律后果。

但并不是所有因犯罪造成的伤亡都不是工伤，只有故意犯罪造成的伤亡才不认定为工伤。何谓故意犯罪？我国《刑法》第十四条规定：明知自己的行为会发生危害社会的结果，并且希望或者放任这种结果发生，因而构成犯罪的，是故意犯罪。

【案例 3—7】

某旅游公司司机王某于 2008 年 3 月 7 日早晨开着大客车前往旅游团驻地时与前边一辆货车追尾相撞，侧翻到沟下造成客车报废，王某生命垂危，经医院抢救脱离生命危险。半年之后王某向社会保险行政部门提出了工伤认定申请。社会保险行政部门在向王某所在单位了解情况时，单位对王某受伤事实没有异议，但是认为那次事故给企业造成了重大财产损失，已构成犯罪，不应当认定为工伤。社会保险行政部门经过调查了解，王某虽然给企业造成重大经济损失，但是否构成犯罪需要有司法部门的裁定，如果单位认为构成犯罪追究王某的法律责任要通过法律程序。而在单位没有履行法律程序的情况下，不能适用工伤认定的排除条款。因此，最终社会保险行政部门认为王某是在工作中受伤，认定王某所受伤害为工伤。

（二）醉酒或者吸毒

《社会保险法》和《工伤保险条例》规定，醉酒或者吸毒的，不得认定为工伤或者视同工伤。这项规定，有利于减少工伤事故的发生。

这里的因醉酒导致的伤亡，是指职工饮用白酒、啤酒或果酒、汽酒等含有酒精的饮料后，在酒精作用期间从事工作受到事故伤害的情形。酒精具有麻痹神经中枢的作用，导致行为人的判断能力和反应能力迟钝，难以辨认或控制自己的行为。国家的一些法律规定禁止醉酒后工作，醉酒是一种个人行为，与工作没有必然联系。因此，当事人在工作时因醉酒导致行为失控而对自己造成的伤害，不属于工伤。对于醉酒，应通过对行为人体内酒精含量的检测结果作出认定，如果发现行为人体内的酒精含量达到或超过一定标准，就应认定为醉酒。关于醉酒的具体标准，根据《实施〈中华人民共和国社会保险法〉若干规定》第十条规定，按照《车辆驾驶人员血液、呼气酒精含量阈值与检验》（GB19522—2004）执行。该标准规定，驾驶人员血液中的酒精含量大于（等于）20 毫克/100 毫升、小于 80 毫克/100 毫升的行为属于饮酒驾车，含量大于（等于）80 毫克/100 毫升的行为属于醉酒驾车。

这里的吸毒导致的伤亡，是指职工吸入毒品后，在毒品作用期间从事工作受到事故伤害的情形。《刑法》第三百五十七条规定，毒品是指鸦片、海洛因、甲基苯丙胺（冰毒）、吗啡、大麻、可卡因以及国家规定管制的其他能够使人形成瘾癖的麻醉药品和精神药品。《麻醉药品及精神药品品种目录》中列明了 121 种麻醉药品和 130 种精神药品。毒品通常分为麻醉药品和精神药品两大类。其中最常见的主要是麻醉药品类中的大麻类、鸦片类和可卡因类。吸毒对吸毒者的身心危害极大。吸毒后，人的控制力降低。职工在工作时因吸毒导致行为失控而对自己造成的伤害，不认定为工伤。

（三）自残或者自杀

《社会保险法》和《工伤保险条例》规定，自残或者自杀的不得认定为工伤或者视同工伤。这样规定，主要考虑自残或者自杀与工作没有必然联系，这种行为，当事人对自己的死伤具有主观故意，因而不应认定为工伤或者视同工伤。如将其认定为工伤，则有悖工伤保险的基本精神。

“自残”是指当事人伤害自己的身体并造成伤害结果的行为。例如，某职工为了获取工伤保险赔付，在工作过程中故意将其手指切断，这种行为就属于自残。“自杀”是指当事人通过各种方法和手段结束自己生命的行为。这里要说明的是对于判定“自残”“自杀”的行为要有充分的证据，例如遗书、公安部门的勘查结论等，而不能随意将职工受伤或者死亡判断为“自残”“自杀”造成的。

(四) 法律、行政法规规定的其他情形

《社会保险法》除了规定以上 3 种不能认定为工伤的情形，还做了这一条兜底性的规定。这是因为现实生活复杂多样，随着社会的发展，可能会出现新的不应该认定为工伤的情形，对于未来会出现的情形，不可能在现有的法律法规中穷尽。为了与今后出台的法律、行政法规相衔接，《社会保险法》留下了调整空间。需要指出的是，为了保证工伤保险制度的统一性、严肃性，避免地方随意扩大不认定为工伤的范围，不认定为工伤的权限仅限于法律和行政法规的规定。

第五节 工伤认定的程序

工伤认定是工伤职工享受工伤待遇、伤残待遇的前提和基础。如果工伤认定久拖不决，将影响工伤职工的医疗救治，使其不能得到及时补偿。因此，强化工伤保险管理基础，明确和细化有关工伤认定的具体政策，简化和改进工伤认定的工作程序，规范工作业务流程，提高工作效率是社会保险行政部门与经办机构贯彻《社会保险法》和《工伤保险条例》的一项重要任务，而对工伤认定程序的熟练掌握则是完成这项任务的基础。

一、工伤认定申请

(一) 申请工伤认定的主体

根据《工伤保险条例》第十七条的规定，职工发生事故伤害或者按照《职业病防治法》规定被诊断、鉴定为职业病，用人单位、工伤职工或者其近亲属、工会组织都有权申请工伤认定。这是对工伤认定申请主体的规定。这样规定，充分体现了工伤保险实现保障受伤害职工工伤保险权益的目的，从各方面保障职工实现其权益。这也是工伤保险充分承担社会责任的宗旨的

体现。

1. 用人单位

《工伤保险条例》第十七条第一款规定：用人单位应当自事故伤害发生之日或者被诊断、鉴定为职业病之日起 30 日内提出工伤认定申请。工伤保险实行的是雇主责任原则，用人单位是工伤保险义务的承担者。因而，职工因工作受到事故伤害或者被诊断、鉴定为职业病后，其所在单位应当首先履行工伤认定申请义务。

2. 工伤职工（或者其近亲属）

《工伤保险条例》第十七条第二款规定：用人单位没在规定期限内提出工伤认定申请的，工伤职工或者其近亲属有权提出工伤认定申请。申请工伤认定是工伤职工的基本权利。但由于种种原因，工伤职工本人可能无力申请工伤认定，为了更充分地保障工伤职工行使权利，《工伤保险条例》规定了其近亲属，如配偶、父母、成年子女也有权申请工伤认定。

【阅读参考】

工伤职工的近亲属包括直系血亲和直系姻亲。直系血亲是指有直接血缘联系的亲属，是指己身所出或从己身所出的上下各代亲属，包括父母、祖父母、外祖父母、曾祖父母、外曾祖父母等长辈和子女、孙子女、外孙子女等晚辈。这里的“父母”包括生父母、养父母和有抚养关系的继父母。“子女”包括婚生子女、非婚生子女、养子女和有抚养关系的继子女。直系姻亲是指与自己近亲属有婚姻关系的亲属，包括直系血亲的配偶和配偶的直系血亲，如公婆、岳父母、儿媳、女婿等。按照《民法通则》中关于近亲属的规定，工伤职工的近亲属还应包括工伤职工的配偶和兄弟姐妹。这里的兄弟姐妹，包括同父母的兄弟姐妹、同父异母或者同母异父的兄弟姐妹、养兄弟姐妹和有抚养关系的继兄弟姐妹。此外，依据民事法律的有关规定，如果工伤职工或者其近亲属不能申请工伤认定，可以委托其他人申请工伤认定。因为申请工伤认定是《工伤保险条例》赋予职工的一项法定权利，除非职工放弃这一权利，任何人无权剥夺。从这一原则出发，无论职工是否有能力申请工伤认定，都有权按照民法的有关规定委托代理人代其行使这项权利。

3. 工伤职工所在单位的工会组织

工会作为维护职工权益的专门性群众组织，当职工遭受事故伤害或者患职业病时，如果职工的权益没有或者不能得到保障，工会组织应承担起为职工申报工伤的职责。这里的“工会组织”包括职工所在用人单位的工会组织以及符合《工会法》规定的各级工会组织。

从《工伤保险条例》的规定来看，职工（或者其近亲属）或工会这两个主体提出工伤认定申请，是以用人单位在规定期限内没有履行申请义务为前提的。但在实际工作中，社会保险行政部门应掌握以下原则：

（1）在用人单位的申请时限内，工伤职工或者其近亲属、工会组织先于用人单位提出工伤认定申请的，只要符合受理条件（即申请材料完整、属于社会保险行政部门管辖范围），应当受理。

（2）若用人单位在规定的期限内也提出申请，认定机构应当向用人单位说明该职工已经申请工伤认定，将用人单位的申请材料补充到该职工的案卷中。

（3）职工经社会保险行政部门认定为工伤后，用人单位仍未在规定期限内提出工伤认定申请的，用人单位应承担《工伤保险条例》第十七条第四款规定的责任。

（二）申请工伤认定的时限（时效）

1. 用人单位申请工伤认定的时限

根据《工伤保险条例》第十七条第一款的规定，一般情况下用人单位申请工伤认定的时限应当自事故伤害发生之日或者被诊断、鉴定为职业病之日起 30 日内。但特殊情况，经报社会保险行政部门同意，申请时限可以适当延长。这里的“特殊情况”，主要是指职工受到事故伤害的地点与工伤认定申请受理机关相距甚远，用人单位无法在 30 日内提交工伤认定申请的情形。如从事远洋运输的职工在运输途中发生事故，要求其所在单位在 30 日内申请工伤认定确实难以做到。需要说明的是，用人单位为患职业病的职工申请工伤认定，不存在延长申请时限问题。因为在此种情形下，申请工伤认定的前提是已经取得职业病诊断证明书或职业病诊断鉴定书，不存在不能按时申报工伤的可能。对用人单位的申报时限要求较短，主要是为了加强对用人单位安全生产的监管，促使用人单位在职工受到事故伤害或者患职业病后及时履行申请工伤认定的义务，同时也便于有关证据的搜集与分析，尽快查明事故真相，及时保护职工的合法权益。否则，相关各方搜集证据比较困难，可能导致事实难以认定，使职工的权益受到损害。

2. 用人单位未在法定时限内申请工伤认定的责任

《工伤保险条例》第十七条第四款规定，用人单位未在规定时限内提出工伤认定申请的，在此期间发生的符合条例规定的工伤待遇等有关费用由该用人单位负担。这样规定，目的在于建立一种机制，约束用人单位及时提交工伤认定申请。关于这一规定，应从以下几个方面把握：

一是用人单位支付待遇的期间。用人单位没有在规定的特定时限或者没有在社会保险行政部门同意延长的期限内提出工伤认定申请，经工伤职工或者其近亲属、工会组织提出工伤认定申请，并且职工被认定为工伤的，用人单位支付该职工待遇的期间为从职工发生工伤之日起到社会保险行政部门受理工伤认定之日止。

二是用人单位支付工伤待遇的项目。这一期间发生的依法应该支付该职工的所有费用，都由单位支付。其中既包括按规定应由用人单位支付的项目，也包括按规定应由工伤保险基金支付的项目。

3. 职工（或者其近亲属）、工会组织提出工伤认定申请的时效

《工伤保险条例》第十七条第二款规定，用人单位未在规定期限内提出工伤认定申请的，工伤职工或者其近亲属、工会组织在事故伤害发生之日或者被诊断、鉴定为职业病之日起 1 年内，可以直接提出工伤认定申请。对个人申请期限作出比用人单位申请期限更长一些的规定，主要是为了充分保障职工的申请权利。

工伤认定是工伤职工享受工伤保险待遇的前提，为了充分保障职工享受工伤保险待遇的权利，《工伤保险条例》将工伤职工或者其近亲属、工会组织申请工伤认定的时效规定为 1 年。这一时效规定，与《民法通则》第一百三十六条关于“身体受到伤害要求赔偿”的诉讼时效一致。值得注意的是，这里的“1 年”为申请工伤认定的时效，超过了这一期限，当事人即丧失了工伤认定申请权。

关键概念

诉讼时效是指民事权利受到侵害的权利人在法定的时效期间内不行使权利，当时效期间届满时，人民法院对权利人的权利不再进行保护的制度。

（三）申请工伤认定提交的材料

工伤认定主要实行书面审查，因此工伤职工所在单位、职工个人（或者其近亲属）、工会组织申请工伤认定时，应该提交全面、真实的材料，以便于

社会保险行政部门准确、及时做出工伤认定结论。根据《工伤保险条例》第十八条及《工伤认定办法》（2010 年 12 月人力资源和社会保障部令第 8 号）的规定，提出工伤认定申请应当提交下列材料：

一是工伤认定申请表。申请表是申请工伤认定的基本材料，包括事故发生的时间、地点、原因以及职工伤害程度等基本情况。通过申请表，认定机构对所在单位、职工本人、工伤事故或者职业病的现状、原因等基本事项都有一个简明、清楚的了解。工伤认定申请表统一样式由国务院社会保险行政部门负责制定。

属于下列情况应提供相关的证明材料：（1）因履行工作职责受到暴力伤害的，应提交公安机关或人民法院的判决书或其他有效证明。（2）由于交通事故引起的伤亡提出工伤认定的，应提交公安交通管理等部门出具的事故责任认定书或其他有效证明。（3）因工外出期间，由于工作原因受到伤害的，应由当地公安部门出具证明或其他有效证明。（4）在工作时间和工作岗位，突发疾病死亡或者在 48 小时之内经抢救无效死亡的，提供医疗机构的抢救和死亡证明。（5）属于抢险救灾等维护国家利益、公众利益活动中受到伤害的，按照法律法规规定，提交由设区的市级相应机构或有关行政部门出具的有效证明。（6）属于因战、因公负伤致残的转业、复员军人，旧伤复发的，提交《中华人民共和国残疾军人证》及医疗机构对旧伤复发的诊断证明。需要说明的是 2004 年 10 月 1 日起施行的《军人抚恤优待条例》已将《中华人民共和国革命伤残军人证》改为《中华人民共和国残疾军人证》，因此，转业、复员军人旧伤复发的，需要提交更换的《中华人民共和国残疾军人证》。

对因特殊情况，无法提供相关证明材料的，应书面说明情况。这主要是指，对于上述特殊情况，社会保险行政部门受理工伤认定申请，不以有关部门必须出具证明为前提。例如，对于职工因工外出期间发生事故或者在抢险救灾中下落不明的情形，职工（或者其近亲属）、所在单位或者工会组织提出工伤认定申请的，只要符合受理条件，社会保险行政部门应当受理。对于是否属于“因工外出期间”只要有其所在单位相关领导出具的证明即可；对于是否属于“发生事故”可以是相关部门出具的证明，也可以是非利害关系人的证明；对于是否属于“抢险救灾”可以是有关部门（如民政部门）出具的证明，也可以是其他的有效证明材料。

二是与用人单位存在劳动关系（包括事实劳动关系）、人事关系的证明材料。劳动关系证明材料是社会保险行政部门确定对象资格的凭证。规范的劳动关系的证明材料是劳动合同，它是劳动者与用人单位建立劳动关系的法定凭证。但在现实生活中，一些企业、个体工商户未与其职工签订劳动合同。为了保护这些职工享受工伤保险待遇的权益，《工伤保险条例》规定，劳动关系证明材料包括能够证明与用人单位存在事实劳动关系的材料。据此，职工在没有劳动合同的情况下，可以提供一些能够证明劳动关系存在的其他材料，如领取劳动报酬的证明、单位同事的证明等。

三是医疗机构出具的受伤后诊断证明书，或者职业病诊断机构（或者鉴定机构）出具的职业病诊断证明书（或者职业病诊断鉴定书）。对于医疗诊断证明需要把握两点：（1）出具诊断证明的医疗机构，一般情况下，应是与社会保险经办机构签订工伤保险服务协议的医疗机构；特殊情况下，也可以是非协议医疗机构（例如对受到事故伤害的职工实施急救的医疗机构、在国外或境外治疗的医疗机构）。（2）出具职业病诊断证明的，应是用人单位所在地或者本人居住地的、经省级以上人民政府卫生行政部门批准的承担职业病诊断项目的医疗卫生机构；出具职业病诊断鉴定证明的，应是设区的市级职业病诊断鉴定委员会，或者是省、自治区、直辖市职业病诊断鉴定委员会。

二、工伤认定受理

（一）工伤认定的受理主体

工伤认定的受理主体是社会保险行政部门，按照《工伤保险条例》第十一条第一款的规定，工伤认定的受理主体就是统筹地区的社会保险行政部门。对于实行全市统筹的直辖市，其工伤认定的受理主体应是区或县社会保险行政部门。例如，北京市的社会保险行政部门应当是各区（如东城区、西城区）或北京市直属的各县（如密云县、延庆县）社会保险行政部门。实行设区的市级统筹的，社会保险行政部门为设区的市级社会保险行政部门。

（二）工伤认定的受理条件和范围

1. 工伤认定的受理条件

2010 年人力资源和社会保障部新修订的《工伤认定办法》第七条规定，工伤认定申请人提交的申请材料符合要求，属于社会保险行政部门管辖范围且在受理时限内的，社会保险行政部门应当受理。第八条第二款规定社会保险行政部门决定受理的，应当出具《工伤认定申请受理决定书》；决定不予受理的，应当出具《工伤认定申请不予受理决定书》。

2. 工伤认定的受理范围

《工伤保险条例》第二条规定，中华人民共和国境内的企业、事业单位、社会团体、民办非企业单位、基金会、律师事务所、会计师事务所等组织和有雇工的个体工商户（以下称用人单位）应当依照本条例规定参加工伤保险，为本单位全部职工或者雇工（以下称职工）缴纳工伤保险费。按照《工伤保险条例》的这一规定，凡是依法应当参加工伤保险的用人单位的职工申请工伤认定，只要符合受理条件的，社会保险行政部门都应当受理，即无论用人单位是否参加工伤保险，其职工受到事故伤害或患职业病的，都可以按照《工伤保险条例》的规定申请工伤认定，有管辖权的社会保险行政部门都应当受理。需要说明的是，对于未参加工伤保险的单位，申请工伤认定的主体、提交的材料、受理机构、受理条件以及认定的程序等与参加工伤保险的单位一样，都应按照《工伤保险条例》的规定执行。由于用人单位没有参加工伤保险，如果职工被认定为工伤，其应该享受的各项工伤保险待遇由其所在的用人单位支付。

对于不予受理的工伤认定申请的情形，《工伤保险条例》没有作出专项规定，这方面的规定散见在不同的条文中，归纳起来有以下几种情形：一是申请人提供的材料不完整，包括告知需补正的材料后未在时限内提交完整材料的；二是不在本社会保险行政部门的管辖范围的，对于这种情形，应告知申请人向有管辖权的社会保险行政部门提出申请；三是超过规定的申请时效的。社会保险行政部门受理或者不予受理工伤认定申请的，应当书面告知申请人并说明理由。

（1）关于补正材料。根据《工伤保险条例》第十八条的规定，工伤认定申请人提供的材料不完整的，社会保险行政部门应当一次性书面告知工伤认定申请人需要补正的全部材料。这一规定的目的是提高政府工作效率、方便工伤认定申请人。工伤认定属于一种事实认定，社会保险行政部门若要作出工伤认定决定，必须依据相应的事实材料以及能够证明这些事实的相关证据。因此，要求工伤认定申请人提交相关的材料。但是工伤认定申请人对于应该提交哪些材料往往缺乏了解。社会保险行政部门在审查申请人提供的材料时，如果发现材料不完整，有义务一次性书面告知工伤认定申请人需要补正的全部材料。

（2）关于告知的时限。人力资源和社会保障部在新修订的《工伤认定办法》中作了规定，即社会保险行政部门收到工伤认定申请后，应当在15日内对申请人提交的材料进行审核，材料完整的，作出受理或者不予受理的决定；材料不完整的，应当以书面形式一次性告知申请人需要补正的全部材料。社会保险行政部门收到申请人提交的全部补正材料后，应当在 15 日内作出受理或者不予受理的决定。对于这一规定，应当注意：告知必须以书面形式，以便申请人能够及时补正全部所需材料。这既便于操作，也便于对社会保险行政部门工作人员进行监督，提高工作效率。

3. 无需申请工伤认定的情形

无营业执照或者未经依法登记、备案而经营雇用的人员以及被依法吊销营业执照或者撤销登记、备案而经营雇用的人员受到事故伤害或者患职业病的，用人单位使用童工造成童工伤残、死亡的，不需申请工伤认定。如果受到伤害的雇工或者童工认为是受到了事故伤害或者经诊断（鉴定）患职业病，雇工或者其近亲属以及童工或者其近亲属要求赔偿，雇用方拒不赔偿的，伤残雇工或者死亡雇工的近亲属以及伤残童工或者死亡童工的近亲属可以向社会保险行政部门举报。经查证属实的，社会保险行政部门应责令该雇用方限期改正。伤残雇工或死亡雇工的近亲属、伤残童工或者死亡童工的近亲属就赔偿数额与雇用方发生争议的，按照劳动争议处理的有关规定处理。雇工或者其近亲属以及童工或者其近亲属要求赔偿，也可以向人民法院申诉。

【阅读链接】

《非法用工单位伤亡人员一次性赔偿办法》（2010 年 12 月 31 日人力资源和社会保障部令第 9 号）

（三）受理后的调查核实

1. 事故伤害的调查核实

社会保险行政部门受理工伤认定申请后，首先应对申请人提供的申请材料进行书面审核。在书面审核过程中，可以通过对当事人提供的材料进行分析、电话询问有关人员、与当事人面谈等方式，对申请材料所提供信息的真实性、全面性作出判断。如果申请人提供的材料真实、准确，并且能够说明自己的主张，社会保险行政部门可以据此作出工伤认定决定；如果发现申请人提供的材料及相关证据不能完全支持自己的主张，社会保险行政部门不能据此作出工伤认定决定的，应对工伤认定申请所涉及的单位和个人进行调查核实，以确定哪些证据可以采信，哪些证据不能采信。

被调查的用人单位、工会组织、医疗机构、有关人员等应当协助社会保险行政部门调查，如实反映情况，并提供相应的证据。在调查核实过程中，不同的单位和人员应从不同方面给予配合协助。有配合义务的单位或个人，如果是申请工伤认定的主体，应协助社会保险行政部门说明申请材料的各项内容以及提供的有关证据情况。如果不是申请主体，对于用人单位应对社会保险行政部门提出的询问事项如实回答，如实提供各项材料，对于社会保险行政部门提出向有关人员了解情况的，应配合安排并应主动告知知情人员情况；对于职工，应如实回答社会保险行政部门的询问并如实提供相关材料和证据；对于工会组织应如实反映情况，提供与核实情况有关的线索并开导职工如实提供情况；对于医疗机构，应如实、客观地回答与医疗诊断相关的询问，并应向社会保险行政部门解释医疗伤病情况；这里的有关部门包括出具有效证据的各相关部门，如在机动车事故中出具证据的公安交通管理部门，出具宣告死亡结论的人民法院等。这些部门对于社会保险行政部门的问询应予以说明。

社会保险行政部门在进行调查核实时，应注意以下几点：

一是所进行的调查应当是必需的。实际工作中确实需要对某些材料证据进行核实的，才进行调查。对申请人提供的符合国家有关规定的职业病诊断证明书或者职业病诊断鉴定书，不再进行调查。诊断证明书或诊断鉴定书不符合卫生部门规定的标准格式和规范要求的，社会保险行政部门可以要求出具证据部门重新提供。

二是调查核实应当合法。社会保险行政部门工作人员进行调查核实，不能干扰被调查单位的正常生产、工作秩序，应由两名以上人员共同进行，并出示执行公务的证件。对在调查过程中知悉的有关单位商业秘密及个人隐私予以保密，并为提供情况的有关人员保密。

三是依法行使职权。社会保险行政部门工作人员进行调查核实时，可以行使下列职权：（1）根据工作需要，进入有关单位和事故现场；（2）依法查阅与工伤认定有关的资料，询问有关人员；（3）记录、录音、录像和复制与工伤认定有关的资料。

四是必要时可以委托调查核实。社会保险行政部门经书面审核后，认为需要进行调查核实，而自己去调查核实又很困难的，如对职工因工外出期间受到的伤害进行调查，可以委托其他统筹地区的社会保险行政部门或相关部门进行调查核实。需要指出的是，社会保险行政部门依据被委托部门调查核实的证据作出的工伤认定决定，由该社会保险行政部门负责。

2. 职业病的调查核实

《工伤保险条例》第十九条规定，对依法取得职业病诊断证明书或者职业病诊断鉴定书的，社会保险行政部门不再进行调查核实。这样规定，主要考虑，《职业病防治法》和《职业病诊断与鉴定管理办法》（2002 年卫生部令第 24 号）对职业病的诊断以及诊断争议的鉴定都做了明确规定。依法取得的职业病诊断证明书和职业病诊断鉴定书，是说明职工患职业病的具有法律效力的凭证。在进行工伤认定时，社会保险行政部门应将其作为有效的证据来使用，无需再进行事实认定。但是，当社会保险行政部门发现申请人提交的职业病诊断证明书或职业病诊断鉴定书不符合国家规定的格式和要求的（关于职业病的诊断证明书或诊断鉴定书的格式，卫生部有明确的规定和要求），有权要求出具证据部门重新提供。如果工伤认定申请人提供的职业病诊断证明书，社会保险行政部门发现属于职业病诊断医疗机构超过了卫生行政部门批准诊断项目范围的，社会保险行政部门可以要求申请人重新提供职业病诊断证明书。

（四）用人单位承担举证责任

社会保险行政部门受理工伤认定申请后，如果用人单位与职工有不同的主张，并且各自提供的材料及证据都不足以支持自己的主张，此时应由用人单位承担举证责任，如果用人单位提供的证据不足以推翻职工提供的证据的，社会保险行政部门可以根据职工提供的材料及证据作出工伤认定决定。对此，《工伤保险条例》第十九条第二款规定了职工与用人单位的主张不一致时，由用人单位承担举证责任。这样规定，主要考虑在用人单位与职工之间，单位处于管理者的地位，职工对单位具有依附性和从属性。与职工有关的各种文书、文件是由用人单位拟订并由其保管的，如职工花名册、工资支付单等。当职工与单位的主张不一致时，双方必须提供相应的证据，而这些证据往往涉及上述文书、文件。《工伤保险条例》从保护弱者的角度出发，规定由单位承担举证责任。而没有实行一般诉讼中的谁主张、谁举证原则。

三、工伤认定决定

（一）作出工伤认定决定的时限

《工伤保险条例》第二十条和《工伤认定办法》对作出工伤认定决定的时限做了具体规定，即社会保险行政部门应当自受理工伤认定申请之日起 60 日内作出工伤认定的决定，并书面通知申请工伤认定的职工或者其近亲属和该职工所在单位。社会保险行政部门对受理的事实清楚、权利义务明确的工伤认定申请，应当在 15 日内作出工伤认定的决定。作出工伤认定决定需要以司法机关或者有关行政主管部门的结论为依据的，在司法机关或者有关行政主管部门尚未作出结论期间，作出工伤认定决定的时限中止。

对工伤认定的时限作出规定，既可以及时有效地保护职工的合法权益，有利于保持社会的安定；又能够提高社会保险行政部门的工作效率，避免认定工作久拖不决。与《企业职工工伤保险试行办法》规定的 7 日审核期和不得超过 30 日的延长期相比，《工伤保险条例》关于工伤认定时限的规定更切合实际，有利于认定机关审慎、周密地开展审核工作，提高工伤认定工作的质量。需指出的是，工伤认定时限的起算时间为受理工伤认定申请之日，即申请人按规定完整地提交了申请材料之日。工伤认定申请人提交的材料不完整的，应从材料提交完整之日开始计算。

针对实际工作中存在的一些工伤认定决定需要等待司法机关或者有关行政主管部门作出结论的情况，条例修订时专门作了中止规定。比如，受到事故伤害的职工正在接受法院的审理，是否认定其犯罪或者无罪，在等待过程中就需中止工伤认定程序，待法院作出决定后再重新启动工伤认定程序。再如，上下班途中发生的交通事故，是不是职工本人的主要责任，需等待公安交通管理部门的认定，同样应当中止工伤认定程序。

（二）工伤认定决定的内容

根据《工伤认定办法》的规定，工伤认定决定书的内容包括下列事项：用人单位全称；职工的姓名、性别、年龄、职业、身份证号码；受伤害部位、事故时间和诊治时间或职业病名称、受伤害经过和核实情况、医疗救治的基本情况和诊断结论；认定为工伤（或视同工伤），不予认定工伤（或不视同工伤）的依据；不服认定决定申请行政复议或者提起行政诉讼的部门和期限；作出认定工伤（或视同工伤）或者不予认定工伤（或不视同工伤）决定的时间。工伤认定决定书应加盖社会保险行政部门工伤认定专用印章。

（三）工伤认定决定的送达

1. 送达方式、对象和期限

《工伤认定办法》第二十二条对认定决定的送达作了规定，即社会保险行政部门应当自工伤认定决定做出之日起 20 日内，将《认定工伤决定书》或《不予认定工伤决定书》送达受伤害职工（或者其近亲属）和用人单位，并抄送社会保险经办机构。

送达方式。工伤认定决定是工伤职工是否享受工伤保险待遇的依据，也是当事人对认定结论申请行政复议的依据。当事人能否收到该决定，事关各方利益及相关方面的责任。因此，工伤认定决定应当以书面方式送达。

送达对象。工伤认定决定直接关系到工伤职工和用人单位的利益，因此应当同时送达工伤职工（或其近亲属）及所在单位。为使工伤认定工作与工伤保险待遇给付工作相衔接，认定决定在送达相关对象的同时，应当抄送社会保险经办机构。

送达期限。《工伤认定办法》对送达期限做了规定，即社会保险行政部门应当自工伤认定决定做出之日起 20 日内送达有关当事人。

2. 送达程序

《工伤认定办法》第二十二条对工伤认定决定的送达方式做了规定，即工伤认定法律文书的送达按照《民事诉讼法》有关送达的规定执行。

《民事诉讼法》第七十七至八十四条就法律文书的送达作了如下规定：

送达诉讼文书必须有送达回证，由受送达人在送达回证上记明收到日期，签名或者盖章。受送达人在送达回证上的签收日期为送达日期。

送达诉讼文书，应当直接送交受送达人。受送达人是公民的，本人不在交他的同住成年家属签收；受送达人是法人或者其他组织的，应当由法人的法定代表人、其他组织的主要负责人或者该法人、组织负责收件的人签收；受送达人有诉讼代理人的，可以送交其代理人签收；受送达人已向人民法院指定代收人的，送交代收人签收。受送达人的同住成年家属，法人或者其他组织的负责收件的人，诉讼代理人或者代收人在送达回证上签收的日期为送达日期。

受送达人或者他的同住成年家属拒绝接收诉讼文书的，送达人应当邀请有关基层组织或者所在单位的代表到场，说明情况，在送达回证上记明拒收事由和日期，由送达人、见证人签名或者盖章，把诉讼文书留在受送达人的住所，即视为送达。

直接送达诉讼文书有困难的，可以委托其他人民法院代为送达，或者邮寄送达。邮寄送达的，以回执上注明的收件日期为送达日期。

受送达人是军人的，通过其所在部队团以上单位的政治机关转交。

受送达人是被监禁的，通过其所在监所或者劳动改造单位转交。受送达人是被劳动教养的，通过其所在劳动教养单位转交。

代为转交的机关、单位收到诉讼文书后，必须立即交受送达人签收，以在送达回证上的签收日期，为送达日期。

受送达人下落不明而近亲属又联系不上的，或者用上述方式无法送达的，公告送达。自发出公告之日起，经过 60 日，即视为送达。公告送达，应当在案卷中记明原因和经过。

【案例 3—8】

万某系一企业职工，2006 年 12 月他在工作中遭受伤害，当月就向劳动保障行政部门申请工伤认定。当地劳动保障行政部门经调查在 2007 年 1 月作出了认定万某伤残性质为工伤的决定。万某在领取工伤认定决定书的同时，受托也将发给企业的那份认定决定书携带回企业，并直接交给了当班的企业负责人。2007 年 4 月，万某听人讲，患工伤应当得到企业的补偿，于是就落实工伤待遇向当地劳动争议仲裁委提起了劳动争议仲裁。企业要求仲裁委中止仲裁，并就万某受伤能否认定为工伤，在同年 6 月向上级劳动保障行政部门提请行政复议。上级劳动保障行政部门受理了企业的复议申请。

虽然这起具体行政行为发生在 1 月份，6 月份才申请行政复议，远远超过了《行政复议法》规定的行政复议申请时限，但上级机关仍予以受理，是因为当地劳动保障行政部门的工伤认定决定书没有送达有关当事人。

四、工伤认定应当简捷、方便

《社会保险法》第三十六条规定：职工因工作原因受到事故伤害或者患职业病，且经工伤认定的，享受工伤保险待遇；其中，经劳动能力鉴定丧失劳动能力的，享受伤残待遇。工伤认定和劳动能力鉴定应当简捷、方便。工伤认定是职工享受工伤保险待遇的前提和基础，工伤认定是否简捷、方便，直接影响受伤职工是否能尽快享受工伤保险待遇。针对工伤认定程序繁琐、周期长、成本高等问题，《社会保险法》明确规定工伤认定应当简捷、方便。为落实《社会保险法》的这一规定，新修订的《工伤保险条例》和新修订的《工伤认定办法》对简捷、方便的要求进行了细化。主要体现在以下方面：

(一) 规范、简化了工伤认定程序

一是设置了工伤认定简易程序，对事实清楚、权利义务明确的工伤认定申请，认定时限从原来规定的 60 天缩短为 15 天。二是取消了行政复议前置程序，将对工伤认定决定不服的，必须经过行政复议才能提起行政诉讼，修改为可以申请行政复议或者直接提起行政诉讼，简化了申请救济的程序。三是增加了一次性告知程序，《工伤认定办法》在《社会保险法》和《工伤保险条例》规定的基础上，增加规定申请人提交工伤认定申请的材料不齐全的，

应一次性方面告知需要补正的全部材料，减轻了申请人的负担。

（二）缩短了工伤认定时限

一是对收到工伤认定申请后作出受理或不予受理决定的期限，由原来的未作期限规定，修改为应在 15 日内作出决定。二是将工伤认定申请人提交材料不完整的，告知补正材料期限，由原来的 15 个工作日缩短为 10 日。三是将认定工伤决定书或者不予认定工伤决定书的送达期限，由 20 个工作日改为 20 日。

（三）规范了工伤认定文书

一是对工伤认定文书中原有的《工伤认定申请表》的内容进行了完善；二是新增加了《工伤认定申请受理通知书》《工伤认定申请不予受理通知书》《认定工伤决定书》和《不予认定工伤决定书》4 个文书，并规定文书样式统一制定。

《社会保险法》规定的简捷、方便原则，在新条例和相关配套规章中做了细化，但任何法规政策的规定都不可能穷尽工伤认定工作的各种情形，在工伤认定实际工作中，在处理每一个工伤认定案件过程中，还需要从事工伤认定工作的同志树立服务意识，站在工伤职工的角度，从工伤职工的需要出发，尽可能使工伤认定工作做到简捷、方便，维护广大工伤职工的根本利益。

思考题

1. 有权申请工伤认定的主体有哪些？

2. 哪些情形应当认定为工伤？哪些情形视同为工伤？哪些情形不得认定为工伤？

3. 受理工伤认定申请的条件是什么？

4. 如何理解用人单位申请工伤认定的时限以及职工（或者其近亲属）、工会组织提出工伤认定申请的时效？

5. 工伤范围的规定在实践中如何适用？

6. 案例思考

【案情】2008 年 5 月 4 日早上，某纺织有限公司职工王某到外地出差，5 月 15 日上午 10 时 30 分许，王某离开宾馆去火车站返回公司时下落不明。用人单位于 5 月 21 日向公安机关报案，公安机关将其失踪情况输入了电脑网络进行搜索没有音信。2010 年 9 月 2 日经王某父亲的申请，基层人民法院作出判决：宣告王某为失踪人。2009 年 4 月 9 日，用人单位向社会保险行政部门提出了工伤认定申请。经补正工伤认定申请材料后，社会保险行政部门于 2010 年 10 月 21 日受理该申请后经调查，2008 年 5 月 15 日王某上火车后曾与公司电话联系过，而这列火车一切正常，车内和路途均没有发生任何事故。因此，王某在因工外出期间，无故发生下落不明，不符合《工伤保险条例》第十四条第五项职工“因工外出期间，由于工作原因受到伤害或者发生事故下落不明的”规定，作出了王某下落不明不予认定为工伤的认定决定，并将认定决定通知书同时送达给用人单位和王某的亲属。

本案在处理过程中，对王某的失踪是否应当认定为工伤存在不同意见。一种意见认为，王某从公司到外地出差以及返回公司过程属于因工外出期间，发生的下落不明，符合《工伤保险条例》第十四条第五项规定，应当认定为工伤。另一种意见认为，王某从外地出差返回公司的过程是属于因工外出期间，但其下落不明的原因并不是由于发生事故而造成的，因此不符合《工伤保险条例》第十四条第五项规定。

【思考题】针对上述案例如何理解“因工外出期间，由于工作原因受到伤害或者发生事故下落不明的”规定？请阐述理由。

7. 在实践中，如何努力做到工伤认定简捷、方便？

第四章

劳动能力鉴定

本章导读

劳动能力鉴定环节是工伤保险制度的重要组成部分。2004 年 1 月 1 日开始施行的《工伤保险条例》明确了受理主体，增加了成立专家库、鉴定的时限以及两级鉴定等规定。

2006 年 11 月 2 日国家质量监督检验检疫局、国家标准化委员会发布，2007 年 5 月 1 日起施行的《劳动能力鉴定 职工工伤与职业病致残等级》（中华人民共和国国家标准 GB/T 16180—2006），是目前我国工伤保险劳动能力鉴定的依据标准。

本章通过对劳动能力鉴定的概念、组织、程序、标准、原则、操作要点以及实际案例的介绍，帮助读者全面理解劳动能力鉴定这一制度，深化对劳动能力鉴定的性质、作用、内容和具体操作程序的认识。

第一节　劳动能力鉴定基础知识

劳动能力鉴定是给予受到事故伤害或患职业病的职工工伤保险待遇的基础和前提条件。劳动能力鉴定环节是工伤保险制度的重要组成部分。原劳动部 1996 年颁布施行的《企业职工工伤保险试行办法》（劳部发［1996］266 号）首次对劳动能力鉴定的主体、对象、标准、委员会的组成等作出了全面系统的规定。2004 年 1 月 1 日开始施行的《工伤保险条例》在 266 号文规定基础上，对劳动能力鉴定制度作了完善，进一步明确了受理主体，增加了成立专家库、鉴定的时限以及两级鉴定等规定。2010 年 12 月 20 日《国务院关于修改〈工伤保险条例〉的决定》进一步明确了劳动能力鉴定委员会进行再次鉴定和复查鉴定的期限。

一、劳动能力鉴定的概念

（一）定义

劳动能力鉴定是指劳动者因工负伤或者患职业病，导致本人劳动与生活能力受到影响，由劳动能力鉴定委员会根据职工本人或者亲属的申请，组织劳动能力鉴定医学专家，根据国家制定的评残标准，按照工伤保险的有关政策，运用医学科学技术的方法和手段，确定劳动者劳动功能障碍程度和生活自理障碍程度的一种综合评定的制度。职工在工伤治疗期内伤情处于相对稳定状态，存在残疾，影响劳动能力的，都要通过医学检查对其伤残后丧失劳动能力的程度作出判定结论。劳动能力鉴定结论是职工享受何种工伤保险伤残待遇的依据。通过劳动能力鉴定，能够准确评定职工伤残的程度，有利于保障工伤伤残职工的合法权益，同时也为正确处理与此有关的争议提供了客观依据。

劳动功能障碍分为 10 个伤残等级，最重的为一级，最轻的为十级。生活自理障碍分为 3 个等级：生活完全不能自理、生活大部分不能自理和生活部分不能自理。

关键概念

劳动能力是指人类进行劳动工作能力的总和，包括体力劳动能力和脑力劳动能力，是人在一定时间内能够维持和完成一定作业强度和工作任务的能力。

（二）诊断与鉴定的区别

劳动能力鉴定制度包括两个工作环节，即对伤病残程度进行诊断，以及对劳动功能障碍程度等进行鉴定。所谓诊断，是指医生通过诊察对人体的健康状况和疾病所提出的概括性判断。诊断不仅是临床各项工作中的第一步，也是劳动能力鉴定的基础性工作，是不可缺少的重要一环。及时而正确的诊断，在临床工作中十分重要，否则伤病可能由潜在发展成显著，由轻症发展成重症，由单纯的病变发展成复杂的并发症，甚至危及生命；在劳动能力鉴定过程中，只有诊断准确，才有可能保证鉴定结论的准确性。

临床诊断可分为病因诊断、病理形态诊断和病理生理学（功能）诊断 3 类。后两者是劳动能力鉴定的重要前提，相对而言，功能诊断在劳动能力鉴定工作中又占有更加重要的位置。这种诊断也可以理解是技术性鉴定意见，所以，诊断时必须对伤病者的功能障碍程度予以明确表述。

劳动能力鉴定则是在伤病诊断明确后，经过一定时间的治疗，当病情相对稳定时，劳动能力鉴定委员会依据伤病医疗期鉴定标准、伤残等级评定标准、劳动能力鉴定标准等，对伤病劳动者的劳动能力或失能程度等作出确认。

诊断与鉴定的区别主要是以下几个方面：

1. 作出诊断结论或鉴定结论的机构不同。诊断由定点（或委托）的医疗机构或医疗卫生专家鉴定组负责作出；而劳动能力鉴定由各级劳动能力鉴定委员会负责作出。

2. 作出结论的时间要求不同。伤病诊断要求在伤病发生的早期阶段，只要临床表现典型，符合疾病诊断要点即可作出诊断结论；鉴定则要求在伤病诊断明确并经一段时间治疗后才能确认，即按照《工伤保险条例》的规定，经治疗伤情相对稳定后存在残疾、影响劳动能力的，才能进行劳动能力鉴定。

3. 作出结论的目的和内容不同。诊断的目的是为了治疗伤病，并在防治和观察疾病的基础上继续验证诊断，为劳动能力鉴定提供劳动者的伤病程度和功能状态等基础依据；鉴定主要是对伤病劳动者的状态、医疗期、病休情况、护理依赖程度、伤病残等级以及劳动能力进行确认，以作为给付有关待遇的依据。

4. 作出结论的方法和依据不同。诊断的基本方法主要通过包括询问病史、检查诊断、实验诊断、X线诊断及其他诊断技术来进行，一般来说，只要伤病的临床表现符合诊断要点和依据即可作出诊断意见；劳动能力鉴定的方法主要是参阅有关诊断意见、主要检验结果，并依据相应的劳动能力鉴定标准进行伤残等级的确认。

综上所述，诊断和鉴定是劳动能力鉴定工作的两个重要环节，它们既互相不可分割紧密联系，又有一些本质区别。准确的诊断是鉴定的前提和基础，而鉴定又不等同于诊断，是在诊断基础上的综合结论。

【阅读参考】

随着工伤保险覆盖范围的不断扩大，申请工伤认定人数的逐年增加，申请劳动能力鉴定的人数也呈稳步增长态势。2005—2010年申请劳动能力鉴定人数总计265.9万人。2010年全国共申请劳动能力鉴定人数49.5万人，比2005年增加了10.7万人，增长27.6％。《工伤保险条例》实施以来，从评定伤残等级的情况看，85％以上的伤残职工属于七至十级，属于一至四级的工伤职工占5％～6％。

二、劳动能力鉴定的性质和作用

（一）劳动能力鉴定的性质

劳动能力鉴定是一种依法作出的客观、公正、合理的科学证明行为，而非一种具体行政行为。按照《工伤保险条例》的规定，申请鉴定的单位或者个人对设区的市级劳动能力鉴定委员会作出的鉴定结论不服的，可以向省、自治区、直辖市劳动能力鉴定委员会提出再次鉴定申请，省级劳动能力鉴定委员会作出的劳动能力鉴定结论为最终结论。这一规定表明，作出劳动能力鉴定结论的行为不是具体行政行为，申请鉴定的单位或者个人对劳动能力鉴定结论不服的，不能通过行政复议或行政诉讼程序来处理争议。

【阅读链接】

向春华，刘伟．劳动能力鉴定理论与实务［M］．北京：中国劳动社会保障出版社，2008

（二）劳动能力鉴定的作用

1．为社会保险制度的顺利推进提供重要依据。首先，劳动能力鉴定是工伤保险管理工作的重要内容，是合理确定工伤保险待遇的基础。职工工伤或者患职业病是否医疗期（停工留薪期）已满，或者医疗期内治愈或者伤病情处于相对稳定状态，或者是否需要进行早期康复，或者劳动功能障碍程度和生活自理障碍程度的等级如何，都要通过劳动能力鉴定来判定。其次，劳动能力鉴定是确定养老保险待遇的重要环节。鉴定结论是正确审批非因工负伤或者疾病致残，完全丧失劳动能力而退休、退职的依据。再次，劳动能力鉴定也是医疗保险慢性病种、大病种以及生育保险严重合并症的确认手段。尤其是，当前发展经济建设、发展生产力是我国的首要任务，随着生产领域不断扩展，就业人数不断增加，工伤和职业病大有不断增加的趋势，所以，为了保证我国经济的正常发展和社会稳定，必须实行和完善工伤保险，而工伤保险制度的建立和发展，又必须依赖劳动能力鉴定这一重要配套制度的健全和完善。

2．为劳动用工和人事制度深化改革提供重要基础。劳动用工制度的改革必然涉及劳动关系的重新调整；人事制度深化改革也必然涉及工作人员的安置问题。在推进重点行业和重点企业的改革、加快国有企业的改组和调整、进行股份制和股份合作制度改革，以及政府机构改革中，必然使部分伤病职工和工作人员下岗、分流，其中伤病职工被终止或解除劳动合同时，可否发给一次性医疗补助费及失业人员工伤和职业病复发的确认及鉴定，以及工伤职工可否发给一次性伤残就业补助费和一次性医疗补助费等，都需要劳动能力鉴定机构对其病情进行鉴定，提供安置和处理的科学依据。

3. 为妥善处理劳动争议维护社会稳定提供重要保证。工伤职工可否享受工伤伤残待遇、标准如何，可否办理工残退休或享受定期伤残津贴，可否享受工残生活护理费；非因工负伤或患疾病的职工，可否复工，被终止或解除劳动合同时可否发给一次性医疗补助费，可否办理因病提前退休或退职。这些情形是引发用人单位与劳动者之间劳动争议的主要原因之一，而要妥善处理好这些问题，必须有科学、准确的劳动能力鉴定结论作依据。这点做到了，就可以妥善处理劳动争议，减少劳动争议，维护用人单位和劳动者的合法权益，对企业的正常生产起到保证作用，最终将调节社会关系，维护社会稳定。

第二节　劳动能力鉴定的组织和程序

一、劳动能力鉴定受理机构、申请主体和医疗卫生专家库

（一）受理机构

劳动能力鉴定委员会是负责对工伤职工伤残程度进行劳动能力鉴定的专门机构。《工伤保险条例》规定，劳动能力鉴定委员会由社会保险部门、卫生行政部门、工会组织、用人单位和社会保险经办机构代表组成。劳动能力鉴定委员会分为设区的市级劳动能力鉴定委员会和省、自治区、直辖市劳动能力鉴定委员会两级，由设区的市级劳动能力鉴定委员会受理劳动能力的初次鉴定申请。这样规定，一是劳动能力鉴定委员会必须建有医疗卫生专家库，劳动能力鉴定需从医疗卫生专家库中选取 3 或 5 名医学专家进行。然而，我国大多数地区，在县一级还比较缺乏具有高级职称的医学专家，许多地区的医疗技术水平较低，设立县一级具备医疗卫生专家库的劳动能力鉴定委员会的客观条件尚不成熟。二是两级鉴定简化了程序，便于工伤职工及时申请再次鉴定，避免出现因劳动能力鉴定时间过长而使工伤职工不能及时享受工伤保险待遇的情况。为便于劳动能力鉴定工作的开展，一般在社会保险行政部门内部设立劳动能力鉴定委员会办公室，负责劳动能力鉴定委员会的日常具

体工作。

（二）申请主体

按照《工伤保险条例》规定，能够提出劳动能力鉴定申请的主体分为三类：

1. 用人单位，即工伤职工所在单位。该职工与用人单位之间存在劳动关系，并且工伤是由于为本单位工作造成的，因此，职工发生事故伤害后，用人单位应当为工伤职工向设区的市级劳动能力鉴定委员会提出劳动能力鉴定申请，这也是单位的法定责任。

2. 工伤职工，即因受到事故伤害被认定为工伤的职工本人。职工如果认为工伤受到的伤害可能或已经影响其劳动能力的，可以申请劳动能力鉴定。这样规定，是对劳动者权利的一种保护。

3. 职工的近亲属。之所以规定工伤职工的近亲属有权申请劳动能力鉴定，主要基于三点考虑：一是职工的近亲属都有可能成为该职工的监护人，赋予监护人申请鉴定的权利，是为了更好地保护工伤职工的合法权益；二是职工发生工伤后，对其供养的近亲属的生活造成了直接或者间接的影响，职工劳动能力的缺失，有可能导致由其供养的近亲属失去生活来源，同时也增加了近亲属护理工伤职工的负担；三是有的工伤职工受伤较为严重，自己提出申请有诸多困难，由其近亲属代为申请更为方便。

（三）医疗卫生专家库

劳动能力鉴定委员会建立医疗卫生专家库。列入专家库的医疗卫生专业技术人员应当具备下列条件：

1. 具有医疗卫生高级专业技术职务任职资格，取得主治医师以上高级职称的医疗专家。

2. 掌握劳动能力鉴定的相关知识。因为劳动能力鉴定的评残标准不同于一般的医疗标准，是由国家社会保险行政部门和卫生行政部门联合制定的国家标准，医疗专家必须经过培训，掌握相应的标准后，才能参与劳动能力鉴定工作。

3. 具有良好的职业品德。能够进入医疗卫生专家库的医疗卫生专业技术人员必须为人正派，具有良好的职业道德。

【阅读链接】

胡晓义. 工伤保险条例释义与实务［M］. 第二部分第四章“劳动能力鉴定”. 北京：中国劳动社会保障出版社，2011

二、劳动能力鉴定程序

《社会保险法》规定，劳动能力鉴定“应当简捷、方便”。根据《工伤保险条例》的规定，劳动能力鉴定按以下程序进行：①首先由符合劳动能力鉴定条件的工伤职工本人（或其近亲属）或者用人单位向当地劳动能力鉴定委员会提出劳动能力鉴定申请，同时要提交工伤认定决定书和职工工伤医疗的有关资料。②组织鉴定。劳动能力鉴定委员会受理劳动能力鉴定申请后，应当在 30 日内从医疗专家库内随机抽取 3 名或者 5 名专家组成专家组进行鉴定。专家组鉴定后出具的鉴定意见由参与鉴定的专家签署。劳动能力鉴定委员会根据专家组的鉴定意见作出工伤职工劳动能力鉴定结论。必要时，可以委托具备资格的医疗机构进行有关的诊断。具体可分以下几个程序：

（一）申请程序

劳动能力鉴定委员会对因工受伤者的伤残程度鉴定程序一般是因工受伤职工（或其近亲属）或者用人单位申请后开始。劳动能力鉴定由用人单位、工伤职工或其近亲属向设区的市级劳动能力鉴定委员会（或其办公室）提出申请。申请劳动能力鉴定时必须符合以下要件：

1. 在法定期限内提交申请书

职工发生工伤，经治疗后在停工留薪期内治愈，或者伤情处于相对稳定后存在残疾、影响劳动能力，或者停工留薪期满仍不能工作的，应进行劳动能力鉴定，评定伤残等级，确定丧失劳动能力程度。停工留薪期一般不超过 12 个月。伤情严重或者情况特殊，经劳动能力鉴定委员会确认，可以适当延长，但延长不得超过 12 个月。

申请书应采用书面形式，一般由用人单位代工伤或患职业病的职工办理，也可由工伤职工或其近亲属办理。

2. 提供有关证明材料

一般需要提供以下材料：（1）工伤与职业病认定资料和认定决定书；（2）医疗机构的诊断结论或诊断证明；（3）首次病历、病历摘要、既往病史；（4）有关检查、化验结果报告等结论；（5）如属提前医疗终结鉴定或重新鉴定请求，须提交书面申请报告，说明具体理由。

（二）受理程序

劳动能力鉴定委员会（或其办公室）收到职工的申报鉴定资料后，首先进行初审，审查有关材料是否齐备、有效，决定是否受理。如果经审查决定受理，即将申请书及有关资料分类整理、登记。

（三）鉴定程序

1. 组织专家进行鉴定

由劳动能力鉴定委员会办公室从设区的市级医疗卫生专家库中随机抽取3名或5名相关专家组成专家组，由专家组提出技术鉴定意见。

2. 作出鉴定结论

设区的市级劳动能力鉴定委员会应当自收到劳动能力鉴定申请之日起60日内，根据专家组的技术鉴定意见或者诊断结论，按照工伤评残标准和有关政策法规，作出伤残鉴定结论；必要时，作出劳动能力鉴定结论的期限可以延长30日，劳动能力鉴定结论应当及时送达申请鉴定的单位和个人。必要时，劳动能力鉴定委员会可以委托具备资格的医疗机构协助进行有关的诊断。

（四）再次鉴定以及复查鉴定的程序

申请鉴定的单位或者个人对设区的市级劳动能力鉴定委员会作出的鉴定结论不服的，可以在收到该鉴定结论之日起15日内向省、自治区、直辖市劳动能力鉴定委员会提出再次鉴定申请。省、自治区、直辖市劳动能力鉴定委员会作出的劳动能力鉴定结论为最终结论。

自劳动能力鉴定结论作出之日起一年后，工伤职工或者其直系亲属、所在单位或者经办机构认为伤残情况发生变化的，可以申请劳动能力复查鉴定。

【新闻摘录】

葫芦岛工伤鉴定办对因病劳动能力鉴定出新标

从3月份开始，市人力资源和社会保障局工伤鉴定办对因病劳动能力鉴定工作实施多项创新举措。

申请人申请因病劳动能力鉴定时，必须提交包含使用医疗保险卡结算的二级以上医院的住院病历方可受理；在外地医院和未参加医疗保险的患者要提交住院费用收据原件；对问题病历，将前往医院调取原始住院病历进行调查核实；对问题患者，组织人员协同被鉴定人前往指定医院进行现场病情检查确认，必要时还可到被鉴定人单位、居委会或居住地进行调查核实；申请时要提供第二代身份证复印件和近期二寸彩照，并在申报参加现场鉴定时携带第二代身份证原件，有效防止被鉴定人员冒名顶替；所有鉴定结论在市人社局网站进行公示。

（资料来源：《葫芦岛日报》，2011 年 3 月 22 日。）

第三节　劳动能力鉴定标准

一、劳动能力与劳动能力丧失的概念

（一）劳动能力

劳动能力是指人类进行劳动工作能力的总和，包括体力劳动能力和脑力劳动能力，是人在一定时间内能够维持和完成一定作业强度和工作任务的能力。

劳动能力大小可具体通过作业能力来衡量。作业能力是指在不降低作业质量指标的前提下，尽可能长时间维持一定作业强度的能力。在以体力劳动为主的作业中，作业能力可用劳动生产率来表示。除采用产量和持续时间做标准外，还应以产品的质量加以衡量。在以脑力劳动为主的工作中，人能维持工作时间的长短和完成工作的质量可以作为一种参考指标。

影响劳动能力的因素主要有社会因素、生产设备与工具、劳动时间和劳动组织、锻炼与练习、个体因素和疲劳等，其中个体因素和疲劳是劳动能力鉴定时需要考虑的重要指标。因为当人受伤时，身体健康状况下降，机体功能受到不同程度的影响，使人在作业、工作时容易出现疲劳，甚至由于智力减退或疲劳，身体功能下降，对维持某些作业强度感到力不从心，这就表明劳动能力在一定程度上丧失了。

【阅读参考】两种劳动能力评价标准体系

（一）劳动能力测试

劳动能力测试是以同年龄、同性别健康人群的平均劳动能力作为对照标准，评价工伤职工伤残后所具有的劳动能力大小，这一评价标准的优点是比较客观，可比性强，缺点是评价指标多，操作复杂。

（二）致残程度测试

致残程度测试是依据致残程度鉴定标准，按器官损伤、功能障碍、医疗依赖三个方面将工伤、职业病的伤残程度分为相应等级。这种方式不是直接评价伤残职工能力，而是通过致残程度的相对严重性来反映伤残职工劳动能力的损害程度。这一办法的优点是不直接测试伤残职工的劳动能力，操作较为简单，缺点是不能准确反映伤残职工劳动能力损失程度大小。

（邓大松．社会保险［M］．北京：中国劳动社会保障出版社，2009）

从劳动能力类别来说，一般可以分为以下3类：

1．一般劳动能力。它是指人能完成一般性的普通劳动的能力，如日常生活、家务劳动等。

2．职业劳动能力。主要指从事各种职业性工作的能力，这种职业是个人在社会中所从事的作为主要生活来源的工作，如司机、焊工、电工、纺织工等。

3．专长劳动能力。主要指从事专门的技能工作的能力，专长是个人的一种“特长”，一般人可能无法胜任，它需要经过一定技能训练后才能胜任，如乐器演奏等。

根据上述分类可以看出，劳动能力丧失程度的大小只能以一般劳动能力和职业劳动能力丧失的情况来衡量，而不能过多地考虑伤害对专长劳动能力的影响。譬如，某手指一节缺失的一般工人，丧失了一定的一般劳动能力，但保留着职业劳动能力和专长劳动能力。但同样的损伤对于一位乐器演奏家来说，不仅丧失了一般劳动能力，同时也丧失了专长劳动能力，但保留有职业劳动能力。脑外伤后呈植物人状态的伤者则3种劳动能力全部丧失。因此，如果对每个伤病者伤病后均考虑上述3种劳动能力的影响程度的话，就会出现同一种伤病、轻重程度也相同的伤病者，其总体丧失劳动能力的程度就不同，这在劳动能力鉴定过程中是很难面面俱到的，难以做到“综合考虑”，所以，在伤病程度评定中主要考虑伤病对一般劳动能力和职业劳动能力影响的情况。

（二）劳动能力丧失

劳动能力丧失即指因损伤或疾病所致机体原有的劳动能力下降或完全丧失。

1．劳动能力丧失的类型

（1）按劳动能力丧失持续的时间区分

①暂时性劳动能力丧失。它是指损伤或疾病致使机体功能障碍，经一段时间的治疗痊愈后其劳动能力可以恢复。

②永久性劳动能力丧失。它是指损伤或疾病造成的劳动能力下降或丧失，经相当长的时间治疗仍不能恢复或仅能部分恢复。譬如，某职工因外伤致颅内血肿昏迷，需马上送医院抢救，其当时的情况属于劳动能力完全丧失，为暂时性劳动能力完全丧失。经过一段时间治疗后，病情恢复良好，除有轻微的头痛外无其他后遗症，此时则劳动能力没有丧失。再譬如，某职工因工致第三、四腰椎压缩骨折伴横贯性脊髓损伤，导致双下肢完全性瘫痪，经较长一段时间治疗后，虽然其血压、脉搏、呼吸、体温等生命体征稳定，但瘫痪症状没有改善，双下肢肌力仍为“0”级、感觉丧失，此即为永久性劳动能力丧失。

（2）按劳动能力丧失的程度区分

①完全丧失劳动能力。是指因外伤损伤造成人体组织器官缺失、严重缺损、畸形或严重损害，致使伤病的组织器官或生理功能完全丧失或存在严重功能障碍，不能执行其原来应具备的功能，需要完全或大部分护理依赖，离开了这种特殊的护理依赖环境，伤者就无法生活甚至死亡。例如，植物人状态、完全性高位截瘫等。在完全丧失劳动能力情形中，又可根据伤者在进食，翻身，大、小便，穿衣和洗漱，以及自我移动 5 项生活自理范围中是否有 2 项以上需要护理依赖而判定是否发给护理费。

②大部分丧失劳动能力。是指因外伤损伤造成人体组织器官大部分缺失、明显畸形或损害，致使受损的组织器官功能中等度以上障碍，有时需要他人帮助，劳动能力明显下降。例如，脑脊液瘘，不能修补；面颊部洞穿性缺损大于 20 平方厘米；癫痫中度；一侧完全性面瘫等。

③部分丧失劳动能力。外伤致使人体解剖结构和生理功能损害，造成器官部分缺失或轻度畸形，轻度功能障碍或无功能障碍，无医疗依赖，生活完全能够自理，能参加大多数劳动，只是机体遗留一定残疾。例如，一手指末节缺失等情形。

综上所述，劳动能力丧失程度，是根据伤者在外伤后一定时间内，受伤的组织器官功能障碍对伤者的生活和工作所造成的影响程度来评定的，而这种影响是长时间的或者是永久性的。一过性或暂时性功能障碍不在劳动能力丧失评定的范围内。因此，在对损伤是否造成劳动能力丧失及其丧失程度的评定时，必须在损伤经过积极系统的治疗，并经过一定时间段康复和功能锻炼，医疗终结或伤情稳定后，再对其伤残程度进行评定。

2. 完全和大部分丧失劳动能力分级的主要参考指标

（1）完全丧失劳动能力

①日常生活：完全不能自理，而依靠其他人帮助或采用专门措施，否则生命无法维持；或需要随时有他人帮助；或不能完全独立生活，需要常有人监护；或日常生活能力严重受限，间或需要他人帮助。

②意识状态：完全丧失或严重障碍。

③各种活动能力：严重受限制而卧床；或明显受限，仅限于床上或椅上的活动；或仅勉强做一些简单的室内活动。

④工作能力：不能工作；或明显职业受限或基本无劳动能力。

⑤社会交往能力：完全或基本丧失；或极为困难；或严重受限。

（2）大部分丧失劳动能力

①日常生活：大部分受限，或仅能小部分代偿；或能力严重受限。

②各种活动能力：明显降低；或明显受限，仅能勉强完成就近活动。

③工作能力：明显下降；或不能胜任原工作。

④社会交往能力：能力贫乏或狭窄；或能力明显下降。

二、我国现行的劳动能力鉴定标准

劳动能力鉴定标准是劳动能力鉴定的依据，根据《工伤保险条例》的规定，劳动能力鉴定标准由国务院社会保险行政部门会同国务院卫生行政部门等部门制定。我国目前实行的劳动能力鉴定标准是 2006 年 11 月 2 日由国家质量技术监督局、国家标准化管理委员会发布，由有关部门共同制定的《劳动能力鉴定 职工工伤与职业病致残等级》（中华人民共和国国家标准 GB/T 16180—2006），该标准已于 2007 年 5 月 1 日起开始施行。

【新闻摘录】（搜狐新闻中心 2007 年 3 月 31 日讯）

实行新劳动能力鉴定标准

从今年（指 2007 年，下同）5 月 1 日开始，劳动能力鉴定委员会在对工伤职工进行初次劳动能力鉴定时，将按照国家标准委员会新批准的《劳动能力鉴定 职工工伤与职业病致残等级》规定执行。今年 5 月 1 日前已作出初次鉴定结论，5 月 1 日后工伤职工按照《工伤保险条例》的规定申请再次鉴定的，劳动能力鉴定委员会应按新标准进行鉴定；今年 5 月 1 日前已作出鉴定结论的，如果伤情发生变化，工伤职工在 5 月 1 日后申请复查鉴定的，复查鉴定按新标准执行。但伤情加重，复查鉴定级别低于原级别的，原鉴定级别不再改变；伤情未发生变化，在5月1日后申请复查鉴定的，原鉴定结论不变；5月1日前已经作出了鉴定结论的，而在新标准实施后进行复查鉴定且伤残级别提高的，工伤保险长期待遇作相应提高，工伤保险一次性伤残补助金不再调整。

（http：//news. sohu. com/20070331/n249101315. shtml)

《劳动能力鉴定　职工工伤与职业病致残等级》是工伤职工享受待遇的依据，关系工伤职工的切身利益，是工伤保险制度建设的重要内容。该标准的制定坚持了依法制定、平稳衔接、综合平衡、专家评审、公开透明等原则。该标准根据器官损伤、功能障碍、医疗依赖及护理依赖4个方面将工伤、职业病致残等级分为5个门类，划分为10个等级共572个条目。与原国家标准《职工工伤与职业病致残程度鉴定》相比，该标准在很多方面做了调整，如增加了引用标准，将医疗依赖划分为一般医疗依赖和特殊医疗依赖，将护理依赖与分级原则挂钩，取消了一些实践中争议较大的提法等。

【阅读链接】

《劳动能力鉴定　职工工伤与职业病致残等级》（中华人民共和国国家标准GB/T 16180—2006)，2006年11月2日国家质量监督检验检疫局、国家标准化委员会发布

（一）伤残等级与劳动能力丧失的对应原则

1. 按分级原则确定伤残等级级别

分级原则根据工伤者的器官是否有缺失或缺损，或者是否有畸形或形态异常及其程度，是否存在特殊或一般医疗依赖，生活是否需要护理及其依赖程度等情况来确定伤残等级级别。《劳动能力鉴定　职工工伤与职业病致残等级》将伤残级别分为一至十级，最重为一级，最轻为十级。

2. 按分级级别确定劳动能力丧失的对应程度

从劳动能力丧失的角度来判定，可确认一至四级伤残属于完全丧失劳动能力，五、六级伤残属于大部分丧失劳动能力，七至十级伤残属于部分丧失劳动能力。生活自理障碍程度的判定，则根据其对进食、翻身、大小便、穿衣、洗漱及自我行动的护理依赖程度来确认，分为三个等级，即完全、大部分或部分护理依赖。

（二）操作原则

1. 实事求是原则

对因工伤残的诊断结论和鉴定结论的作出，必须坚持实事求是的原则。从事劳动能力鉴定工作的医生和专业人员在鉴定确认伤残者劳动能力丧失程度时，必须尊重现实，认真观察、深入分析，全面综合、实事求是地对待客观临床资料，对于事实不清楚的资料，应要求有关医疗机构和单位给予补充。

2. 综合定级原则

在一个工伤职工有几种外伤和残疾同时存在时，经过临床检验和诊断，应逐一对照鉴定标准，综合定级；对于同一器官或系统多处损伤，或一个以上器官不同部位同时受到损伤时，应先对单项伤残程度进行鉴定。如几项伤残等级不同，以重者定级；两项及以上等级相同，最多晋升一级。

【案例 4—1】

赵某，男性，35 岁，某驻津央企单位职工。2004 年 10 月 26 日，赵某在工作中手持重物不慎滑倒，臀部着地致腰椎间盘突出症，经认定为工伤。2004 年 12 月，他提出工伤等级鉴定申请。天津市某区劳动能力鉴定委员会对其进行鉴定。经体检发现，赵某腰部前凸减小，前曲后伸活动受限，L4/5 左侧压痛明显，并向同侧大腿和小腿外侧放射；L5/S1 左侧亦有压痛，但无明显放射感。左小腿外侧和拇指内侧皮肤感觉障碍，直腿抬高试验：左侧 45 度，右侧 60 度。Laseque 征：左侧阳性，右侧阴性。左侧小腿肌电图较右侧明显异常，伸拇指长肌和趾长伸肌肌力，左侧 3 级，右侧 4 级。跟腱反射对称，病理反射未引出。X 线片显示腰椎前凸消失，L4/L5 间隙狭窄。MRI 显示 L4/L5 椎间盘向左后方突出，压迫硬膜囊和左侧神经根，L5/S1 椎间盘向后方突出，轻度压迫硬膜囊。

综上，赵某被诊断为：腰 4/5、腰 5/骶 1 椎间盘突出症。

鉴定结论：七级。赵某不服该鉴定结论，要求按《职工工伤与职业病致残程度鉴定》标准规定的晋级原则，再晋升一级。理由是腰 4/5、腰 5/骶 1 椎间盘突出，根据晋升原则，两级相同应晋升一级。

分析：按照原国家标准《职工工伤与职业病致残程度鉴定》的规定，该患者虽未接受腰椎椎间盘突出症的手术治疗，但是其已出现明显的神经功能障碍症状，腰 4/5 椎间盘突出症评为七级；腰 5/骶 1 椎间盘突出症评为九级。按照“如几项伤残等级不同，以重者定级；两项及以上等级相同，最多晋升一级”的原则，综合评定为七级。

3. 先易后难原则

在工伤职工同时存在多种外伤或残疾且可达到伤残等级时，应先对《标准》中有明确条款的损伤或残疾进行评定，再对条款中不太明确的损伤或残疾进行评定，可采用“参照相似、依据基准、领会说明、逐项明确”的思维方法进行。

4. 适当考虑社会心理因素影响原则

目前情况下，器官损伤、功能障碍和护理依赖程度是评定伤残等级的主要因素，同时适当考虑由于伤残引起的社会心理因素影响。随着经济社会的发展，社会心理因素影响在伤残等级评定中所占的比重将逐步增加。

（三）门类划分

按照临床医学分科和各学科间相互关联的原则，《劳动能力鉴定　职工工伤与职业病致残等级》将残情的判定划分为 5 个门类：

1. 神经内科、神经外科、精神科门。
2. 骨科、整形外科、烧伤科门。
3. 眼科、耳鼻喉科、口腔科门。
4. 普外科、胸外科、泌尿生殖科门。
5. 职业病内科门。

【阅读参考】

我国现已实施的伤残标准有：

最高人民法院、最高人民检察院、公安部、司法部 1990 年和 1996 年分别颁布的《人体重伤鉴定标准》《人体轻伤鉴定标准》《人体轻微伤鉴定标准》；

民政部、原劳动和社会保障部、卫生部、总后勤部制定的《军人残疾等级评定标准（试行）》；

卫生部制定的于 2009 年 9 月 1 日起实施的《医疗事故分级标准（试行）》；

国家标准委 2006 年颁布的《职工工伤与职业病致残程度鉴定 GB/T 16180—2006》，《道路交通事故受伤人员伤残评定 GB/T 18667—2002—12—01》。

三、劳动能力鉴定标准的分级原则

（一）分级原则

工伤及职业病致残种类繁多，错综复杂。如何对残情作出比较客观的判断，确定分级原则或级别划分综合判定依据是非常重要的。《劳动能力鉴定职工工伤与职业病致残等级》在全面、综合分析各国以及世界卫生组织等的评残分级原则的基础上，结合中国国情，充分考虑我国工伤保险法规的要求以及现实中国社会经济发展水平，提出了以“器官损伤、功能障碍、医疗依赖、护理依赖和心理障碍”为判断依据的综合判定分级原则（见表 4—1）。

表 4—1　　职工工伤与职业病致残程度鉴定分级原则表

级别	级别划分依据
一级	器官缺失或功能完全丧失，其他器官不能代偿，存在特殊医疗依赖，或完全或大部分护理依赖
二级	器官严重缺损或畸形，有严重功能障碍或并发症，存在特殊医疗依赖，或大部分护理依赖
三级	器官严重缺损或畸形，有严重功能障碍或并发症，存在特殊医疗依赖，或部分护理依赖
四级	器官严重缺损或畸形，有严重功能障碍或并发症，存在特殊医疗依赖，或部分护理依赖或无护理依赖
五级	器官大部缺损或明显畸形，有较重功能障碍或并发症，存在一般医疗依赖，无护理依赖
六级	器官大部缺损或明显畸形，有中等功能障碍或并发症，存在一般医疗依赖，无护理依赖
七级	器官大部缺损或畸形，有轻度功能障碍或并发症，存在一般医疗依赖，无护理依赖
八级	器官部分缺损，形态异常，轻度功能障碍，存在一般医疗依赖，无护理依赖
九级	器官部分缺损，形态异常，轻度功能障碍，无医疗依赖或者存在一般医疗依赖，无护理依赖
十级	器官部分缺损，形态异常，无功能障碍，无医疗依赖或者存在一般医疗依赖，无护理依赖

从以上分级原则划分可以看出，一至四级伤残者都有器官缺损或严重缺损、严重功能障碍或并发症，存在特殊医疗依赖；五级、六级伤残者有器官大部分缺损、中度至较重度的功能障碍，存在一般医疗依赖，无护理依赖；七至十级伤残者仅有器官部分缺损、轻度功能障碍或无功能障碍、无医疗依赖或存在一般医疗依赖，无护理依赖。

以上分级原则与《工伤保险条例》对劳动能力丧失程度的划分保持一致，即一至四级为完全丧失劳动能力，五级、六级为大部分丧失劳动能力，七至十级为部分丧失劳动能力。

（二）分级原则划分的意义和目的

分级原则的制定为工伤残情判断确定了基本定性原则，明确了什么样的残情或者说哪些残情需要评残，即残情首先应源于工伤或职业病；应是在停工留薪期满进行伤残等级技术鉴定时，伤残者的器官缺损未能修复、功能障碍未能恢复和/或难以脱离医疗和护理的残情。

（三）分级原则的具体把握

1. 护理依赖应根据伤残者个体情况逐个确定。一般来讲，伤残等级越高，则伤残程度越重，依赖护理的程度就越大，但并不等于伤残等级一至四级者，就必须享受完全护理依赖或大部分护理依赖，应针对具体伤残个体对象逐个判断。例如，“双眼无光感或有光感但光定位不准者”应判定为伤残等级一级，显然，双目失明者在自主行动方面受到限制，需要依赖他人的帮助，但在其他方面所受影响相对较少，按照护理依赖分级，这种情况只可享受部分或大部分护理依赖，而不能享受完全护理依赖。

2. 工伤评残中，应当与《劳动能力鉴定　职工工伤与职业病致残等级》所列各类残情（572 种）相对应，不能对应相应等级时，应根据相应学科残情等级，针对具体个体进行判定。

3.《劳动能力鉴定　职工工伤与职业病致残等级》与原标准（GB/T 16180—1996）相比较，在医疗依赖方面做了一些调整：一是制定了医疗依赖的分级判定依据，分为特殊医疗依赖和一般医疗依赖，在分级原则中作了相应调整；二是对七至十级中的“有医疗依赖、无医疗依赖”分别调整为“存在一般医疗依赖、无医疗依赖或者存在一般医疗依赖”。这对于已经医疗终结并已作出伤残等级技术鉴定、但伤残部位仍有症状，需要进行医疗的工伤职工，从技术规范上给予了支持，避免和减少了由于针对伤残部位的一般医疗费用支付不清的矛盾。

四、工伤评残标准的操作要点与实例

（一）操作步骤

在进行工伤评残时，按诊断结论或技术性鉴定意见的伤病情形参照工伤评残标准中相似的条款，未明确时参阅“判定基准”，还未明确时则应认真参阅、领会“正确使用标准的说明”，逐项明确、综合作出鉴定结论。具体操作步骤如图 4—1 所示。

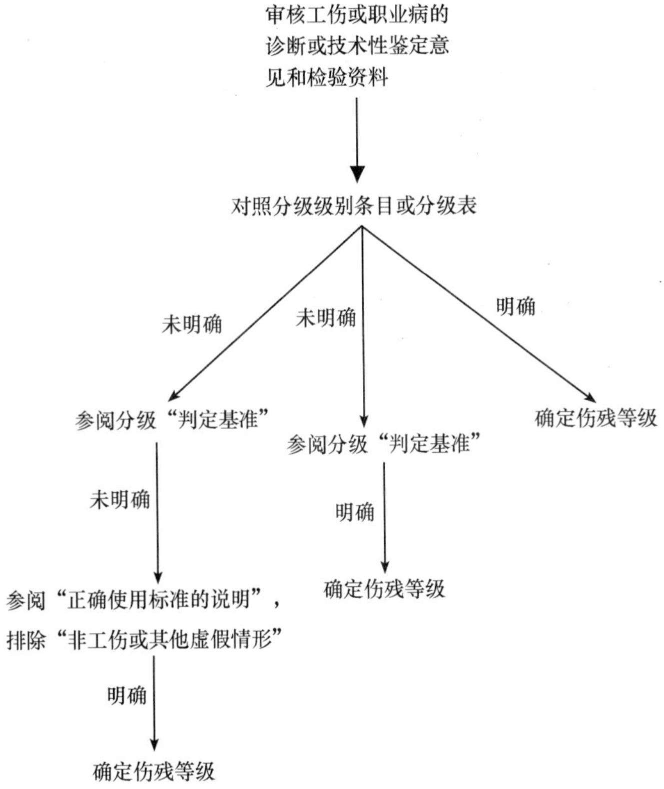

图 4—1　工伤评残操作程序图

(二) 操作要点

1. 工伤评残标准适用于职工在职业活动中因工负伤和因职业病致残程度的鉴定。

2. 工伤鉴定时的伤病情状态是：工伤职工的停工留薪期（工伤医疗期、医疗终结期）已满；或者伤病情已治愈、好转或相对稳定。

停工留薪期是指职工因工负伤或者患职业病及其合并症，经过一定时间治疗后，治愈；或者虽遗有一定自觉症状，但客观检查无阳性体征；或者虽有症状和病理改变（阳性体征），但不需处理或目前国内医疗技术无法从根本上改善其主要体征时，虽已达到或未达到完全或部分丧失劳动能力，均应由劳动能力鉴定机构确认为终结医疗的时间，即为停工留薪期满。也就是说，医疗终结时有 3 种状态，只要达到其中之一即可视为停工留薪期满：

①治愈；

②有症状无阳性体征；

③有症状有体征（病理改变），但不需处理或目前国内医疗技术无法从根本上改善其主要体征。

停工留薪期一般不超过 12 个月。伤情严重或者情况特殊，经设区的市级劳动能力鉴定委员会确认，可以适当延长，但延长不得超过 12 个月。

《工伤保险条例》规定对停工留薪期限作了原则性规定，但具体办法应由各地因地制宜，按不同的伤病种和治疗情况给予不同的停工留薪期（医疗期）限，并规定明确的评定依据等内容。

3. 重新鉴定及原有伤残与合并症的处理，按下列办法进行：

（1）如在国家社会保险法规所规定的医疗期满时进行过工伤及职业病致残程度的鉴定，但有可能进行性加重或有可能进行进一步治疗的人，应按国家社会保险法规的要求，对残情重新进行鉴定。

（2）如受工伤损害的器官原有伤残和疾病史，或工伤及职业病后出现合并症，其致残等级的评定，以医疗期满时本次实际的致残结局为依据。

4. 工伤、职业病的认定、评残，须按下列要求提供有关证明材料：

（1）工伤者须提供统筹地区社会保险行政部门的工伤认定决定书；

（2）职业病者须提供经省级以上政府卫生行政部门批准具有职业病诊断职权的医疗卫生机构，及其取得职业病诊断资格的执业医师集体作出的职业病诊断证明书或者职业病诊断鉴定书。

5. 工伤评残具有工伤补偿等特殊性意义，因此，评残时应适当考虑心理障碍因素。

心理障碍的程度，往往取决于个体的生物学素质和工伤致残对人的生活质量影响的大小。人的生活（命）质量是多方面的，按照美国 Ferrell 博士于 1995 年提出的“四维模式”衡量一个人生命质量应有 4 方面的指标，每个指标受损均会降低其质量，评残时应适当予以考虑：

（1）身体健康状况。包括各种生理功能活动有无限制、休息与睡眠是否正常，肢体残废缺陷等。

（2）心理健康状况。包括智力水平、各种正向和负向心理活动、情绪、紧张刺激等。

（3）社会健康状况。包括社会交往和社会活动情况、家庭关系、爱情婚姻、职业、社会地位等。

（4）精神健康状况。包括对自己生命价值的认识、宗教信仰、精神文化生活等。

实际上，在制定工伤评残标准时，已将工伤者的社会心理因素适当考虑进去，评残时再根据工伤者的自身情况并结合评残标准合理作出鉴定结论。

6. 工伤评残时，对以下特殊情形应按下列办法妥善处理：

（1）毁容定级比一般残情高。女性面部毁容，伤残等级可因年龄大小而异。40 周岁以下的女职工发生工伤而致面部毁容，含单项鼻缺损、颌面部缺损（不包括耳廓缺损）和面瘫，按其伤残等级晋升一级。晋级后的新等级不因年龄增长而变动。

（2）脾切除，伤残等级因年龄而异。脾外伤全切除术评残时，“青年人”指实足年龄范围在 16 ～ 35 周岁，“成人”指实足年龄在 35 周岁以上。“青年脾摘除”评定为五级残疾；而“成人脾摘除”只能评定为七级残疾。

（3）年龄大于 50 周岁者的骨关节炎（骨质增生）是否确定为创伤性骨关节炎应慎重，因为普通人 50 周岁以后骨性关节炎发病率已明显增高，故评残时必须考虑年龄因素。

对于这种伤病，应这样来理解和把握。退行性关节病，也称骨性关节炎，或肥大性关节炎，是一种以关节软骨变性、破坏及骨质增生为特征的关节病，实质上并非炎症。病变大多累及脊椎、膝髋等负重关节，但亦常见于手指的远端指间关节。病因主要可能与关节的老年退行性变化和磨损以及慢性关节损伤有关。总的来说，可能促使发病的因素有：

①年龄。主要见于中、老年人，大多发病在 40～50 周岁以后，尤多见于妇女绝经期后。

②创伤。是一个重要致病因素，如既往的关节挫伤、骨折、脱位以及其他轻度而长期频繁的刺激等。

③关节长期过度负重。如肥胖者，某些职业性长期不良姿势体位，以及长期过度使用某些关节所致劳损，均可促使本病的发生。

不难看出，退行性改变的发病（形成）是个慢性过程，虽然创伤是重要致病因素，但必须有既往关节挫伤、骨折等病史。因此，鉴别其是否工伤所致的主要办法是：

①本次外伤检查（如 CT、X 光）时有否发现已有退行性变，如有，则不能认定为本次工伤所致；

②既往有否本病和其他关节挫伤等创伤史；

③充分考虑年龄因素。

因此，此标准所列的“创伤性关节炎”只适用于因工伤所致脊柱、四肢损伤的致残程度鉴定之用，其他先天性畸形，或随年龄增长（尤其是50周岁以后）而出现的退行性改变（如骨性关节炎），则不能按此标准进行评残。

（4）生殖器损伤如阴茎缺损、阴道闭锁、生殖功能重度损伤等，所定伤残等级较高，此类情形可评定为五级残疾。

（5）未育妇女因工伤行子宫、卵巢、输卵管、乳腺等切除，所定伤残等级比已育妇女高，前者可定为五级残疾，后者只能评定为七级残疾。

（6）对面神经损伤的工伤者，应根据其于医疗期满时，面神经所支配的部位（区域）的临床表现来评定其伤残等级。

面神经损伤分中枢性（核上性）和外周性（核下性）损伤。此标准所涉及的面神经损伤主要指外周性病变。

一侧完全性面神经损伤系指面神经的5个分支（颞支、颧支、颊支、下颌缘支及颈支）支配的全部颜面肌肉瘫痪，表现为：

①额纹消失，不能皱眉；

②眼睑不能充分闭合，鼻唇沟变浅；

③口角下垂，不能示齿、鼓腮、吹口哨、饮食时汤水流逸。

不完全性面神经损伤系指出现面神经颧支损伤或下颌支损伤或颞支和颊支损伤者。

（三）劳动能力鉴定中疑难情形的处理

1. 癫痫鉴定问题

（1）继发性癫痫与工伤或职业病评残。可诊断为“继发于工伤或职业病的癫痫”，必须有工伤或职业病确切病史，有医师或其他目击者叙述或证明有癫痫的临床表现，脑电图显示异常。

（2）癫痫是一种以反复发作性抽搐或以感觉、行为、意识等发作性障碍为特征的临床症候群，属慢性病之一。因为它的临床体征较少，若无明显颅脑器质性损害则难于定性。因此，在进行评残时，应尽可能收集相关信息资料，每次鉴定时，应要求被鉴定者提供下列相关信息材料（至少两项），以供判定参考：①两年来系统治疗病历资料；②脑电图资料；③原工作单位或现工作单位组织上提供的患者平时发病情况的资料；④必要时测定血药浓度。

（3）工伤评残实际工作中，可按工伤或职业病评残的情形主要有以下两种：

①有确切的因工伤致脑外伤史（如脑挫伤、出血或缺血），导致局部脑软化，继而在若干年后形成癫痫病灶并发生癫痫。成人闭合性脑外伤后的癫痫

发病率约为 5%；严重者或开放者更高。

②有确切的职业中毒史，如铅中毒、汞中毒、一氧化碳中毒、乙醇中毒等，在此基础上可能伴发中毒性脑病，继而导致继发性癫痫。

2. 精神病鉴定问题

（1）与工伤、职业病相关的精神障碍按下列原则处理：

①精神障碍是在工伤、职业病的基础上发生的；

②精神障碍的起病时间须与工伤、职业病的发生相一致；

③精神障碍应随着工伤、职业病的改善和缓解而恢复；

④无证据显示精神障碍的发病有其他原因。

（2）可能因工伤或职业中毒引起的精神病一般有两类：一类是脑器质性精神障碍中的颅脑损伤伴发精神障碍、继发性癫痫性精神障碍；另一类是中毒所致的精神障碍。

（3）精神分裂症和躁郁症均为内源性精神病，发病主要决定于病人自身的生物学素质。在工伤与职业病过程中伴发的内源性精神病不应与工伤或职业病直接所致的精神障碍相混淆。精神分裂症和躁郁症不属于工伤或职业病性精神病。

3. 创伤性骨关节炎与先天性畸形或退行性改变的鉴别

（1）致病因素不同。创伤性骨关节炎有关节骨折史或创伤后骨坏死致关节面不平整，关节不稳的致病因素。而四肢关节软骨退行性改变和继发性骨质增生导致的骨性关节炎是一种慢性关节疾病，属非化脓性关节炎。后者软骨的老化（退化）是正常的生理性演变，可以在遗传的基础上因人而异，有的可以提前或加快，有的可以较迟发生和发展。过多的关节活动，特别是超过疲劳系数的活动，容易提前出现局部的骨性关节炎。超重可使已存在的退行性改变加速发展。病变以下肢关节及脊柱最常见。普遍人 50 岁以后原发性骨性关节炎的发病率明显增高。

（2）残疾发生的时间不同。因工伤致残畸形发生在脊柱或四肢关节骨折等损伤、感染后。先天性畸形是由先天发育不全所致，属“与生俱来”。

（3）原有或损伤部位的存在形态等不同。因工伤导致者临床表现与工伤发生过程相符（包括 X 线检查结果）。先天性畸形，X 线片显示出的形态上的改变等情形在损伤前已存在，与工伤发生过程无关（两者不存在一致性）。

4. 职业病鉴定问题

对患职业病的职工进行评残时，要注意与非法定职业性疾患或与工作有关疾病相鉴别。

适用《劳动能力鉴定　职工工伤与职业病致残等级》评残的应是法定或规定职业病。此须经具有职业病诊断权的职业病防治诊断机构诊断并经当地社会保险行政部门确认为工伤。

非法定职业性疾患或与工作有关疾病目前不属于工伤保险范围，不适用《劳动能力鉴定　职工工伤与职业病致残等级》。

医学上所称的职业病广义上是指由于工作环境中有害因素作用于人体后所引起的疾病，分为法定或规定职业病和与工作有关疾病。前者由国家和政府有关部门以法律法规形式规定了职业病范围，在该范围内，一经确诊后，就可享受政府规定的工伤保险待遇。2002 年 4 月 18 日，卫生部、原劳动保障部联合印发的《职业病目录》所列的职业病有 10 大类，共 115 种。与工作有关疾病是广义上的职业病，不具有立法上的意义，目前，我国尚未将其列入工伤保险范围，不能享受工伤保险待遇。

5. 鉴定工伤旧伤复发应注意的问题

所谓旧伤复发，是指工伤人员经治疗、伤病情已稳定或相对稳定一段时间后，又在原工伤部位（伤口）出现与原工伤致病因素有关的活动性病灶和明显体征。但原工伤的后遗症不属于旧伤复发，病人的自觉症状也不能作为旧伤复发的判定依据。因此，鉴定确认工伤旧伤复发时应注意以下几点：

（1）病人的主诉症状带有人为的主观性，不能作为工伤旧伤复发的确认依据；

（2）工伤后遗症不属于旧伤复发的范畴，如腰椎骨折后遗的腰痛不应确认为工伤旧伤复发；

（3）复发部位必须是原工伤部位或伤口；

（4）复发部位有与原工伤致病因素有关的活动性病灶等明确体征；

（5）复发疾患与原工伤部位有医学上的必然联系或相一致性，如因工负伤致股骨头、颈骨骨折，经治疗后骨折愈合，但若干月后原工伤部位出现缺血、坏死，可确认是在原工伤的基础上发展或属旧伤复发。

6. 交感性眼炎与一般葡萄膜炎的鉴别

一眼遭受穿孔性外伤后，发生非化脓性葡萄膜炎，经过一定潜伏期后，另一未受伤眼的葡萄膜也发生同样的炎症，受伤眼称为伤眼，未受伤眼称为交感眼，交感性眼炎为其总称。

交感性眼炎的病因，一般认为是与自体免疫有关的一种迟发型自体免疫疾病。其潜伏期一般为 2～8 周，也有早达 7 天的。如受伤后 3 个月未发病，则今后发生交感性眼炎的可能性一般是越来越小，但也有晚于 1 年甚至 50 年才发生的报道。

两者的鉴别：葡萄膜炎的病因与内源性的某些病灶或感染有密切关系，如结核感染、钩端螺旋体感染等；外源性则外来自病菌直接侵入葡萄膜所致，多为化脓性葡萄膜炎，如角膜溃疡穿孔，角、巩膜穿孔伤等。鉴别还要注意潜伏期的因素。

（四）操作实例

1. 颅骨骨折

病例：王某，21 岁，建筑工作。2009 年 5 月 7 日他在工作时，因安全带没系好而从 8 米高处跌落地面。他当即头部流血、昏迷，被送至医院急救。经头颅 X 线摄片确诊其为颅盖凹陷粉碎性骨折。经半年系统治疗后，他的伤口愈合，四肢肌力正常，但他常觉头痛、头晕，遗留有轻度智能损伤，半年后仍需施行颅骨修补术。请问该职工的劳动能力如何鉴定？

评残要点：评残时主要根据颅盖骨骨折的类型、范围和陷入的程度，是否伴发有脑损伤、血管损伤及其程度，是否引起智能损伤等来确认。

鉴定结论：该职工为颅盖骨凹陷粉碎性骨折，现伤口虽已愈合，但仍有轻度智能损伤，根据《劳动能力鉴定　职工工伤与职业病致残等级》评定六级伤残。

2. 脑挫伤

病例：黄某，男，系某建筑公司的合同制工人。2004 年 8 月 8 日他在建筑工地工作时，不慎被高空坠落的石块击中头部，当即意识丧失，被及时送至某大医院抢救，两小时后渐出现躁动、意识模糊及嗜睡等现象，并查出有动眼神经及外展神经麻痹等神经系统阳性体征，清醒后出现呕吐。经头颅 CT 检查，诊断为脑挫裂伤（右额叶）。由于抢救及时，治疗得当，病情恢复较好。经系统治疗半年后，现无神经系统异常体征，颅压正常，生命体征稳定，但遗留有情绪不稳等人格改变。应怎样对该职工进行评残？

评残要点：评残时主要依据其生命体征是否稳定，有无后遗症及其程度来确认。

鉴定结论：经半年系统治疗，已无神经系统阳性体征，颅压正常，生命体征稳定，故应视为停工留薪期满。由于伤者遗留有人格改变，即情感障碍，如情绪不稳、易激惹等，根据劳动能力鉴定标准，符合精神病挫伤症状有“人格改变”的规定，故可评定为八级伤残。

3. 脑外伤后癫痫

病例：邢某，男，48 岁，系广州某工具厂的机床操作工。2003 年 2 月 20 日他在操作机床时被飞轮碎块击伤头部，致开放性颅脑损伤：颅底骨折（凹陷性）、硬脑膜破裂、脑组织挫伤等，当即被送至医院抢救。经系统治疗，他的病情逐步好转，2004 年 1 月 5 日 X 光片显示颅底骨折愈合，生命体征稳定。2004 年 1 月底继发癫痫发作，经积极治疗其病情虽有所控制，但时有反复，平均每月发作 1 次，每次发作均表现为全身性强直阵挛。邢某本次工伤前没有癫痫病史。

评残要点：评残时主要根据颅脑外伤愈后癫痫发作的类型、频度等来确定。

鉴定结论：邢某有明确的严重的开放性颅脑损伤史，癫痫发作于颅脑损伤后约 1 年时，又排除其既往有癫痫史的可能性，故可确认邢某的继发性癫痫属于工伤。按其发作类型为全身性强直阵挛，发作频度为平均每月 1 次的情况，根据劳动能力鉴定标准“癫痫的诊断分级”为“中度”，属五级伤残，大部分丧失劳动能力。

4. 肝损伤

病例：洪某，男，50 岁，系广州某铝制品有限公司的保安员。2005 年 8 月12 日，洪某值班时，发现有 3 个小偷进入成品车间盗窃铝片材料，于是冲上去抓小偷，但一小偷顽抗拒抓，拿出事先准备的作案工具利刀向洪某腹部肝区刺去，洪某顽强搏斗，但终因抵挡不住，昏倒在血泊中。不久洪某即被送进市第三医院抢救，被诊断为开放性肝损伤（破裂）。经做肝修补手术等治疗，病情好转，无合并症。

评残要点：评残时主要依据肝损伤的类型、有无行肝切除治疗及其切除面积，有无做肝修补手术治疗，有无合并症（如肝脓肿、慢性进行性贫血等）等情况来确认。

鉴定结论：该职工肝损伤后做肝修补手术，病情好转，无合并症，根据劳动能力鉴定标准，可评定为十级，属部分丧失劳动能力。

5. 矽肺

病例：洪某，男，53 岁，系广州市某矿场矿石破碎工，从事该工种的工作年限已达 20 年。1999 年 6 月起洪某渐出现气短、胸闷、胸痛、咳嗽等症状。1999 年 8 月经市职业病防治医院 X 线胸片检查等，被诊断为矽肺Ⅰ期。经治疗后病情有所好转，但时有反复。2001 年 8 月起，他气短、胸闷、胸痛、咳嗽比前明显，近期还并发活动性肺结核、肺原性心脏病等，肺功能测验为中度损伤，故市职防院根据其症状和胸片上肺部结节阴影的变化等诊断其为矽肺Ⅲ期。

评残要点：评残时主要依据矽肺的分期，有无并发症及其程度等确定。

鉴定结论：该职工现已发展为矽肺Ⅲ期，并发活动性肺结核、肺原性心脏病、肺功能中度损伤。根据劳动能力鉴定标准，其符合“尘肺Ⅲ期伴肺功能中度损伤”的规定，故可评定为二级伤残。

6. 噪声性耳聋

病例：易某，女，46 岁，系某纺织厂织机操作工，从事该工种 20 年。近年来她自觉听力有所下降。2003 年 5 月 18 日她到市职业病防治医院作听力检查，表现为高频段（3 000～6 000Hz）听阈升高，语言频段 500、1 000、2 000 Hz 听力下降均超过 25 dB，其在被排除其他原因性的耳聋病史后，被诊断为噪声性耳聋。2004 年 3 月 5 日听力检查结果为：右耳 45 dBHL，左耳 50 dBHL。

评残要点：评残时主要依据有否听力障碍及其程度等来确定。

鉴定结论：根据该职工的职业史以及听力检查的结果等，诊断其为噪声性耳聋是成立的。按劳动能力鉴定标准规定，其符合“双耳听力损失≥41 dBHL”的条件，故可评定为八级伤残。

【阅读链接】

陈刚．劳动能力鉴定标准应用指南［M］．北京：中国劳动社会保障出版社，2007

思考题

1. 什么是劳动能力鉴定？
2. 劳动能力鉴定的性质和作用是什么？
3. 简述劳动能力鉴定的程序。
4. 什么是诊断和鉴定？两者有何区别？
5. 劳动能力鉴定委员会由哪些部门的代表组成？
6. 《劳动能力鉴定　职工工伤与职业病致残等级》的分级原则是什么？有几个伤残等级？
7. 护理依赖程度根据哪几项生活自理范围来确认？
8. 简述劳动能力鉴定的操作步骤和操作要点。

第五章

工伤保险待遇

本章导读

工伤保险待遇是实施工伤补偿、保障工伤职工合法权益的社会保险待遇制度，是工伤保险制度的核心内容。

通过本章学习，应当了解和掌握确定工伤保险待遇的原则和基本政策；了解和掌握工伤保险待遇项目、待遇标准、享受待遇的条件以及如何办理工伤保险待遇的审核手续和待遇支付的渠道。

第一节　工伤保险待遇概述

我国早在1951年颁布的《劳动保险条例》就对工伤职工的工伤待遇有明确的规定，但当时的待遇标准、享受的条件以及待遇的项目，都与现行的工伤保险待遇不能相提并论。因为社会在进步，经济在发展，生活水平在提高，从而工伤职工的待遇也应当随之而变化，这是实事求是的原则，也是政府关心群众生活的具体体现。

《社会保险法》和《工伤保险条例》规定的工伤保险待遇政策体现了以人为本、社会服务的理念。与过去的政策比较，突出的变化有以下几点：

一是给予工伤职工一定的经济补偿可以终止其与用人单位的劳动关系。新中国成立以来，职工的身份一直与工作单位相伴随，如果职工发生工伤，则是由单位管到终身。这种劳动用工制度使用人单位的负担越来越重，不利于各单位平等竞争。因此，减轻用人单位负担，增强社会服务功能，是各项体制改革的目标。工伤保险政策对于工伤职工来说，未达到退休年龄而劳动合同到期的，给予一定的经济补偿，可以终止劳动关系。这样做，既可以保护工伤职工的利益，给工伤职工自由择业的空间，同时也可以促进劳动制度改革向纵深发展。

二是对因工死亡职工的供养亲属条件重新做了规定。新中国成立初期，妇女很少工作，而男性工作年龄又小，因此，在过去的政策中因工死亡职工供养亲属的条件，对供养亲属为女性的，没有年龄的规定，对供养亲属为子女的，规定只供养到年满 16 周岁。而随着社会的进步和发展，现在女性已普遍走入社会参加工作，子女 16 周岁还在学校求学读书而未工作，为了正视这一现实，现行的工伤保险政策，对因工死亡职工供养亲属的条件进行了重新规定，明确了女性享受供养亲属抚恤金待遇的年龄为 55 周岁；而对子女享受供养亲属抚恤金的条件适当放宽，鼓励多学知识，提高文化素质。

三是拓宽了工伤保险待遇的支付范围。目前，工伤保险待遇的支付范围不仅包括受到事故伤害或者患职业病的职工，还拓宽到受到其他伤害的职工，如抢险救灾活动中受到伤害、复转军人旧伤复发、上下班途中受到非本人主要责任的交通事故或者城市轨道交通、客运轮渡、火车事故伤害的以及工作岗位突发疾病死亡的人员，将其纳入了享受工伤保险待遇的范围，这主要是为了鼓励职工的敬业精神、弘扬社会公德，使职工的福利待遇有所提高。总之，工伤保险待遇在不同时期有不同的待遇标准，它是随着社会的发展而扩展，视我国的经济状况和人民的生活水平而定位，充分体现了国家对工伤职工的待遇保障原则。

关键概念

工伤保险待遇是在职工受到事故伤害或者患有职业病后，获得医疗救治和经济补偿的一种保障。

一、工伤保险待遇确定原则

工伤保险待遇是职工在受到事故伤害和患职业病时获得的医疗救治和经济补偿。因此，必须保持一个相对公平和相对统一的待遇水平。

所谓相对公平，就是在制定工伤保险待遇的标准时，要充分考虑社会总体经济状况和职工总体工资收入情况，使工伤职工的待遇水平适度，既不能偏高，也不能偏低。

所谓相对统一，就是要考虑全国各地的工伤职工分布情况和地区差异，在制定政策时，对工伤保险待遇的项目和享受待遇的条件方面不能各行其是。

现行的工伤保险待遇，在待遇项目方面，国家统一进行了规定，而具体待遇标准则采取了中央和地方统筹兼顾的原则，一是要考虑相同等级的工伤职工，待遇支付比例要相同；二是要考虑工伤职工待遇与本地区职工生活水平相适应。所以现行的工伤保险待遇，既有统一的规定，又与各地的实际工资水平相衔接，给地方一定的空间。

因此，工伤保险待遇制定应当遵循以下几条原则：一是要与生产力发展水平相适应，我国还属于发展中国家，有一定的经济基础，但待遇过高与生产力发展水平不相适应，会导致社会矛盾。二是要切实维护和保障劳动者的基本权益，无论是工伤保险待遇的项目还是待遇水平都要从维护和保障劳动者的基本权益来考虑，使工伤职工得到必要的经济补偿。三是考虑新老政策的平稳过渡，这不仅牵扯到老工伤人员与新工伤人员的待遇水平衔接问题，还涉及工伤保险待遇项目的衔接。四是要有利于增强用人单位做好劳动保护和安全生产的责任。五是补偿与救助相结合。

工伤保险待遇的标准应当是随着经济发展和生活水平提高而变化，因此，工伤职工或供养亲属按月领取的长期待遇，是需要适时进行调整的，一般情况，调整工伤保险待遇是需要经过统筹地区人民政府批准的。

【阅读链接】

张伯荃. 工伤保险的基本原则和特点［G］//葛蔓. 工伤保险改革与实践. 北京：中国人事出版社，2000：31—36

二、工伤保险待遇分类

（一）工伤保险待遇按照内容分类

职工发生工伤后，所享受的待遇按照内容分类，大致分为三大类，第一类是医疗救治期间的待遇；第二类是经济补偿的待遇；第三类是生活保障的长期待遇。

1. 所谓医疗救治期间的待遇，应当包括工伤医疗待遇、住院伙食补助待遇、异地就医的交通食宿费待遇和停工留薪期待遇 4 项。工伤医疗待遇是指工伤职工在抢救治疗和康复治疗以及职业病的治疗过程中，符合国家规定范围内的住院费用和门诊费用不需要个人负担；住院伙食补助待遇是指工伤职工住院治疗工伤期间的伙食费用的补贴；异地就医的交通食宿费待遇是指经医疗机构出具证明，报统筹地区社会保险经办机构同意，工伤职工到统筹地区以外就医所需的交通、食宿费用，由工伤保险基金支付；停工留薪期待遇是工伤职工发生工伤停止工作接受治疗期间，继续享受原工资福利的待遇。

2. 所谓经济补偿的待遇，是一次性的工伤保险待遇，包括一次性伤残补助金、一次性工伤医疗补助金和一次性伤残就业补助金、一次性工亡补助金和丧葬补助金 5 项。一次性伤残补助金是在职工发生工伤以后，停工留薪期满经过劳动能力鉴定，伤残达到等级的，按照不同的伤残等级享受一次性的伤残待遇；一次性工伤医疗补助金和一次性伤残就业补助金是当工伤职工未达到退休年龄而劳动合同到期或者本人自愿解除劳动关系，因工伤医疗和就业的困难，给予的经济补偿，按照不同的伤残等级享受相应的一次性补偿；一次性工亡补助金和丧葬补助金是职工因工死亡后给予其直系亲属的经济补偿和丧葬费。

3. 所谓生活保障的长期待遇，包括伤残津贴、生活护理费、供养亲属抚恤金和配置辅助器具费 4 项。伤残津贴是指工伤职工完全丧失劳动能力或大部分丧失劳动能力时，由社会保险经办机构或用人单位按月支付的生活保障待遇。伤残津贴是对工伤职工失去工资收入的替代性补偿。生活护理费是工伤职工在进食，翻身，大、小便，穿衣，洗漱，自主行动等生活不能自理的情况下，经过劳动能力鉴定委员会确认需要依赖生活护理的费用，所以按月享受生活护理待遇。供养亲属抚恤金是生活来源主要依靠因工死亡的职工并且由因工死亡的职工生前所供养的亲属，按月领取的基本生活待遇。配置辅助器具待遇，是指帮助工伤职工恢复或提高身体功能，在允许配置的规定范围内的一些器具购置费用。

（二）工伤保险待遇按照支付项目分类

可分为两类，一类是用人单位支付项目，另一类是工伤保险基金支付项目。

1. 由用人单位支付的项目有：工伤职工停工留薪期内的工资福利待遇；五级、六级伤残职工按月领取的伤残津贴；终止或者解除劳动合同时，应当领取的一次性伤残就业补助金。

2. 由工伤保险基金支付的项目有：工伤医疗费；工伤康复费；劳动能力鉴定费；工伤预防费；工伤治疗住院期间的伙食补助费；到统筹地区以外就医的交通、食宿费；一次性伤残补助金；终止或者解除劳动合同时，应当领取的一次性医疗补助金；一至四级工伤职工按月领取的伤残津贴；生活护理费；配置辅助器具费；供养亲属抚恤金；一次性工亡补助金和丧葬补助金。

【新闻摘录】（网易新闻转载《内蒙古晨报》2010 年 12 月 29 日讯）

为了进一步发挥工伤保险基金的作用，减轻用人单位的负担，新《工伤保险条例》作了两处修改：一是将原来由用人单位支付的一次性工伤医疗补助金、住院伙食补助费和到统筹地区以外就医所需的交通、食宿费，改由工伤保险基金支付。二是为了加强工伤预防，从源头上减少工伤事故和职业病的发生，决定将工伤预防费用增列为工伤保险基金支出项目，主要用于工伤预防的宣传、培训。同时，为加强对工伤预防费的管理，保证专款专用，真正发挥预防工伤事故和职业病发生的作用，决定规定工伤预防费用的提取比例、使用和管理的具体办法，由国务院社会保险行政部门会同国务院财政、卫生行政、安全生产监督管理等部门规定。

（http：//news.163.com/10/1229/22/6P3T6A6T00014AEE.html）

第二节　工伤保险待遇标准

按照《社会保险法》确定的工伤保险待遇项目，《工伤保险条例》对工伤保险待遇标准做了明确的规定，工伤职工在工伤医疗期间的待遇标准和伤残待遇标准以及因工死亡待遇标准大部分为国家统一规定，有些授权地方政府作出规定。各省、自治区、直辖市人民政府都要根据本地区的经济社会发展情况和当地职工社会平均工资水平，来考虑工伤保险待遇的标准。下面以介绍工伤保险待遇的项目和国家统一规定的待遇标准为主，各个地区的待遇标准则需要参考本地区人民政府颁布的工伤保险待遇的政策法规。

总体而言，工伤保险待遇包括工伤医疗期间待遇、因工伤残待遇和因工死亡待遇等。

一、工伤医疗期间待遇

工伤医疗期间的待遇包括：停工留薪期待遇、工伤医疗待遇、住院伙食补助待遇、异地就医的交通食宿费待遇等。

（一）停工留薪期待遇

停工留薪期，是指职工因工负伤或者患职业病停止工作接受治疗并享受有关工伤待遇的期限。在工伤职工的伤情处于稳定或完全治愈并经过劳动能力鉴定后，停工留薪期就结束了。《工伤保险条例》第三十三条明确规定：职工因工作遭受事故伤害或者患职业病需要暂停工作接受工伤医疗的，在停工留薪期内，原工资福利待遇不变，由所在单位按月支付。由此可见，停工留薪期的长短与享受待遇的时间有直接的关系，通常停工留薪期的长短是根据工伤的伤害部位和程度以及治疗情况而定的，但也不排除每个人的体能差异和各医院的医疗技术手段的差别，伤情治愈的时间长短不一，因此，停工留薪期的长短又要根据每个人的不同情况而定。《工伤保险条例》规定：停工留薪期一般不超过 12 个月，伤情严重或者情况特殊，经设区的市级劳动能力鉴定委员会确认，可以适当延长，但延长不得超过 12 个月。

由于停工留薪期内原工资福利不变，所以既要防止工伤职工小伤大养的无理要求，又要保证工伤职工的切身利益不受到侵害。当工伤职工提交了指定的医疗机构出具的休假证明，要求延长停工留薪期的，用人单位如果不同意延长，应当由用人单位向设区的市级劳动能力鉴定委员会提出确认的要求，被确认的可以适当延长工伤职工的停工留薪期。若确认停工留薪期不需要延长的，工伤职工在劳动能力鉴定委员会作出最后确认结论之前的休假，也应视为停工留薪期，但自作出确认停工留薪期不需要延长的结论之日起，停工留薪期待遇应当停止。

【案例 5—1】

郭某，女，40 岁。2004 年 9 月 2 日郭某因工致左足跟骨骨折，经两个月治疗后骨折愈合良好，对线对位好。2005 年 1 月份，市劳动能力鉴定委员会鉴定确认其医疗终结时间至 2005 年 1 月 2 日止，鉴定为伤残十级。同年 1 月 15 日公司将此鉴定结论告知郭某，并两次给她发出书面复工通知书，但她既不提供病假建议书，也不说明休假的任何理由，擅自休假两个多月。单位认为她属“无正当理由经常旷工”，于 2005 年 4 月 8 日对其作出除名处理。此时她才提出她是工伤职工，不需提供病假建议书也可作休假的“理由”。

停工留薪期长短视工伤治疗程度而定。郭某工伤后，市劳动能力鉴定委员会已确认其医疗终结时间至 2005 年 1 月 2 日止，工伤医疗期间可享受停工留薪期待遇、工伤医疗待遇等，但医疗终结并经劳动能力鉴定后则不再享受停工留薪期待遇（经鉴定确认为旧伤复发者除外），除一至四级伤残外，其他伤残等级的工伤者都应按单位的要求复工，工伤职工不能不经单位批准擅自休病假。

（二）工伤医疗待遇

所谓工伤医疗待遇，是指职工因工负伤或者患职业病进行治疗所享受的工伤医疗待遇，如挂号费、诊疗费、治疗费、医药费、包括住院期间的取暖、空调费等在内的住院费，如果上述费用符合工伤保险诊疗项目目录、工伤保险药品目录、工伤保险住院服务标准的，应当全额给予报销，个人不需要承担费用。为了做到报销过程的公正和客观，实现规范化、标准化管理，工伤保险诊疗项目目录、工伤保险药品目录和工伤保险住院服务标准都由国务院社会保险行政部门会同国务院卫生行政部门、食品药品监督管理部门等部门统一制定。工伤保险所规定的目录和标准与基本医疗保险所规定的目录和标准既有相同之处，又有较大差别。这是因为职工受到事故伤害或患职业病属于因工负伤，与患疾病有所不同，具有特殊性，而且多属于外因致伤，抢救治疗得越及时，留下的残疾也就越轻。因此，国家在制定目录和标准时，要根据工伤的特点和治疗工伤的实际需要，并结合我国的社会经济发展水平和工伤保险基金的承受能力来综合地考虑，保障水平略高于基本医疗保险所规定的目录和标准，确保能满足工伤职工抢救治疗的需要。

值得注意的是，《工伤保险条例》规定，社会保险行政部门作出认定为工伤的决定后发生行政复议、行政诉讼的，行政复议和行政诉讼期间不停止支付工伤职工治疗工伤的医疗费用。之所以如此规定，是因为从实践看，社会保险行政部门作出工伤认定决定后，用人单位或者工伤职工及其近亲属，均有可能对工伤认定产生不同意见，这类行政复议、行政诉讼的案件越来越多，如何保障产生争议的工伤职工的合法权益已经成为一个亟待解决的问题。为了保障这部分工伤职工的合法权益，避免因行政复议、行政诉讼而出现工伤职工治疗工伤的医疗费用没有着落，进而影响甚至耽误治疗，在 2010 年对《工伤保险条例》进行修订时增加了上述规定。

（三）其他待遇

工伤职工住院治疗工伤或进行工伤康复治疗期间，除医疗费用全额报销外，还享受住院伙食补助的待遇，以及经医疗机构出具证明，报统筹地区社会保险经办机构同意，工伤职工到统筹地区以外就医所需的交通、食宿费用，由工伤保险基金支付，基金支付的具体标准由统筹地区人民政府规定。在停工留薪期内因伤情所致，生活不能自理需要护理的，可以向用人单位提出要求，由用人单位解决其护理问题。这些待遇都是考虑到工伤给职工带来的额外负担而给予工伤职工的补偿。

【阅读参考】

《工伤保险条例》规定停工留薪期内的生活护理由工伤职工所在单位负责，一方面是职工在生产劳动过程中因工受伤、致残、患职业病所遭受的损失应获得补偿，不应由职工负担；另一方面是由于在停工留薪期内，工伤职工的医疗尚未终结，尚未评定伤残等级，无法确定具体的伤残待遇。基于两方面原因，工伤职工在停工留薪期内需要生活护理的，应由所在单位负责，而不应由工伤职工本人负责，也不应由工伤保险基金负担费用。

二、因工伤残待遇

（一）一次性伤残补助金待遇

一次性伤残补助金待遇是1996年工伤保险制度改革后新增加的一项待遇，此政策出台后因工负伤或者被诊断为职业病的工伤职工能够享受这个待遇。所谓一次性伤残补助金待遇，是指对工伤职工因工负伤或者患职业病对身体造成伤残所给予的补偿，按照工伤职工不同的伤残等级确定不同的补偿金额。职工负伤一次给予其一次补偿，而负伤后旧伤复发导致伤残等级发生变化的，不再支付给职工一次性伤残补助金。工伤职工经劳动能力鉴定委员会鉴定，伤残达到等级所享受的一次性伤残补助金待遇从工伤保险基金按伤残等级支付。《工伤保险条例》中规定标准为：一级伤残为27个月的本人工资，二级伤残为25个月的本人工资，三级伤残为23个月的本人工资，四级伤残为21个月的本人工资，五级伤残为18个月的本人工资，六级伤残为16个月的本人工资，七级伤残为13个月的本人工资，八级伤残为11个月的本人工资，九级伤残为9个月的本人工资，十级伤残为7个月的本人工资。伤害致残的等级越高，享受的一次性伤残补助金待遇也越高。

关键概念

一次性伤残补助金标准中本人工资，是指工伤职工因工作遭受事故伤害或患职业病前12个月本人平均月缴费工资。

工伤保险待遇所涉及的月缴费工资是指用人单位给职工缴纳工伤保险费

时，所提供给社会保险经办机构职工工资的金额数，职工工资应当包括用人单位支付给职工的全部劳动报酬。在计划经济时期，工资的概念比较单一，而现阶段工资所涉及的范畴已发生了变化，我们通常把劳动报酬作为工资，也称为缴费工资。如果本人工资低于统筹地区职工平均工资60%的，按照统筹地区职工平均工资60%计算，如果本人工资高于统筹地区职工平均工资300%的，按照统筹地区职工平均工资300%计算。

（二）伤残津贴待遇

所谓伤残津贴待遇，是指工伤职工完全丧失劳动能力或是大部分丧失劳动能力时，由社会保险机构或用人单位为保障其基本生活，按月支付的保障待遇。这项待遇支付到退休年龄或未到退休年龄但死亡时为止。

工伤职工经劳动能力鉴定委员会鉴定伤残达到一至四级属于完全丧失劳动能力的，用人单位应当与其保留劳动关系，也就是说，一至四级工伤职工除达到退休年龄办理退休手续或死亡外，用人单位不得与他们终止劳动关系。工伤职工退出工作岗位，但仍和原单位保留劳动关系并按月享受伤残津贴待遇。对于一至四级工伤职工的伤残津贴，《工伤保险条例》规定，从工伤保险基金按月支付伤残津贴，标准为：一级伤残为本人工资的90%，二级伤残为本人工资的85%，三级伤残为本人工资的80%，四级伤残为本人工资的75%；伤残津贴实际金额低于当地最低工资标准的，由工伤保险基金补足差额。

工伤职工经劳动能力鉴定委员会鉴定伤残达到五至六级的，属于大部分丧失劳动能力，用人单位应当为其安排适当的工作，这是在当前劳动力供大于求的情况下，劳动行政部门从保护职工合法权益的立场出发给用人单位提出的要求。如果用人单位经营状况不好，处于濒临破产状态，或因工伤职工的伤残状况不适宜从事本单位工作的，或者对难以安排工作、本人又没有提出与用人单位解除或终止劳动关系的，由用人单位按月发给伤残津贴，伤残津贴的标准在《工伤保险条例》中规定：五级伤残为本人工资的70%；六级伤残为本人工资的60%。伤残津贴的实际金额不得低于当地最低工资标准，如果低于当地最低工资标准的，应当由用人单位补足差额。为了能够保证工伤职工的基本生活水平，同时又让工伤职工分享社会经济的发展成果，《工伤保险条例》规定各统筹地区要根据职工的平均工资和生活费用变化等情况来适时调整伤残津贴。

（三）生活护理费待遇

生活护理费是对已完全丧失劳动能力、生活长期不能自理、需要别人护理的工伤职工所给予的一种补偿。《社会保险法》第三十八条规定，工伤职工已经评定伤残等级并经劳动能力鉴定委员会确认需要生活护理的，从工伤保险基金中按月支付生活护理费。《工伤保险条例》中规定生活护理费按照生活完全不能自理、生活大部分不能自理或者生活部分不能自理 3 个不同等级支付，其标准分别为统筹地区上年度职工月平均工资的 50％、40％或者 30％。将生活护理费的基数定为统筹地区上年度职工月平均工资，主要是考虑发生工伤后，工伤职工对护理的依赖程度主要取决于伤残的严重程度，而与本人对社会的贡献、收入的高低等因素无关。支付生活护理费的目的，是为了减轻伤残职工及其家庭因护理而产生的经济负担。因此，从社会保险的公平性角度出发，护理费待遇的计发基数是统筹地区的职工平均工资，而不是伤残职工本人的工资。

如果伤残程度发生了变化，劳动能力鉴定委员会重新作出伤残评定，例如，原来被评定为五级伤残，现在伤残程度加重了，被重新评定为二级伤残，那么劳动能力鉴定委员会就应当及时确定是否具有生活护理障碍，并确定护理等级。

《工伤保险条例》还规定了各统筹地区社会保险行政部门要根据职工的平均工资和生活费用变化等情况，适时调整生活护理费，使工伤职工的生活护理得到切实的保障。

（四）配置辅助器具待遇

所谓配置辅助器具待遇，是指帮助工伤职工恢复或提高身体功能，在允许配置的规定范围内的一些器具购置费用，按照《社会保险法》的规定，此项费用由工伤保险基金支付，不需要工伤职工个人负担。但应当指出，这项待遇是以配置器具作为补偿的，不能变相折算成现金发放。职工受到事故伤害后，可能造成身体器官缺损和生理功能等方面的障碍，工伤职工享受配置辅助器具的待遇，是为了恢复和提高工伤职工的身体功能，满足其日常生活或就业的需要。比如安装假肢、矫形器、假眼、假牙，配置轮椅、拐杖等辅助器具。由于辅助器具档次不同，价位高低不等，需要从各地生活水平和经济状况实际出发，对工伤职工配置的辅助器具费用进行适当的控制和调节，工伤职工经确认可以配置的辅助器具在规定的费用范围内应当给予报销。需要强调的是配置辅助器具主要是考虑工伤职工日常生活或就业的需要，恢复和提高病人的身体功能，尽量减轻因器官缺损导致的心理障碍或者伤残者生活质量的降低。而对于其他从美容、美观角度考虑所需要的一些不合理配置项目，都不属于配置辅助器具待遇范围。

工伤职工配置辅助器具应当经劳动能力鉴定委员会确认。这是为了加强对辅助器具配置过程中不合理行为的控制，保证提供有效服务。另外，根据《工伤保险条例》第四十七条的规定，社会保险经办机构对辅助器具配置机构以签订协议的方式进行管理，以引入竞争机制，促使辅助器具配置机构提高服务质量。因而，工伤职工如需配置辅助器具，应到与社会保险经办机构签订服务协议的机构配置有关辅助器具。

（五）一次性工伤医疗补助金和一次性伤残就业补助金待遇

一次性工伤医疗补助金和一次性伤残就业补助金待遇是在1996年工伤保险制度改革后新增加的一项待遇，主要是考虑工伤职工因为伤残给就业带来了困难而给予其的一次性待遇。无论是何时发生的工伤，只要是在1996年工伤保险制度改革后终止或解除劳动关系的，就可以按照规定享受这项待遇。

依据《社会保险法》和《工伤保险条例》的规定：伤残达到五至六级的工伤职工，本人提出与用人单位解除或终止劳动关系时，以及伤残达到七至十级的工伤职工，劳动合同期满终止或工伤职工本人提出解除劳动合同时，由工伤保险基金支付一次性工伤医疗补助金和用人单位支付一次性伤残就业补助金待遇。这是考虑到工伤职工在伤情治愈或医疗服务终结后，有可能伤病发生新的变化需要治疗，以及可能在今后求职就业中与非工伤人员相比会存在一定的困难所给予工伤职工的经济补偿。

考虑到各地的经济发展水平存在较大差异所决定的医疗消费水平和生活水平的差异，各地的就业岗位和就业形势对工伤职工就业带来的困难也是不一样的，所以，《工伤保险条例》授权省、自治区、直辖市人民政府根据当地的具体情况制定本地区的一次性工伤医疗补助金和一次性伤残就业补助金的标准。不同的地区，待遇的标准不尽相同。

三、因工死亡待遇

按照《社会保险法》第三十八条第八项规定，职工因工死亡，其近亲属可从工伤保险基金领取丧葬补助金、供养亲属抚恤金和一次性工亡补助金。

（一）丧葬补助金

因工死亡职工的丧葬补助金标准高于非因工死亡的职工的丧葬费，这是《劳动保险条例》形成的惯例，主要是为了更好地安抚因工死亡职工的近亲属。按照中央国家机关和北京市的标准，一般职工死亡的丧葬费为 5 000 元，而因工死亡职工的丧葬费为 6 个月的统筹地区上年度职工月平均工资。

职工因发生事故或职业中毒时抢救无效直接死亡的，职工因事故伤害或患职业病在停工留薪期内还未进行伤残等级鉴定就死亡的，以及工伤职工鉴定伤残为一至四级后死亡的，都应当按照因工死亡给付其近亲属丧葬费。

【阅读参考】

按照民事法律的规定，近亲属包括配偶、父母、子女、兄弟姐妹、祖父母、外祖父母、孙子女、外孙子女。《社会保险法》第四十九条进一步规定，个人死亡同时符合领取基本养老保险丧葬补助金、工伤保险丧葬补助金和失业保险丧葬补助金条件的，其遗属只能选择领取其中的一项。

（二）供养亲属抚恤金

工伤职工因工死亡，符合享受条件的近亲属应当享受供养亲属抚恤金待遇。供养亲属抚恤金是按照工亡职工本人生前工资的一定比例计发的，具体标准为配偶每月 40%，其他亲属每人每月 30%。孤寡老人或孤儿每人每月在上述标准的基础上增加 10%，也就是说配偶每月 50%，其他亲属每人每月 40%。如果工亡职工生前供养几个近亲属，在初次核定时，各供养亲属抚恤金之和不得高于工伤职工本人生前的工资。在以后调整供养亲属抚恤金时，不受此限制。

供养亲属是指完全或大部分依靠工亡职工生前提供主要生活来源、无劳动能力的亲属，既包括血亲也包括姻亲，既包括近亲属也包括旁系亲属，既包括生理血亲也包括拟制血亲（如继父母与继子女、养父母与养子女等）。供养亲属的具体范围，由国务院社会保险行政部门规定。这些亲属中谁有资格享受抚恤金，通过有无劳动能力且是否主要依靠工亡职工生前抚养来确定。

供养亲属抚恤金按照抚养亲属的人数和一定比例发放。该待遇属于长期待遇，供养亲属具备或恢复劳动能力，或者供养亲属死亡时，供养亲属抚恤金停止发放。为了能够保持供养亲属的基本生活水平，国家规定供养亲属抚恤金标准，由统筹地区社会保险行政部门根据本地区职工平均工资和生活费用变化等情况，适时进行调整。

（三）一次性工亡补助金

《工伤保险条例》规定一次性工亡补助金是上一年度全国城镇居民人均可支配收入的20倍。

2004年《工伤保险条例》规定，一次性工亡补助金标准为48～60个月的统筹地区上年度职工月平均工资。按照这一规定，目前全国的平均水平为10万元左右，部分地区的水平还低于10万元，不仅难以保障工亡职工供养亲属的基本生活，也削弱了用人单位的参保积极性。为了保障工亡职工的合法权益，新《工伤保险条例》将一次性工亡补助金标准调整为上一年度全国城镇居民人均可支配收入的20倍。按照2010年的水平计算，约为38万元。

【新闻摘录】（新华社北京7月23日电）

中国政府网23日全文公布了《国务院关于进一步加强企业安全生产工作的通知》。通知要求提高工伤事故死亡职工一次性赔偿标准。从2011年1月1日起，依照《工伤保险条例》的规定，对因生产安全事故造成的职工死亡，其一次性工亡补助金标准调整为按全国上一年度城镇居民人均可支配收入的20倍计算，发放给工亡职工近亲属。同时，依法确保工亡职工一次性丧葬补助金、供养亲属抚恤金的发放。

（http：//news. xinhuanet. com/politics/2010－07/23/c _ 12367765. htm）

需要注意的是，一次性工亡补助金与一次性伤残补助金待遇相类似，都是一次性支付的工伤补偿待遇，其计发标准也相似，所以对于一至四级伤残职工在停工留薪期后死亡的，《工伤保险条例》只规定其近亲属可以按照规定领取丧葬补助金和供养亲属抚恤金，而没有规定可以领取一次性工亡补助金。

第三节　工伤保险待遇支付

一、享受待遇的对象和条件

(一) 享受工伤保险待遇的对象

享受工伤保险待遇的对象是职工因工负伤、致残或因工死亡时，工伤人员本人或因工死亡职工生前供养的近亲属。1996 年实行工伤保险制度改革时规定，凡是实行工伤保险社会统筹并经过劳动行政部门认定为工伤的职工，才可以根据不同的情况享受不同的工伤保险待遇。

(二) 享受工伤保险待遇的条件

对于伤残职工，除工伤医疗待遇主要是根据医疗机构的诊疗确定外，其他待遇都要根据工伤职工伤残的鉴定等级而定。伤残等级在一至十级的工伤职工，如果旧伤复发导致伤情发生变化，随之鉴定结论也发生变化的，除一次性伤残补助金待遇不重新享受外，其他相关的工伤保险待遇也要随之变化。例如，过去没有护理依赖而伤残等级变化后需要护理依赖的，或者提高了护理依赖级别的，就可以享受相应等级的生活护理费待遇；过去没有达到一至四级享受伤残津贴而伤残等级变化后达到了一至四级的以及没有达到退休年龄的，都可以享受伤残津贴。

对于因工死亡职工的供养亲属，享受待遇的范围和条件，在 50 年代就有明确规定，而几十年过去了，情况发生了很大的变化，因此，《工伤保险条例》赋予国务院社会保险行政部门重新作出规定的权力。在 2003 年原劳动和社会保障部令第 18 号中，将供养亲属的范围和享受供养亲属抚恤金待遇的条件作了详细规定。因工死亡职工供养亲属是指该职工的配偶、子女、父母、祖父母、外祖父母、孙子女、外孙子女、兄弟姐妹。子女包括婚生子女、非婚生子女、养子女和有抚养关系的继子女，其中，婚生子女、非婚生子女包括遗腹子女；父母包括生父母、养父母和有抚养关系的继父母；兄弟姐妹包括同父母的兄弟姐妹、同父异母或同母异父的兄弟姐妹、养兄弟姐妹、有抚养关系的继兄弟姐妹。这些人员首先必须依靠因工死亡职工生前提供主要生活来源的，而且有以下情况之一的，才可以享受供养亲属抚恤金待遇。因工死亡职工配偶男性年满 60 周岁、女性年满 55 周岁；因工死亡职工父母男性年满60周岁、女性年满55周岁；因工死亡职工子女未满18周岁；因工死亡职工父母均已死亡，其祖父、外祖父年满60周岁，祖母、外祖母年满55周岁；因工死亡职工子女已经死亡或完全丧失劳动能力，其孙子女、外孙子女未满18周岁；因工死亡职工父母已经死亡或完全丧失劳动能力，兄弟姐妹未满18周岁。是否属于完全丧失劳动能力，需要经过因工死亡职工生前单位所在地设区的市级劳动能力鉴定委员会鉴定作出结论。

【阅读链接】

胡晓义. 工伤保险条例释义与实务［M］. 北京：中国劳动社会保障出版社，2011：220—222

二、待遇的核定

工伤职工享受的工伤保险待遇中，有些是工伤职工按照政策规定应当享受而不需要审核的，例如，工伤职工住院期间的伙食补助费，只要是在医院住院治疗工伤，工伤保险经办机构就应当按照住院的天数发放伙食补助。

有些是需要社会保险经办机构进行审核的，这些项目有两种审核形式。

一种是根据相关材料作为依据进行待遇核定的项目，如一次性伤残补助金、一至四级工伤职工的伤残津贴、生活护理费、丧葬补助金、一次性工亡补助金、供养亲属抚恤金等。这些待遇无论用人单位是否参加工伤保险，都需要进行核定，因为这是工伤职工享受待遇的凭据。因工负伤致残的工伤职工的一次性伤残补助金、一至四级工伤职工的伤残津贴和生活护理费的核定，要等劳动能力鉴定有结论之后。而因工死亡职工，其近亲属领取的丧葬补助金、一次性工亡补助金和供养亲属抚恤金，应当自收到工伤认定结论书后，到统筹地区的社会保险经办机构进行审核。凡参加工伤保险的，由用人单位负责到社会保险经办机构办理审核手续，若应当参加工伤保险而未参加工伤保险的，工伤职工个人或其近亲属也可以直接到统筹地区的社会保险经办机构进行审核。

另一种是根据一些票据进行审核的项目，如工伤医疗待遇、工伤康复待遇、配置辅助器具待遇等。无论是哪一种待遇的核定，都直接关系到工伤职工的切身利益，同时也关系到工伤保险基金的合理支付，所以社会保险经办机构进行审核时，准确把握工伤保险待遇的标准和工伤保险待遇的政策是十分重要的。

三、待遇支付渠道

工伤保险待遇国家规定由两种渠道支付，对已参加工伤保险的用人单位，职工发生工伤，大部分工伤保险待遇的支付渠道是由工伤保险基金支付，另一部分工伤保险待遇的支付渠道是由用人单位支付。采取两种支付渠道既体现了共济的原则，又没有完全免除用人单位支付工伤保险待遇的责任，意在分散用人单位工伤风险的同时，引导用人单位增强安全生产和劳动保护的责任感，更好地降低工伤风险，从而保护劳动者职业安全。而对应当参加工伤保险而未参加工伤保险的用人单位职工发生工伤的，《社会保险法》规定，由用人单位支付工伤保险待遇；用人单位不支付的，从工伤保险基金中先行支付。从工伤保险基金中先行支付的工伤保险待遇应当由用人单位偿还；用人单位不偿还的，社会保险经办机构可以依照《社会保险法》第六十三条的规定追偿。

（一）由用人单位支付渠道支付的工伤保险待遇

由用人单位支付渠道支付的工伤保险待遇项目有：工伤职工停工留薪期内的工资福利待遇；五级、六级伤残职工按月领取的伤残津贴；终止或者解除劳动合同时，应当领取的一次性伤残就业补助金。

五级、六级工伤职工按月领取的伤残津贴由用人单位负责支付，是考虑五至六级工伤职工属于大部分丧失劳动能力。需要着重指出的是，对于大部分丧失劳动能力的工伤职工，用人单位应当与其保留劳动关系，安排适当的工作，工伤职工按照劳动成果领取劳动报酬，使其回归社会，这对职工本人、用人单位和国家都具有十分积极的作用。如果用人单位不能安排工作，不能将其推向社会救助，则应当由用人单位支付伤残津贴待遇。

为保障工伤职工本人主动解除或者终止劳动关系的权利不受限制，经工伤职工本人提出，可以与用人单位解除或者终止劳动关系，由用人单位向其支付一次性伤残就业补助金。实行这个补助，是为了使工伤职工在寻找到新的工作以前，基本生活开支有必要的保障。

（二）由工伤保险基金支付渠道支付的工伤保险待遇

由工伤保险基金支付渠道支付工伤保险待遇的项目有：符合规定的工伤医疗费、工伤康复费、劳动能力鉴定费、工伤治疗住院期间的伙食补助费；到统筹地区以外就医的交通费和食宿费；一次性伤残补助金；终止或者解除劳动合同时，应当领取的一次性医疗补助金；一至四级工伤职工按月领取的伤残津贴；生活护理费、配置辅助器具费、供养亲属抚恤金、一次性工亡补助金和丧葬补助金。

【阅读参考】**为什么要支付伙食补助费和到统筹地区以外就医的交通费和食宿费？**

可能会有些人不理解，职工治疗工伤与治疗疾病，虽说同是在医院住院，但有着性质上的区别。因为，住院的伙食花销要比在家里的大，如果不是因工负伤，则不会给职工增加这个负担，为保障工伤职工在住院期间的生活水平不降低，又不过多地增加其经济负担，所以由工伤保险基金负责支付。

为了加强基金的管理，使工伤保险基金能够合理的支付，《工伤保险条例》规定，承担工伤职工医疗和辅助器具配置的机构，要由统筹地区社会保险经办机构与其签订服务协议，工伤医疗费、工伤康复费以及辅助器具配置费，由社会保险经办机构与工伤医疗服务机构和辅助器具配置机构直接结算。

四、特定的待遇支付

以上的工伤保险待遇的支付是对于一般性和普遍性而言，而对于特殊性的问题是不适用的，还必须按照特殊情况进行特殊处理。

（一）被派往国外、境外工作期间发生工伤的待遇支付

随着我国对外经济交往的扩大，如何妥善处理涉外社会保险关系是摆在我们面前的一个重要课题。国际上，工伤保险没有互免协议。一些国家法律规定，前往该国工作期间，必须依照该国的法律参加工伤保险。国内的工伤保险与境外的工伤保险在保障的性质和作用方面大体相同，但在保险的项目、标准和支付方式上存在差异。从保障与管理的角度出发，《工伤保险条例》规定，职工被派遣出境工作，依据前往国家或者地区的法律应当参加当地工伤保险的，参加当地工伤保险，其国内工伤保险关系中止，待回国后工伤保险关系接续；对于在境外不能参加工伤保险的，其国内工伤保险关系不中止，继续按照国内工伤保险法律规定执行，包括工伤保险费的缴纳、工伤认定、劳动能力鉴定、待遇的给付等。

（二）用人单位是非法主体，或虽用人单位是合法主体，但雇佣童工的工伤待遇支付

如果用人单位是非法主体，既未取得工商行政管理部门核发的营业执照，又未经依法登记、备案，或被依法吊销营业执照，或者撤销登记、备案的单位，雇用人员生产经营；或虽属于合法单位主体，但雇用了不满16周岁的童工从事生产经营，一旦发生人身伤害或患职业病，雇主应当承担赔偿责任，受伤害人员及其近亲属不享受工伤保险待遇，而是得到雇主的一次性赔偿。赔偿的标准人力资源和社会保障部已有明确规定。

2010年12月31日，人力资源和社会保障部颁布的《非法用工单位伤亡人员一次性赔偿办法》（人力资源和社会保障部令第9号）规定：职工或童工受到事故伤害或者患职业病，在劳动能力鉴定之前进行治疗期间的生活费按照统筹地区上年度职工月平均工资标准确定，医疗费、护理费、住院期间的伙食补助费及所需的交通费等费用按照《工伤保险条例》规定的标准和范围确定，并全部由伤残职工或童工所在单位支付。另外，由于对这类不合法的用工行为要带有一定的处罚性质，所以一次性赔偿金额高于工伤保险待遇的水平。一次性赔偿具体标准是：以单位所在工伤保险统筹地区上年度职工年平均工资为赔偿基数，一级伤残的为赔偿基数的16倍，二级伤残的为赔偿基数的14倍，三级伤残的为赔偿基数的12倍，四级伤残的为赔偿基数的10倍，五级伤残的为赔偿基数的8倍，六级伤残的为赔偿基数的6倍，七级伤残的为赔偿基数的4倍，八级伤残的为赔偿基数的3倍，九级伤残的为赔偿基数的2倍，十级伤残的为赔偿基数的1倍。

受到事故伤害或者患职业病造成死亡的，按照上一年度全国城镇居民人均可支配收入的20倍支付一次性赔偿金，并按照上一年度全国城镇居民人均可支配收入的10倍一次性支付丧葬补助等其他赔偿金。

同时，为保证非法用人单位伤亡人员的合法权益得到保障，《非法用工单位伤亡人员一次性赔偿办法》明确规定，单位拒不支付一次性赔偿的，伤残职工或者死亡职工的近亲属、伤残童工或者死亡童工的近亲属可以向人力资源和社会保障行政部门举报。经查证属实的，人力资源和社会保障行政部门应当责令该单位限期改正。

【案例5—2】

农民工姚某自2006年4月起，受朱某招用，在其开办的采砂场打工，从

事驾驶装载机、挖掘机的工作。该采砂场没有经过土地、水利、工商等行政管理部门的批准，未办理工商登记。2009 年 6 月 1 日，姚某驾驶挖掘机向另一员工王某驾驶的汽车上装砂子。期间，因挖掘机出现故障，姚某在停车后检查时，被王某后退的汽车尾部撞中头部，致其当场死亡。事故发生后，公安局介入调查，对肇事人王某以涉嫌过失致人死亡罪刑事拘留。死者家属就姚某死亡赔偿事宜同朱某存在重大分歧，经多次协商未果，遂委托律师通过法律程序解决。

2009 年 12 月 16 日，本案从仲裁至一审诉讼，历时近半年，先后经过六次调解及三次自行协商后，最终法院依照《非法用工单位伤亡人员一次性赔偿办法》所规定的一次性赔偿数额作出判决。

（三）用人单位破产、倒闭的工伤待遇支付

《工伤保险条例》规定，企业破产的，在破产清算时优先拨付依法应由单位支付的工伤保险待遇费用。

企业因不能清偿到期债务而被依法宣告破产的，以及因营业期限届满等原因解散的，应当依法进行财产清算。我国法律规定，清算财产能够清偿企业债务的，按法定程序分别支付清算费用、职工工资和劳动保险费用，缴纳所欠税款，清偿公司债务。可见，法律对破产、解散企业职工的社会保险权益是给予优先保障的，《工伤保险条例》的规定与法律的规定是一致的。

对于已参加工伤保险的破产、解散企业，按照规定应当由其向本企业工伤职工及工亡职工供养亲属支付的各项工伤保险待遇及按期应缴纳的工伤保险费等费用，列入第一顺序清偿；对于未参加工伤保险的破产、解散企业，《工伤保险条例》规定的其他各项工伤保险待遇费用，应当由企业负担，并按照第一顺序优先清偿。

（四）涉及第三方责任赔偿的工伤待遇支付

工伤保险的一个基本原则是雇主责任而职工无过错责任的原则。在工伤事故或职业病发生之后，无论职工有无过错，都需要由雇主承担待遇支付的责任。如果用人单位参加了工伤保险社会统筹，则雇主通过工伤保险统筹基金承担待遇支付责任，职工无论责任大小，都有权享受工伤保险待遇。那么，工伤保险属于无责任赔偿，就应当考虑工伤保险的公平性，所以，对于两名职工发生工伤，无论自己有无责任，所获得的待遇水平应该是一样的。这样就不难看出，无责任的职工如果获得了第三方责任的赔偿，有责任的职工得

不到，就有失工伤保险的公平性。因此，无责任的职工涉及第三方赔偿既要追偿，工伤职工又不能兼得，但不包含属于赔偿老人或子女抚养费的部分。

【阅读链接】

尹蔚民. 中华人民共和国社会保险法释义［M］. 北京：中国劳动社会保障出版社，2010：165—167

(五) 工伤保险与人身意外伤害保险的关系

对于用人单位既为职工缴纳了工伤保险费，又为职工缴纳了意外伤害商业保险的，当职工发生工伤后，对于工伤医疗费用，无论在社会保险还是在商业保险的哪一方报销的，工伤医疗费用是不能重复支付的。而对于工伤职工的其他待遇，只有是意外伤害险的赔付是可以兼得的，因为商业保险是一种自愿的行为，可以作为补充保险来看待。

【阅读链接】

王应昌. 工伤保险与人身保险不容混淆［G］//葛蔓. 工伤保险改革与实践. 北京：中国人事出版社，2000：37—40

五、工伤保险待遇与基本养老保险待遇的衔接

《社会保险法》规定，工伤职工符合领取基本养老金条件的，停发伤残津贴，享受基本养老保险待遇。基本养老保险待遇低于伤残津贴的，从工伤保险基金中补足差额。

(一) 符合领取基本养老金条件的，应停发伤残津贴

根据《社会保险法》第十六条的规定，参加基本养老保险的职工符合两个条件，即可享受基本养老保险待遇：一是达到法定退休年龄，一般为男 60 周岁、女干部 55 周岁、女工人 50 周岁。二是按照规定累计缴纳基本养老保险费满 15 年。享受伤残津贴待遇的工伤职工，如果达到了领取基本养老金的条件，将不再享受伤残津贴待遇，转而享受基本养老保险待遇。之所以如此规定，主要是工伤保险提供的伤残津贴是对工伤职工收入损失的替代补偿，工伤职工达到退休年龄，已经不属于劳动就业人群范围，超过退休年龄不应再享受伤残津贴，而应享受基本养老保险待遇。

（二）不符合领取基本养老金条件的，继续享受伤残津贴

享受伤残待遇的工伤职工，可能因不符合缴纳基本养老保险费年限条件而不能享受基本养老保险待遇。在这种情况下，则应继续享受伤残津贴。比如，根据《工伤保险条例》规定，职工因工致残被鉴定为一级至四级伤残的，要由用人单位和职工个人以伤残津贴为基数，缴纳基本医疗保险费，未规定应缴纳基本养老保险费。因此，一级至四级伤残职工可能缴纳基本养老保险费的年限达不到领取基本养老金的最低年限，从而不符合领取基本养老金的条件。

（三）基本养老保险待遇和伤残津贴待遇相比补差

在享受伤残津贴待遇的工伤职工转为享受基本养老保险待遇时，应将基本养老保险待遇与伤残津贴进行一次对比。对比的目的是，确保工伤职工享受的基本养老保险待遇不低于伤残津贴待遇。如果工伤职工享受的基本养老保险待遇低于伤残津贴的，那么依据《社会保险法》第四十条规定，应当按照伤残津贴标准，从工伤保险基金中补足差额。这样规定，是为了保障工伤职工的待遇不因为转为享受基本养老保险待遇而受损。在具体操作中，可以由工伤保险基金将补足部分转入养老保险基金后，按月向工伤职工发放。

第四节　停止享受待遇原则

一、停止支付待遇的情形

《社会保险法》第四十三条规定：“工伤职工有下列情形之一的，停止享受工伤保险待遇：（一）丧失享受待遇条件的；（二）拒不接受劳动能力鉴定的；（三）拒绝治疗的。”也就是说工伤职工享受工伤保险待遇并不是无条件的，当工伤职工出现法律法规指出的违禁行为，有关管理部门有权对其作出停止享受待遇的决定。

（一）丧失享受待遇条件的

工伤保险制度保护的对象是一个特定的人群——工伤职工，旨在保障工伤职工遭受事故伤害、职业病，丧失或者部分丧失劳动能力时的医疗救治和

经济补偿权益。当他丧失享受条件时，就应该终止享受待遇。例如，工伤职工伤情治愈后，工伤医疗待遇就不再享受，只有旧伤复发医治的费用才可以报销。如果工伤职工在享受伤残津贴期间情况发生变化，不再具备享受伤残津贴的伤残等级，也要停止享受伤残津贴待遇。对于申请领取供养亲属抚恤金待遇的人员或已经领取供养亲属抚恤金待遇的人员，如果供养亲属是子女、孙子女、外孙子女，年满 18 周岁就丧失了享受待遇的条件，只有经过劳动能力鉴定委员会鉴定属于完全丧失劳动能力的可以继续享受。如未满 18 周岁，但参军或就业也丧失了享受待遇的条件。

【阅读链接】

胡晓义. 工伤保险条例释义与实务［M］. 北京：中国劳动社会保障出版社，2011：220—222

（二）拒不接受劳动能力鉴定的

劳动能力不同程度的丧失，使劳动者可能因此而不能从事原本适合他的职业或工作，也可能造成不能再从事任何工作的结果。当然，劳动者也有可能恢复其劳动能力，继续从事适合他的职业或工作。而这一切都必须通过劳动能力鉴定来确定。可见，劳动能力鉴定是工伤保险管理工作中的一个重要环节，是确定工伤保险待遇的基础和前提条件。劳动能力鉴定结论是确定不同程度的补偿、合理调换工作岗位或恢复工作、解决工伤问题的科学依据。如果工伤职工没有正当理由拒不接受劳动能力鉴定，一方面工伤保险待遇无法确定，另一方面也表明工伤职工并不愿意接受工伤保险制度提供的帮助，有鉴于此，就不应当再享受工伤保险待遇。

（三）拒绝治疗的

提供医疗救治，帮助工伤职工恢复劳动能力，重返社会，是实行工伤保险制度的重要目的之一。因而，职工遭受事故伤害或患职业病后，有享受工伤医疗待遇的权利，也有积极配合医疗救治的义务。规定拒绝治疗的不得再继续享受工伤保险待遇，就是为促使工伤职工积极配合治疗，尽可能地恢复劳动能力，提高自己的生活质量，而不是一味消极地依靠社会救助。

【阅读参考】

在停止支付工伤保险待遇的主要情形中，《社会保险法》没有规定原草案中关于“被判刑正在收监执行的”情形，意味着这类人员可以依法继续享受工伤保险待遇。这也是考虑这些人员虽然被判刑收监执行，但其之前已经依法享受的工伤保险待遇并不因此而受影响，避免其家庭生活陷入困境，也有利于判刑收监人员的改造，使其重新走向社会。

二、终止工伤保险关系

终止工伤保险关系是有两层含义的，一层含义是当用人单位破产而中断缴纳工伤保险费，在破产清算时，优先拨付依法应由单位支付的工伤保险待遇费用，从此工伤保险关系终止。另一层含义是当工伤职工与用人单位解除或终止劳动关系，用人单位不再为其缴纳工伤保险费，支付工伤职工伤残就业补助金和工伤保险基金，支付一次性工伤医疗补助金后，与工伤职工终止了工伤保险关系。

工伤职工如果到了另一个单位就业，用人单位对其以前的工伤不承担责任，为其缴纳工伤保险费是建立的新的工伤保险关系，新发生的工伤，则工伤保险基金给予支付。

思考题

1. 工伤保险待遇的项目和标准是怎么规定的？
2. 非法用工单位所雇用的人员发生事故伤害后享受什么待遇？
3. 用人单位破产、倒闭，工伤职工的待遇应如何处理？
4. 工伤职工出现哪些情况应当停止工伤保险待遇？
5. 用人单位未给职工缴纳工伤保险费，职工发生工伤后工伤保险待遇怎么办？

第六章

工伤康复

本章导读

工伤康复是利用现代康复的手段和技术，为工伤职工提供医疗康复、职业康复等服务，最大限度地恢复和提高他们的身体功能和生活自理能力，并尽可能恢复他们的职业劳动能力，从而促进工伤职工全面回归社会和重返工作岗位。

工伤康复工作主要包括工伤残疾预防、工伤医疗康复和职业康复以及心理康复等方面的内容，而其核心为医疗康复和职业康复。

通过本章学习，了解残疾和工伤残疾、康复和工伤康复的基本概念；理解工伤康复在工伤保险体系中的作用和地位；掌握工伤康复工作的基本内容；了解国外工伤康复制度和我国工伤康复的现状以及工伤康复的发展趋势等问题。

第一节　工伤康复基础知识

一、残疾与工伤残疾

（一）残疾的概述

自有人类以来就有残疾和残疾人，残疾问题是全球普遍存在的社会问题。据2006年全国残疾人普查统计，我国共有各类残疾人8 296万人，占全国总人口的6.34%。其中肢体残疾2 412万人，占残疾人总数的29.07%。

【阅读链接】

第二次全国残疾人抽样调查办公室. 第二次全国残疾人抽样调查主要数据手册［R］. 北京：华夏出版社，2007

1. 残疾的概念

残疾人是指心理、生理及人体结构的缺损导致功能丧失或不正常，不能以正常方式生活、工作和学习的人。

关键概念

残疾是指由于疾病、意外伤害等各种因素造成明显的躯体或（和）心理功能障碍，以致不同程度地丧失正常生活、工作和学习能力的一种状态。

2. 残疾的分类

目前，全世界尚无统一公认的残疾分类标准，残疾研究的目的不同，其所采用的分类标准也不同。如：

（1）按器官系统进行的残疾分类

①感官残疾：如视力残疾、听力残疾等。

②神经残疾：如神经系统疾患引起的瘫痪、感知觉缺失等。

③肌肉骨骼残疾：即由骨、关节、肌肉损伤引起的残疾，如关节强直、肢体缺失、畸形等。

④心肺残疾：即由心脏病、肺部疾患引起的心或肺功能不全。

（2）按病因进行的残疾分类

①伤残：即由外伤、创伤引起的残疾。

②病残：即由疾病引起的残疾。

③发育性残疾：即由发育缺陷引起的残疾，如先天性肢体缺如、精神发育迟滞等。

【阅读参考】国际功能、残疾和健康分类

在2001年5月第54届世界卫生大会上，世界卫生组织通过了《国际功能、残疾和健康分类》（ICF），取代了1980年制定的《国际损害、弱能、残障分类》。ICF是由专家和残疾人士共同制定的，反映了功能与残疾性的基本特征。

ICF依据残疾发生发展的社会模式，从残疾人融入社会的角度入手，将残疾性作为一种社会性问题，残疾性不再仅仅是个人的特性，而且也是由社会环境形成的一种复合状态。因此，对残疾问题的管理要求有社会行动，强调社会集体行动，要求改造环境以使残疾人充分参与社会生活的各个方面。该模式将残疾理解为一种健康因素和情境因素（即环境和个人因素）之间交互作用而出现的复杂联系的结果。其模式见图 6—1。

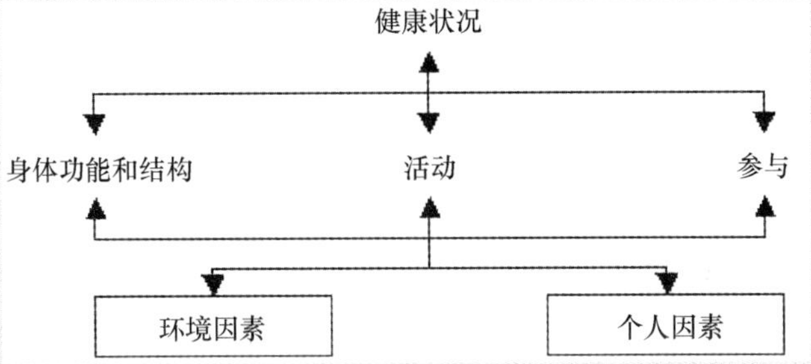

图 6—1　ICF 理论模式

3. 我国残疾的分类标准

国务院于 1986 年批准制定了我国残疾人的分类标准，将残疾人分为视力残疾、听力语言残疾、智力残疾、肢体残疾、精神病残疾 5 类。在 2011 年发布的中国首部《残疾人残疾分类和分级》国家标准已于 2011 年 5 月 1 日正式实施，把残疾类别限定在视力残疾、听力残疾、言语残疾、肢体残疾、智力残疾和精神残疾 6 类。每类残疾按障碍程度各分为 4 级。

（1）视力残疾：是指人由于各种原因导致双眼视力低下并且不能矫正或视野缩小，以致影响其日常生活和社会参与。视力残疾包括盲及低视力。

（2）听力残疾：是指人由于各种原因导致双耳不同程度的永久性听力障碍，听不到或听不清周围环境声及言语声，以致影响其日常生活和社会参与。

（3）言语残疾：是指人由于各种原因导致的不同程度的言语障碍（经治疗 1 年以上不愈或病程超过 2 年者），不能或难以进行正常的言语交往活动（3 岁以下不定残）。

言语残疾包括：失语、运动性构音障碍、器官结构异常所致的构音障碍、发声障碍（嗓音障碍）、听力障碍所致的语言障碍、口吃等。

（4）肢体残疾：是指由人体运动系统的结构、功能损伤造成四肢残缺或四肢、躯干麻痹（瘫痪）、畸形等从而导致人体运动功能不同程度地丧失，以及活动受限或参与的局限。

肢体残疾包括上肢或下肢因伤、病或发育异常所致的缺失、畸形或功能障碍；脊柱因伤、病或发育异常所致的畸形或功能障碍；中枢、周围神经因伤、病或发育异常造成躯干或四肢的功能障碍。

（5）智力残疾：是指智力显著低于一般人水平，并伴有适应行为的障碍。

此类残疾是由于神经系统结构、功能障碍，使个体活动和参与受到限制，需要环境提供全面、广泛、有限和间歇的支持。智力残疾包括在智力发育期间由于各种有害因素导致的精神发育不全或智力迟滞；或者智力发育成熟以后，由于各种有害因素导致有智力损害或智力明显衰退。

（6）精神残疾：指各类精神障碍持续 1 年以上未痊愈，由于认知、情感和行为障碍，影响其日常生活和社会参与。

【新闻摘录】（新华社北京 4 月 28 日电）

中国残疾人联合会于28日在北京举行新闻发布会称，中国首部《残疾人残疾分类和分级》国家标准将于 2011 年 5 月 1 日正式实施……

根据《中华人民共和国残疾人保障法》相关规定，中国把残疾类别限定在视力残疾、听力残疾、言语残疾、肢体残疾、智力残疾和精神残疾六类残疾。

据了解，残疾人残疾分类和分级国家标准与中国现有的工伤、交通事故、司法鉴定等涉及不同领域的“伤、残”评定标准相比，在适用范围、使用目的、评定方法、等级划分等方面都存在差异，残疾人分类分级国家标准有其特定的使用范围和评定方法，既不等同也不能替代其他领域的评定标准。

（http：//www.chinanews.com/gn/2011/04—29/3006392.shtml）

（二）工伤残疾的概述

1. 工伤残疾的概念

关键概念

工伤残疾是指劳动者在生产过程中遭受工伤事故或职业病危害后，虽经积极治疗仍不能复原，以致造成永久性的身体功能部分或全部丧失。

工伤残疾与一般残疾的根本区别在于残疾的主体为劳动者，残疾的原因为工伤事故或职业病。

2. 工伤残疾的判断依据与分级原则

我国目前执行 2006 年的《职工工伤与职业病致残程度鉴定标准》（GB/T 16180—2006），取代了 1996 年的《职工工伤与职业病致残程度鉴定标准》。前者根据器官损伤、功能障碍、医疗依赖及护理依赖 4 个方面，将工伤、职业病致残等级分解为 5 个门类，划分为 10 个等级共 572 个条目，其中一至四级为完全丧失劳动能力，五至六级为大部分丧失劳动能力，七至十级为部分丧失劳动能力。

（1）判断依据：《职工工伤与职业病致残程度鉴定标准》依据工伤致残者于评定伤残等级技术鉴定时的器官损伤、功能障碍及其对医疗与护理的依赖程度，适当考虑了由于伤残引起的社会心理因素影响，对伤残程度进行综合判定分级。

①器官损伤：是工伤的直接后果，但职业病不一定有器官缺损。

②功能障碍：工伤后功能障碍的程度与器官缺损的部位及严重程度有关，职业病所致的器官功能障碍与疾病的严重程度相关。对功能障碍的判定，应以评定伤残等级技术鉴定时的医疗检查结果为依据，根据评残对象逐个确定。

③医疗依赖：指工伤致残于评定伤残等级技术鉴定后仍然不能脱离治疗者。

④护理依赖：指工伤致残者因生活不能自理需依赖他人护理者。生活自理范围主要包括下列 5 项：进食，翻身，大、小便，穿衣、洗漱，自主移动。

护理依赖的程度分 3 级：

a）完全护理依赖：指生活完全不能自理，即上述 5 项均需护理者。

b）大部分护理依赖：指生活大部分不能自理，即上述 5 项中 3 项需要护理者。

c）部分护理依赖：指部分生活不能自理，即上述 5 项中 1 项需要护理者。

⑤心理障碍：一些特殊残情，在器官缺损或功能障碍的基础上虽不造成医疗依赖，但却导致心理障碍或减损伤残者的生活质量时，在评定伤残等级时，应适当考虑这些后果。

（2）分级原则：残情按下列分级原则划分为一至十级等级。

一级：器官缺失或功能完全丧失，其他器官不能代偿，存在特殊医疗依赖，或完全或大部分护理依赖。

二级：器官严重缺损或畸形，有严重功能障碍或并发症，存在特殊医疗依赖，或大部分护理依赖。

三级：器官严重缺损或畸形，有严重功能障碍或并发症，存在特殊医疗依赖，或部分护理依赖。

四级：器官严重缺损或畸形，有严重功能障碍或并发症，存在特殊医疗依赖，或部分护理依赖或无护理依赖。

五级：器官大部分缺损或明显畸形，有较重功能障碍或并发症，存在一般医疗依赖，无护理依赖。

六级：器官大部分缺损或明显畸形，有中等功能障碍或并发症，存在一般医疗依赖，无护理依赖。

七级：器官大部分缺损或畸形，有轻度功能障碍或并发症，存在一般医疗依赖，无护理依赖。

八级：器官部分缺损，形态异常，轻度功能障碍，存在一般医疗依赖，无护理依赖。

九级：器官部分缺损，形态异常，轻度功能障碍，无医疗依赖，或者存在一般医疗依赖，无护理依赖。

十级：器官部分缺损，形态异常，无功能障碍，无医疗依赖，或者存在一般医疗依赖，无护理依赖。

【阅读链接】

《职工工伤与职业病致残程度鉴定标准》（GB/T 16180－2006）[S]. 北京：2006

二、康复与康复医学

（一）康复的概念

康复原意是“复原”“恢复原来的权利、资格、地位、尊严”等。进入20世纪80年代，康复的目标更侧重在使残疾人能够重返社会，是指综合、协调地应用各种措施，减少病伤残者身、心、社会功能障碍，以发挥其身体、解剖的最高潜能，使病伤残者能重返社会，提高生活质量。康复不仅指训练残疾人使其适应周围的环境，而且也指调整残疾人周围的环境和社会条件以利于他们重返社会。

关键概念

康复是指使残疾者最大限度地恢复其身体、精神、社会、职业和经济的能力。

（二）康复医学的概念

过去人们曾一直把医学分为预防、医疗、康复3个部分，因此，康复医学又被称为第三医学。目前，国际卫生组织将医学分为4类：保健医学、预防医学、治疗医学、康复医学。因此，康复医学是现代医学的一个重要的组成部分，它既是一个独立的学科领域，又与保健预防、治疗等医学领域有密切联系。

关键概念

康复医学是一门以功能为中心和以残疾为中心的医学。康复医学是利用医学的手段，对因各种原因而导致一定功能障碍的躯体残疾者进行处理，并尽可能恢复其身体功能，促进其重返社会的医学学科。

康复医学与治疗医学的关系如表6—1所示。

表6—1　　康复医学与治疗医学的区别与联系

	治疗医学	康复医学
对象	一般疾病	暂时或永久性功能障碍者
目的	治愈疾病	最大限度地恢复功能，促使重返社会
方法	药物、手术为主	以物理疗法、作业疗法、言语疗法等功能恢复训练方法为主，假肢、矫形器、辅助用具等补偿技术为辅，配合药物或手术

（三）全面康复的概念和内涵

残疾人和健全人一样有物质生活和精神生活的需求。由于残疾的存在和影响，残疾人还有其特殊的需求。

1. 全面康复的概念

关键概念

全面康复是指为了实现残疾人享有平等机会和重返社会的目标，采取医疗康复、教育康复、职业康复和社会康复领域中的多种康复手段，达到使残疾人在身体功能、心理、社会、职业和经济能力等方面都获得最大限度的恢复的目的，实现医疗康复、教育康复、职业康复、社会康复4个领域的康复。

（1）医疗康复：是指通过医学的手段，使残疾人/功能障碍者能最大限度地改善和补偿其功能，包括临床诊疗、康复功能评定和各种康复治疗。

（2）教育康复：是指通过特殊教育与训练的手段，提高残疾人或功能障碍者的素质和能力。

（3）职业康复：是指通过职业评估、职业咨询、职业训练和职业指导等服务，促进残疾人参与或重新参与社会。

（4）社会康复：是指从社会学的角度，推进残疾人的医疗、教育和职业等方面全面康复，并保障残疾人的合法权益。

2. 全面康复的内涵

从生物医学模式的转变和残疾的发生、发展的社会模式出发，康复的内涵包含了如下5个要素：

（1）全面康复的对象：主要是功能有缺失或障碍以致影响正常生活、学习和工作的残疾人和伤病者。

（2）全面康复的领域：包括医疗康复、教育康复、职业康复、社会康复。

（3）全面康复的措施：包括所有能消除或减轻身心功能障碍的措施，不但使用医学技术，也使用社会学、心理学、教育学和工程学等方面的技术和方法，而且也包括政府的政策、立法等措施。

（4）全面康复的目标：提高残疾人的生活质量，恢复其独立生活、学习和工作的能力，促使其全面回归家庭和社会。

（5）全面康复的提供：不仅有康复医学的专业人员，而且也包括康复工程技术、特殊教育、职业培训等专业人员，还包括了参与康复组织管理的政府、保险机构、单位、社区等工作人员，而残疾人及其家属也参与康复工作的计划和实施。

三、工伤康复概述

（一）工伤康复的基本概念

关键概念

工伤康复是指利用现代康复的理论和技术，为工伤残疾人员提供医疗康复、职业康复和社会康复等服务，最大限度地恢复和提高他们的身体功能和生活自理能力，尽可能恢复和提高伤残职工的职业劳动能力，从而促进伤残职工全面回归社会和重返工作岗位。

工伤康复是工伤保险的重要组成部分，是“以人为本”科学发展观的重要体现和构建和谐社会的重要内容。建立预防、补偿、康复相结合的工伤保险体系，是我国工伤保险事业发展的方向。

（二）工伤康复与一般疾病康复

工伤康复的本质是在工伤保险的范畴内将现代康复学应用于工伤职工这一特定的群体，工伤康复属于康复的范畴，与康复目的和原则是相同的，但又有别于传统的医学康复，具有显著的特点和丰富的内涵。工伤康复与一般疾病康复的比较，参见表 6—2。

表 6—2　　工伤康复与一般疾病康复的比较

区别	工伤康复	一般疾病康复
服务主体	工伤职工	功能障碍者及先天发育障碍者
介入方式	工伤康复协议医院康复	不需社会保险部门确认
评定内容	康复评定技术、劳动能力鉴定	很少或者无相关的劳动能力鉴定
工作侧重	以医疗康复为基础、职业康复为核心，促进工伤职工重返工作岗位和重新融入社会	利用医疗康复手段，促进身体功能恢复并重返社会
目标转归不同	通过康复推动工伤职工以多种形式重返工作岗位	不同年龄阶段的患者有不同形式的目标
费用来源不同	工伤保险基金，未参加工伤保险者则由雇主支付	多种多样，主要是个人及社会保险给付

1. 特定的服务对象。工伤康复其服务主体是工伤伤残职工，即因工伤事故或职业病而引起残疾或功能障碍，并经社会保险部门确认的工伤职工。

2. 明确的工作目标。工伤康复的最终目标是使工伤职工全面回归家庭、社会和重返工作岗位，特别强调重返工作岗位的重要性。工伤康复不同于针对残疾老人、儿童和疾病致残对象的康复，有着明显的工作、职业色彩，在医疗康复的基础上，围绕工作能力保持与再造这个核心，通过专业化的职业康复评估与训练程序促进工伤职工重返工作岗位。

3. 多种干预手段。工伤康复服务除采用医疗康复手段提高工伤职工身体功能外，还利用教育康复、社会康复的手段促进工伤职工重返社会，并大量采用职业康复技术和方法，促进工伤职工尽快重返工作岗位。此外，由于突发的意外，加上面临伤残补偿、单位安置等，心理问题较其他疾病或损伤更为突出，工伤康复强调全过程的心理干预与支持。

4. 较强的计划性。从工伤职工申请进行工伤康复开始，整个康复过程具有很强的计划性，工伤康复在入院标准、治疗时间、所达目标和出院标准等方面均有一定的规范。包括主管部门首先初步确定工伤康复期，康复人员拟订具体治疗计划及预期可达到的目标。

5. 政策性和专业性有机结合。工伤康复是康复学的独特分支，具有较强的专业技术性，同时，由于工伤康复体现工伤保险职能，依托于工伤保险体系，因此具有较强的政策性和社会性。因此，要较好地实施工伤康复，必须建立相应的服务管理体系和技术支持体系。

6. 强调多方位的沟通与协调。工伤康复除需做好医患沟通外，还要协调工伤职工与其工作单位的关系，以促使工伤职工的合法权益得到有效保障和促进其早日重返工作岗位。此外，工伤康复机构还需定期与社会保险经办部门沟通以加强协调，提高康复效率。

7. 具有一定的强制性。工伤康复具有工伤保险的属性和基本原则，即具有一定的补偿性和强制性；此外，国际通用的“先康复后补偿”的原则同样适用于我国，社保主管部门有权力要求工伤职工先进行康复然后才进行伤残鉴定和工伤补偿。

8. 特定的费用来源。工伤康复作为工伤保险制度的组成部分，实际上是一种工伤的待遇，是通过为工伤职工提供的各种康复服务来体现的，这些服务的费用和成本由工伤保险基金支付。

（三）工伤康复的工作流程和模式

1. 工伤康复的工作流程

工伤康复是以医疗康复为基础的全面康复，除康复评定、康复治疗贯穿于整个工伤康复过程外，职业康复和社会康复在康复的不同阶段发挥着重要作用，不同时期侧重点有所不同。在工伤康复工作流程中，还包括社会保险行政部门和经办机构的鉴定与审批环节。工伤康复工作流程如图 6—2 所示。

当工伤职工转入院后，首先由主管康复医生进行全面、细致的检查和功能评定，根据患者身体及功能状况和心理现状，制定康复目标和治疗程序表。再按此程序表由专业治疗师进行特殊治疗。为确认是否有预期的疗效，要定期反复进行评价，这就是再评价。实际上虽按程序表进行各种治疗，也不一定都能取得预期的疗效。其原因可能是最初的评价及预期目标的设定有误，但有时也可因并发症等患者方面的原因而未能取得预期的疗效。

通过反复的再评价及修正程序表来动态调整康复治疗，患者或可逐渐好转而达到功能改善并稳定的状态，此时应决定患者是否回归社会和家庭或进行职业康复重返工作岗位或转入需要护理的休养所而出院。整个入院后的工

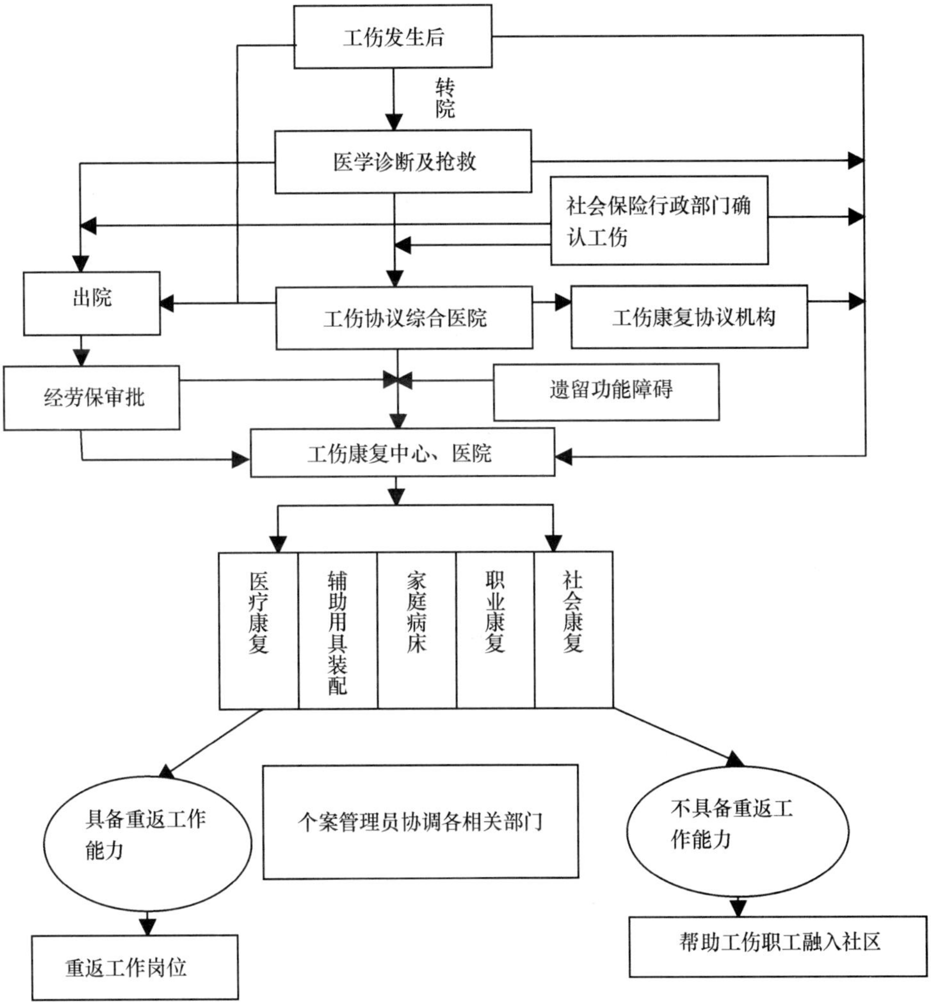

图 6—2　工伤康复工作流程示意图

作流程如图 6—3 所示。

在这整个过程中，个案管理员协调和统筹不同的服务及社会资源，协助工伤人员重返工作岗位。

2. 工伤康复的工作模式

康复医学是由跨学科专业人员组成的，在解决患者的功能障碍的过程中，围绕共同康复目标，各尽其职责，综合协调应用各种措施，完成康复任务。工伤康复治疗组的领导是康复医师，其他成员由物理治疗师、作业治疗师、言语治疗师、心理治疗师、中医治疗师、康复工程师、职业治疗师及社会工

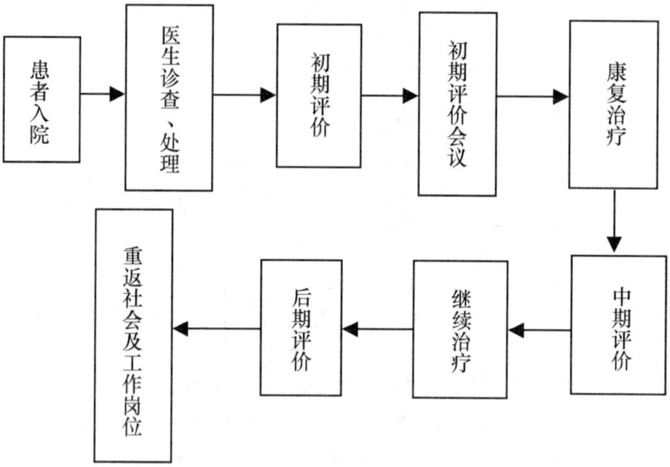

图 6—3　工伤职工入院后的工作流程图

作者等组成（如图 6—4 所示）。

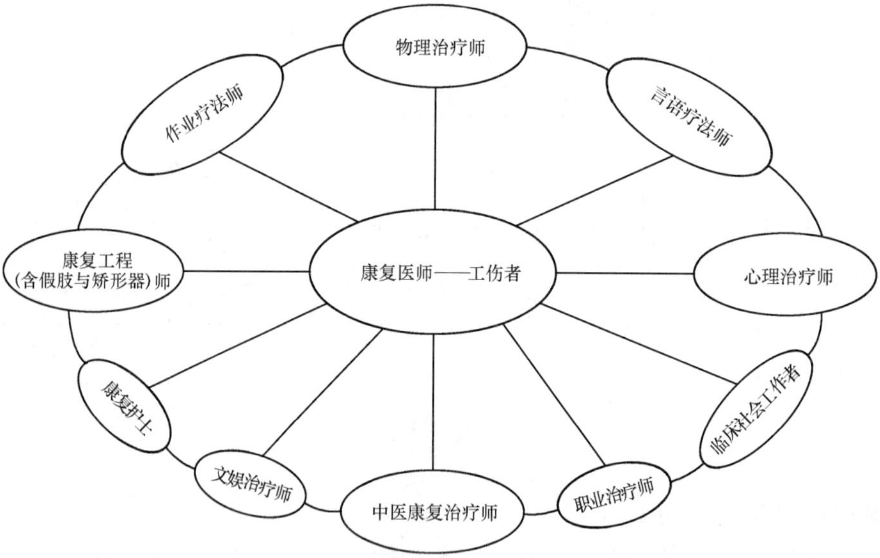

图 6—4　工伤康复治疗组的核心与组成

康复治疗组的团队工作方式的优点是：处理全面、技术精良、效率较高。缺点是：分工过细，需要专业人员太多；康复事业不发达的国家不易做到；治疗组需要很好的组织管理，防止各成员间出现依赖、矛盾和脱节现象。国际卫生组织对发展中国家提倡培养一专多能的康复治疗专业人员，以解决专业分工过细，编制人员太多的问题。

在我国，康复治疗组的组成形式，既要体现康复医学的特点，又要切合工作实际，治疗组的人员组成按照人数尽量精简、人员一专多能、随患者病情需要而动态变换的原则进行。

【阅读链接】

张栩．残疾人康复咨询教材［M］．北京：华夏出版社，2008：27—30

（四）工伤康复在工伤保险中的地位和作用

工伤康复工作是工伤保险的重要职能之一，与工伤预防、工伤赔偿一起构成了新型的工伤保险体系。

由于工伤保险的根本任务是保障劳动者生活，保护劳动者安全与健康等基本权益，促进社会经济协调发展，因此，工伤保险应当将工伤补偿与预防、康复结合起来。一旦发生了工伤事故，进行工伤经济补偿是理所应当的，但工伤保险还有除工伤经济补偿以外同样重要的工作，那就是预防和康复工作。

从工伤保险的发展历史看，工伤保险从最初的待遇补偿，逐步发展到补偿、预防和康复三者的有机结合；从重补偿到重预防、重康复。预防、补偿、康复三位一体的体制也是国际上工伤保险制度较为通行的做法。工伤保险的三大功能各有不同的职能分工，三者功能不可相互替代，只有三大职能并举，才能全面保护、保障劳动者的权益。

从近年来由点到面逐步开展的工伤康复试点工作实践，到国家工伤保险政策法规的发展现状可以看出，工伤康复在工伤保险体系中具有不可替代的重要地位，在保障工伤职工权益、促进其重返工作岗位、回归家庭与社会中发挥着独特的作用，主要体现在以下几个方面：

第一，工伤康复是工伤保险的三大职能之一，与工伤预防和工伤补偿有机结合，共同构成科学完整的工伤保障政策体系。

第二，工伤康复是工伤职工回归社会、实现人的全面发展的需要，是建设小康社会的必然要求之一。

第三，工伤康复是以人为本，进行人道主义救助和人权保障的需要，也是促进社会和谐的重要因素。

第四，工伤康复是落实《社会保险法》和《工伤保险条例》，保障工伤职工基本权益，体现我国社会保障制度优越性的重要举措。

第五，工伤康复是降低工业意外和职业伤害所造成的损失，合理控制工伤保险基金支出、分散工伤风险的有效途径。

【阅读参考】工伤康复的变革

我国的工伤康复事业属于起步阶段，工伤康复从概念、政策以及实际操作上都是一个较新的观念。2004 年《工伤保险条例》（国务院［2003］375 号令）正式实施，首次明确“促进工伤预防和职业康复”是工伤保险的立法宗旨之一，并规定职工工伤后发生康复性治疗费用、工伤辅助器具安装费用等均可按规定由工伤保险基金支付。

2006 年《劳动和社会保障事业发展“十一五”规划纲要》中明确指出要“进一步完善工伤保险政策和标准体系，积极探索工伤补偿与工伤预防、工伤康复相结合的有效途径，逐步建立适合我国国情的工伤康复制度”。并提出要“加强工伤预防与职业康复示范建设”。初步提出了建立工伤预防、工伤康复、工伤补偿三者并重的社会工伤保险新体系的思路。

2007 年原劳动保障部下发了《关于加强工伤康复试点工作的指导意见》，指导全国各省市有计划有步骤地开展工伤康复工作，强调要在“十一五”期间逐步形成“以医疗康复为基础，以职业康复为核心，以促进工伤职工回归社会、从事劳动为目的，具有中国特色的工伤康复制度框架”。

2010 年全国人大常委会审议通过的《社会保险法》第三十八条规定工伤保险基金支付项目中包括“治疗工伤的医疗费用和康复费用”，首次在国家法律中将康复列为工伤保险的重要功能。

（五）工伤康复是降低工伤的损失、控制工伤保险基金支出的途径

工伤康复是降低工业意外和职业伤害所造成的损失，控制工伤保险基金支出的有效途径。

1. 工伤医疗康复一方面能有效地预防残疾和各种并发症、后遗症的发生和发展，减少工伤职工的后续治疗，降低治疗费用；另一方面能提高工伤职工的生活自理能力和伤残等级，减少后期赔偿的开支，降低工伤保险基金的支出。

2. 更为重要的是，在医疗康复的基础上开展职业康复，最大限度地恢复工伤职工的职业劳动能力，从而降低因工伤而造成的人力资源丧失（工伤减员）的影响，其所产生的社会经济价值是显而易见的。但是，目前对这方面的研究非常缺乏，需要我们进一步深入的探索和研究。

【案例6—1】

2009年11月，安徽省安庆市的邓某在印刷厂裁书时，因机器失控丧失了七根手指。时至今日，因企业未参加工伤保险，他至今仍未拿到赔偿款。邓某手部功能甚至不具备吃饭的能力。而据专业人士介绍，以他的伤情为例，如果及时得到康复，至少能保留50%的功能。

北京致诚农民工法律援助与研究中心发布调研数据显示，高达六成受访者表示不知“康复”为何物，接受过康复治疗的人数比例不足10%。“没有进行工伤康复或错过最好时机”是造成劳动者“不残变残、小残变大残”的首要原因。工伤康复的滞后，直接导致劳动者难以回归社会，也使其家庭收入水平大幅降低，已成为农民工重新就业和融入社会的巨大障碍。

综上所述，从单纯经济补偿向与工伤预防、医疗康复及职业康复相结合的转变，是现代工伤保险的显著标志之一，是社会保障制度给予工伤职工最高层次的保障，也是社会文明和进步的标志。我们必须大力发展工伤康复事业，构建预防、康复、补偿一体化的新型工伤保险体系。

第二节 工伤康复的基本内容

工伤康复涵盖的内容非常广泛，既包括了工伤残疾预防、医疗康复、职业康复、社会康复以及康复辅助器具配置等专业技术工作，也包括了工伤康复政策、康复标准的制定以及工伤康复管理等社会工作。就我国现阶段工伤康复的发展水平而言，工伤康复机构所开展的工作内容主要集中于工伤医疗康复和康复辅助器具配置两个方面，工伤职业康复和社会康复还处于起步探索阶段，但前者是工伤康复的基础，后者是工伤康复的核心内容和发展方向。

工伤康复工作的基本内容如图6—5所示。

一、工伤残疾预防

(一) 工伤残疾预防的目标

工伤残疾预防是工伤康复的重要组成部分，其基本目标是改善工伤职工的身心、社会、职业功能，预防残疾的发生、发展和各种严重并发症、合并症，保持现有功能或延缓功能衰退，使工伤职工能在某种意义上像正常人一样过着积极的有生产性和创造性的生活。

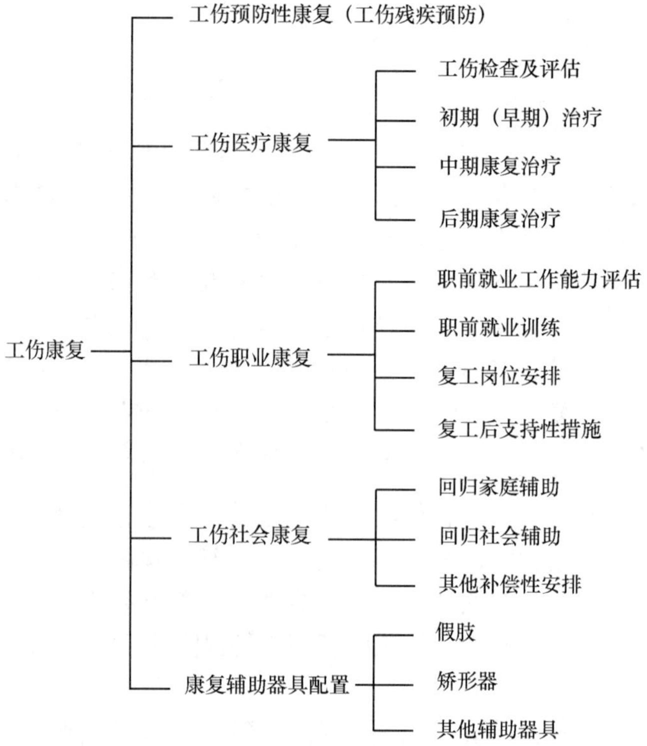

图 6—5　工伤康复的工作内容

（二）工伤残疾三级预防体系

工伤残疾预防从层面上可分为一级预防、二级预防和三级预防。

1. 一级预防目标是通过加强安全生产宣传教育、改进生产设备和生产环境、注意精神卫生等措施，减少工伤事故和职业病，预防各种残损的发生。一级预防通过如下策略实现：

（1）全人群策略。针对全人群可以是社区居民、工厂所有职工、学校所有师生开展工伤预防的健康教育。这一策略目的旨在提高全民对工伤危害的认识和预防工伤的重要性认识，进而提高每个人的工伤预防意识，加强自我保护。

（2）高危人群策略。针对工伤的高危险人群有针对性地开展工伤预防教育与培训。

（3）健康促进策略。20 世纪 80 年代澳大利亚学者提出了环境与健康的整合策略。比如，针对工作场所的伤害现象，就可以采取工作场所健康促进项目。

2. 二级预防目标是一旦发生工伤事故或职业病，造成了职工组织器官和功能的缺损，则要采取积极的措施，防止由于残损而导致工伤职工出现生活自理能力和职业劳动能力的永久性丧失（失能），并尽可能促使工伤职工重返工作岗位。本阶段的措施包括积极的医疗救治，以及尽可能早的医疗康复和职业康复干预。

摩托车头盔、安全带、救生衣和防弹衣都是二级预防的范例。值得注意的是一些有效的二级预防措施并不能够减少所有的伤害。例如，摩托车头盔对减少头部损伤非常有效，但对于身体其他部位损伤缺乏保护作用。安全带也无法限制四肢的活动以预防交通事故中割伤、擦伤、四肢骨折的发生。

3. 三级预防指伤害已经发生后，控制伤害的结果。目标是当工伤职工出现个体能力障碍时（失能），要采取积极的康复措施，防止工伤职工由失能转化为社会能力障碍（残障），并尽可能减少失能、残障给个人家庭和社会所造成的影响。本阶段采取的措施主要包括职业和社会康复，以及适当的临床治疗和医疗康复，以预防各种严重并发症和合并症的发生。

值得指出的是，在工伤残疾的三级预防体系中，二级预防具有双向逆转的特性。如措施得当，工伤职工伤情可以向好的方向发展，从而避免出现永久性的残疾。否则，将出现不好的结局，导致残障的出现。而且，在我国现行的工伤保险管理中，二级预防的阶段正好处在工伤医疗期内，对于工伤职工医疗期的确定和伤残等级的评定具有关键的作用。

【阅读链接】

李凤珍. 残疾人康复咨询教材［M］. 北京：华夏出版社，2008：69－71

4. 干预措施

（1）工程干预。目的在于通过干预措施影响媒介及物理环境对发生伤害的作用。

（2）经济干预。目的在于用经济鼓励手段或罚款影响人们的行为。

（3）强制干预。目的在于用法律及法规措施来影响人们的行为。此类干预措施只有法律及法规真正实施之后才有效。

（4）教育干预。目的在于通过宣传教育及普及安全知识来影响人们的行为。在特殊人群中开展积极的健康教育，是一种十分有效的干预手段。

（5）预防性康复干预。目的在于早期通过预防性康复措施，防止伤后制动、卧床、静止不动导致废用综合征，或出现进一步的功能减退，尽可能避免出现不可逆的永久性障碍。

【阅读参考】**正确理解工伤预防和工伤残疾预防的区别和联系**

工伤预防与工伤残疾预防目标一致：都是为减少工伤事故和职业病的发生，以及降低由此而造成的影响和损失。

但工伤预防与工伤残疾预防侧重不同。工伤预防作为工伤保险的基本职能之一，注重从政策、管理、体制等方面，发挥工伤保险对工伤事故和职业病的整体预防功能，是预防的政策、整体层面。而工伤残疾预防，则是从相关残疾预防的技术和方法方面，针对工伤职工个体，预防其残疾的发生和发展，是预防的技术、个体层面。

二、工伤医疗康复

工伤医疗康复主要是利用各种临床诊疗和康复治疗的手段，改善和提高工伤职工的身体功能和生活自理能力。其内容主要包括康复评定、康复治疗和康复辅助技术 3 个方面，从广义上讲，还包括手术、药物等促进功能恢复的临床诊疗技术。其中，康复评定是基础，一切康复治疗都要在康复评定的基础上进行。而康复治疗是医疗康复的核心，工伤职工的康复目标均需要通过康复治疗来实现。

（一）医疗康复基本目标

康复是促使功能障碍者社会参与最大化的过程。康复医学是一门以功能为主导，以改善功能、融入社会、提高生存质量为目标的医学学科，促进功能恢复作为基础的、共同的治疗目标。根据患者伤病的程度和部位，可通过综合应用各种康复治疗技术手段，分别达到以下 3 个层次的功能恢复目标：

1. 恢复与增强：是指通过各种康复训练促使患者受损或减弱的功能得到最大限度的恢复和提高。比如骨折后关节挛缩、僵硬的患者经过关节松动术治疗可以恢复其关节活动范围，肌肉萎缩患者可以通过肌力训练技术增强肌肉的力量等。

2. 代偿与重建：当患者受损的功能无法进一步恢复时，可采用代偿的方法来提高其能力。比如偏瘫患者经过生活自理能力训练后可以通过一些技巧动作和健康肢体代偿完成日常生活自理，四肢瘫患者可以通过肌腱转移手术重建其手的抓握功能等。

3. 补偿与替代：当患者某一器官或组织及其功能部分或完全缺损时，可采用补偿或者替代的方法和技术使其重新获得功能。比如听力受损患者可以使用助听器补偿其听觉功能的不足，下肢截肢患者可以装配假肢而重新获得步行功能等。

【阅读链接】

戴红. 残疾人康复咨询教材［M］. 北京：华夏出版社，2008：97—101

（二）工伤康复评定

1. 工伤康复评定的目的

工伤康复评定是对工伤职工残疾的性质、范围、类别及严重程度作出判断，为估计预后、制订和调整康复治疗方案、评估治疗效果以及提出进一步全面康复计划提供依据。工伤康复评定也是工伤职工伤残等级评定和职业劳动能力鉴定的科学依据。其主要目的有以下方面：

（1）了解功能状况：用客观的方法有效和准确地对工伤职工功能障碍的性质、范围、类别、严重程度作出判断。

（2）估计预后，制订和调整康复治疗方案。

（3）评估治疗效果，为提出进一步的康复计划提供依据。

（4）工伤康复评定也是工伤职工进行伤残等级评定和职业劳动能力鉴定的科学依据。

2. 工伤康复评定的主要内容

工伤康复评定是工伤康复工作的基础，一切工伤康复治疗都要在工伤康复评定的基础上进行，而且工伤康复效果也需要通过工伤康复评定来判断。工伤康复评定包括功能评估和伤残评定，即各种体能、电生理诊断、心肺功能、运动功能、心理、认知功能、言语功能、生活自理能力、职业劳动能力和伤残等级的诊断评估等。完整的评定应了解以下内容：

（1）病史：包括现病史、过去史、发育史、心理行为史、职业史、家庭与社会生活史。其中：

①现病史应了解：

a）工伤发生的时间、原因、发展过程；

b）对日常生活活动、工作、学习、社会活动的影响；

c）治疗适应情况。

②过去史应了解：

a）过去伤病是否遗留功能障碍；

b）过去伤病所致功能障碍与本次之间有无影响；

c）全身各系统，重点是心血管、呼吸、神经、肌肉、骨骼系统的状况，以评估康复训练所需的残存功能如何。

（2）体格检查：检查出与正常结构和功能不相符合的体征以及与继发性功能障碍有关的体征。继发性功能障碍不是原发的直接后果，而是治疗过程中出现或者缺乏适当的预防措施的结果。评估残存的能力，明确康复训练的重点目标。

（3）综合功能检查：即运用康复评定检查方法，着重各种综合能力检查，如转移能力、平衡能力、步态、日常生活活动能力、心理状态、语言能力、职业能力、社会生活能力等。

（4）专科会诊：如遇语言、精神障碍、骨科情况复杂者，进行耳鼻喉科、神经科、精神科、骨科等专科会诊。

（5）实验室检查、影像检查等。

（6）汇总资料，写出康复评定报告。包括：

①有无残疾。

②残疾种类（肢体、视力、言语一听力、智力、精神、内脏或多种）。

③残疾程度（分级）。

④残疾对生活、学习及劳动能力的影响。

⑤康复需求的建议（包括医疗康复、教育康复、职业康复、社会康复等诸多方面）。

【阅读参考】康复评定与劳动能力鉴定的区别和联系

康复评定与劳动能力鉴定既有本质区别，又有一定联系。

（1）劳动能力鉴定的结论是工伤职工享受工伤保险待遇的依据，因此，劳动能力鉴定的结论是由劳动能力鉴定委员会作出的，鉴定费用由工伤保险基金支付。

（2）康复评定是由康复专业人员进行的，其目的是了解工伤职工功能状况、估计预后、评估康复治疗效果，为提出进一步的康复计划提供依据。

（3）由于我国目前劳动能力鉴定采用《职工工伤与职业病致残等级》（GB/T 16180—2006），其基本为一个临床诊断标准，较少考虑工伤职工功能障碍的影响。而康复评定是一种功能的评估，因此，康复评定是对劳动能力鉴定标准的补充，为工伤职工劳动能力的鉴定提供更加科学的诊断依据。

（三）康复治疗

康复治疗是医疗康复的核心，工伤职工的康复目标需要通过康复治疗来实现，其内容主要包括物理治疗、作业治疗、言语治疗、义肢矫形、心理治疗、中国传统康复治疗和康复护理技术 7 个方面。

1. 主要技术

（1）物理治疗：利用躯体运动、按摩、牵引、机械设备等力学因素和光、电、声、热、磁、水等其他物理因素对工伤职工进行治疗。主要包括运动治疗和物理因子治疗。

（2）作业治疗：利用经过选择和设计的作业活动，使工伤职工在日常生活各个方面的功能和独立性得到改善。主要包括日常生活活动训练、职业技巧训练、认知训练、感知觉训练、手功能训练及矫形器、自助具和压力衣制作等。

（3）言语治疗：对言语功能障碍的工伤职工进行矫治训练，以改善其言语表达能力和交流能力。

（4）义肢矫形：主要利用人工肢体来弥补截肢的工伤职工肢体缺损和代偿其失去的肢体功能；利用矫形器的力学作用，预防、矫正畸形，补偿和改善工伤职工的功能。

（5）心理治疗：应用心理学的理论与方法，对工伤职工存在的各种心理障碍进行咨询和治疗。其目的是帮助工伤职工改善认知功能障碍和情感障碍，以及对不良行为和异常行为进行矫正。

【阅读链接】

陈刚. 工伤保险［M］. 北京：华夏出版社，2008：148－153

【案例 6—2】

患者 A，女性，已婚，曾是某高校老师。患者 B，男性，建筑工人。二者都因工伤导致下肢瘫痪，伤后有持续的神经性疼痛，由于生理疼痛而导致情绪烦躁、失眠、饮食减少等。两位工伤患者都进行了长时间的临床治疗而未见效果。

患者A在结束了医疗解决疼痛的幻想后，开始进行工伤康复心理治疗，转变了自己对于疼痛的观念及伤残的认识：她开始转移注意力，开始学会承担家庭角色和社会角色。在两年的时间里，她参加了脊髓损伤的训练营，并且后来成为了脊髓损伤训练营的导师之一；她还加入了广州市的义工队伍，在广州亚运会上成为火炬传递手。

而患者B，在两年的时间里不仅疼痛没有减轻，反而沉浸在自己“没有能力”的想法中，掉进“没有人同情自己”“这个世界对我不公平”等自怨自艾的圈子中。他不仅需要一个家庭劳动力的照顾，而且不愿意外出，不愿意和人交流。

从这两个例子的对比中，可以清楚地看到心理因素的影响对这些康复患者回归家庭、重返社会的作用。

（6）中国传统康复治疗：利用中国传统的康复治疗技术，对工伤职工进行治疗，主要包括针灸、推拿等。

（7）康复护理技术：康复护理专业技术包括体位及其变换、床—轮椅间的转移、膀胱与肠道功能训练、呼吸功能训练指导、日常生活活动能力训练指导等。

2. 康复治疗早期介入

国际上，工伤保险一个普遍遵循的原则就是：“先治疗康复、后评残补偿”。这一原则将康复问题放在了评残、补偿的前面，也就是说，在处理工伤事故的时候，更应该注重对工伤职工尽早进行医疗康复和职业康复，从而最大限度地减轻其生理和心理痛苦，防止或减轻功能障碍，使其重返工作岗位、回归社会、提高生活自理能力。

工伤康复的关键之一是康复治疗的早期介入。康复曾被认为是一种后续治疗，以往，康复治疗大多是在针对导致残疾的伤病的特异治疗告一段落并转送至康复机构之后才开始进行。许多工伤职工因此丧失了早期康复的宝贵时机，甚至发生了续发性障碍而进一步增加了康复的难度。随着康复医学的快速发展和社会经济的进步，人们的观点已经发生了根本的改变。为了获得最佳的治疗效果，康复治疗必须在伤病发生后尽早开始，预防性康复措施应该完全融入伤病急性期的治疗之中，特别是引起严重残疾而治疗过程又相当漫长的伤病，例如颅脑外伤、脊髓损伤、烧伤、截肢等，如长期卧床、静止不动可导致废用综合征，出现肌肉萎缩、关节挛缩畸形、压疮等，这些情况还可能演变为不可逆的永久性障碍。因此康复治疗的早期介入，无论是对降低工伤职工的神经功能缺损程度，提高生活自理及运动功能，还是防止合并症的发生都具有重大意义。康复治疗应该贯彻在整个伤病防治过程之中，尽早开始功能锻炼将有助于功能和能力的尽早恢复。但也应强调，工伤的临床治疗和康复治疗的结合需要根据工伤职工的具体情况全面考虑，因为任何康复措施均涉及某种程度的活动，康复措施的强度应该取决于工伤职工的体质情况和疾病的稳定状况。

(四) 康复辅助技术

工伤康复辅助技术主要是指为工伤残疾者设计、制作和适配功能代偿器具，是工伤康复的重要手段之一。

1. 工伤康复辅助器具的作用

由于工伤残疾者功能缺陷和不足，严重影响他们参与社会生活。如由于视觉功能的障碍，不能获得外界的视觉信息；瘫痪患者由于肢体运动功能的障碍，而不能正常的行走和参与社会生活。康复辅助器在某种程度上消除或抵消了工伤残疾者的缺陷和不足，在某种意义上消除了残疾人重返社会的物理障碍，实现残疾人的平等、参与和共享。如盲人可以利用盲杖和电子导向装置指引方向；瘫痪患者可以利用轮椅、助行器和拐杖等代步工具，而截瘫步行器的开发和利用，则更是使部分截瘫的患者能够像健全人一样行走。可以说，康复辅助器具是工伤残疾职工重返社会的媒介和桥梁。

【阅读链接】

乔新生. 残疾人康复咨询教材［M］. 北京：华夏出版社，2008：184－222

2. 工伤康复辅助器具的分类

（1）按照国际标准 ISO 9999：2002“残疾人辅助器具分类和术语”（等同采用为国家标准 GB/T 16432—2004），康复辅助器具共分为 11 个主类、135 个次类、741 个支类。以下康复辅助器具的标准分类，能反映出各种辅助器具在功能上的联系和区别，便于我们进行分类和管理。

①个人医疗的辅助器具：如防褥疮辅助器具等。

②技能训练辅助器具：如康复治疗器具等。

③矫形器和假肢：如上、下肢矫形器和假肢等。

④生活自理和防护辅助器具：如如厕辅助器具、穿脱衣服辅助器具等。

⑤个人移动的辅助器具：如各种轮椅、拐杖、盲人导向装置、升降辅助装置等。

⑥家务管理辅助器具：如饮水和进食辅助器具、清洁辅助器具等。

⑦特制家具及适配件：如各种栏杆、扶手、可调节高度的家具、轮椅升降台等。

⑧通讯信息和讯号辅助器具：如助视器、助听器、书写辅助器、盲人用语音计算机等。

⑨产品和物品管理辅助器具：如吸着杯、防滑垫、抓握器、工具固定器等。

⑩用于环境改建的辅助器具和设备、工具和机器：如减震器、光线控制器等。

⑪用于休闲娱乐辅助器具：如各种适合残疾人的玩具、游戏用具等。

【阅读链接】

《残疾人辅助器具分类和术语》（GB/T 16432—2004）［S］. 北京：2004

（2）在工伤康复领域，最常用的康复辅助器具是假肢、矫形器以及以下几种辅助日常生活或就业需要的器具。

①轮椅：包括机动轮椅、电动轮椅、手动轮椅等，其中手动轮椅最为常用。

②助行器具：用于支撑体重、保持平衡和行走，包括助行架和各类拐杖、助行器等。

③个人卫生辅助器具：包括洗澡椅、坐便椅等。

④日常生活自助具：包括吃饭、穿衣、洗澡、书写、交流等自助具。

【阅读参考】康复辅助器具的选配

康复辅助器具的选配应由专业人员完成，需进行严格管理，规范流程，以最大限度地发挥辅助器具的功能和减少不必要的浪费。如图6—6所示。

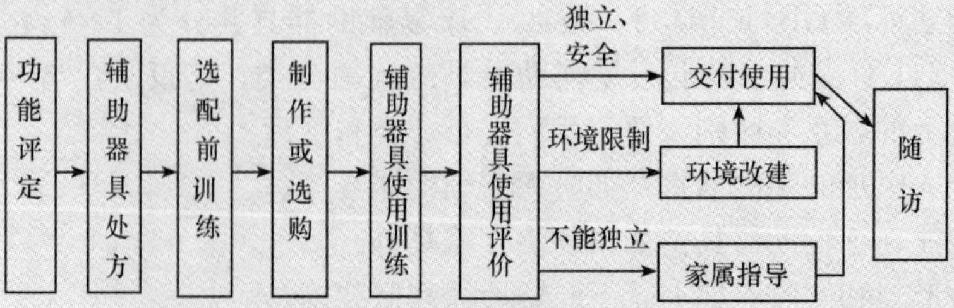

图6—6 辅助器具配备流程图

三、工伤职业康复

工伤的职业康复围绕工作能力的保持与再造这个核心，通过专业化的职业康复评估与训练程序，使工伤残疾职工重新恢复职业劳动能力。职业康复主要包括职业评定、职业咨询、职业训练以及就业指导等方面的工作内容。

（一）职业康复的概念及内涵

1. 职业康复的概念

关键概念

职业康复是使残疾人获得、保持和提升到适当职业，从而促进他们参与或重新参与社会。

（来源于：国际劳工组织 159 号《残疾人职业康复和就业公约》）

职业康复作为全面康复的重要组成部分，在工伤残疾者就业与回归社会生活中发挥巨大的作用。

2. 职业康复的发展

国际劳工组织在 1955 年第 99 号《残疾人职业康复建议书》提倡各国政府、雇主、行业协会、专业人员和残疾人参与职业康复，提议设计职业指导、职业培训和工作安置服务的原则和方法；在 1983 年第 159 号《残疾人职业康复和就业公约》中呼吁各国政府在残疾人就业政策方面基于平等对待和平等机遇的原则，制定国家职业康复政策，不分地区、不分性别、可采取特殊的积极政策，为所有残疾人服务。

近 20 年间，各国解决残疾人就业问题的政策和机制变化很大，残疾人求职更多地融入竞争性的就业机制，更多地通过劳动力市场实现就业。国际劳工组织在 1998 年《关于残疾人职位保留和重返工作战略的国际研究》中号召各国，对残疾人就业的公共政策进行反思，职业康复政策和策略应适应受伤和生病职工的需要，与企业的实践做法相结合，协调各个系统、社会参与的多种方式与方法。

近年来，在欧美等发达国家，为保障和促进残疾人就业，正在引入“残疾管理”，这是一种为工作场所设计的、旨在通过对个人需求、工作环境、企业需要和法定责任等方面的努力，促进残疾人就业的方法，目标在于促进残疾人早期回归工作岗位或确保新的工作岗位。

我国政府通过立法保障残疾人就业的权利，在《宪法》《残疾人保障法》《残疾人就业条例》《就业促进法》《职业技能开发法》、1999 年国务院办公厅第 84 号文件《关于进一步做好残疾人劳动就业工作的若干意见》、2004 年国务院颁布实施以及 2010 年修订的《工伤保险条例》等法律法规中都有保障残疾人就业的相关条款，这些法律法规除有效地保障了残疾人平等参与社会生活与劳动就业的权利外，还规定了残疾人享有特别的社会福利权，给予残疾人在就业方面特别的优惠政策和保护措施。

在我国，残疾人就业绝大部分都是低水平的就业，作为一个特殊的群体，他们的就业能力存在先天不足，因此在当今的劳动力市场竞争中处于劣势。要提高残疾人就业能力，增强残疾人自身竞争能力，唯有通过职业康复、职业培训和职业指导，最终实现残疾人充分就业，保障残疾人平等参与社会生活，享受社会劳动成果。

【阅读链接】

孙知寒. 残疾人康复咨询教材 [M]. 北京：华夏出版社，2008：139—153

（二）职业康复的目标

职业康复的目标是使工伤职工恢复就业能力、从而恢复其在开放的劳动力市场上的竞争力及生产力，以帮助其取得就业机会，或重返工作岗位，根据职业兴趣和身体功能从事力所能及的职业劳动，获得相应的报酬，从而获得经济上的独立和人格的尊严，在实际意义上全面回归和融入社会。

工伤和职业病是人类工业生产和社会经济发展不可避免的劳动风险，而工伤职工则是这种发展过程中不可避免要付出代价的承载者，社会不仅应接纳和理解工伤职工，而且有责任给予必要的补偿。而使工伤职工恢复职业劳动能力、重返工作岗位，则是社会给予工伤职工最高层次的补偿。劳动是创造人类社会物质和精神财富的源泉，工作是个体获得生活资料最重要的途径。在我国的社会保障体制下，社会工伤保险给予了工伤职工较为完善的福利保障，但工伤职工同样有劳动和工作的要求、实现自立的愿望，他们拥有平等的劳动就业权利。在这里，劳动就业和重返工作岗位已不再单纯是工伤职工实现生存权的需要，更是工伤职工融入社会主流、实现人的全面发展的需要。劳动和工作使工伤职工以社会财富创造者的平等身份、有尊严地参与社会生活，全面提高生活质量。而职业康复作为全面康复的重要组成部分，在工伤职工的重返工作岗位与回归社会生活中发挥巨大的作用。通过职业评定、职业培训、职业咨询和职业指导，使工伤职工逐步成为一个经济独立和人格完善的人。

（三）职业康复的工作内容

国际劳工组织在 1985 年《残疾人职业康复的基本原则》中，明确规定了职业康复的工作内容包括以下 6 个方面：

1. 掌握残疾人的身体、心理和职业能力状况。
2. 就残疾人职业训练和就业的可能性进行指导。
3. 提供必要的适应性训练、身心机能的调整以及正规的职业训练。
4. 引导从事适当的职业。
5. 提供需要特殊安置的就业机会。
6. 残疾人就业后的跟踪服务。

（四）职业康复的工作流程

职业康复包括了职业评定、职业咨询、职业培训和职业指导 4 个连续的过程，职业康复的流程图示如图 6—7 所示。

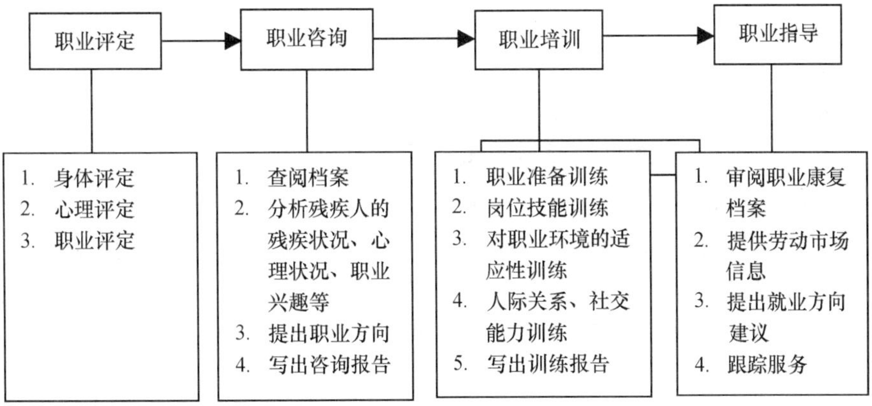

图 6—7　职业康复的工作流程图

1. 职业评定

职业评定是职业康复过程中非常重要的一个环节，其目的是考察工伤职工的作业水平和适应职业的潜在能力。为了预测和判断工伤职工的就业潜在能力，必须对职业的基本特征以及工伤职工的兴趣、个性、气质、价值观、态度、身体能力、耐力、学习及工作的适应性进行评定。职业评定的主要内容有：

（1）身体功能评定

身体功能评定指针对工伤职工身体状况进行的评定工作。

这种评定与常规的身体检查不同，其主要目的是确定与职业活动相关的身体机能的发展水平，从而为其就业提供科学的依据。检查项目包括：残疾类型、残疾程度、残疾原因、上下肢功能、适应性体位、坐位、立位耐力、平衡体位、步行能力、躯干动作、手功能、视力、听力、会话能力等。

通过这些评定，可以对工伤职工的职业适应能力与职业适应性、职业潜力进行分析，从而为其职业发展提出科学建议。

（2）心理状态评定

与职业康复相关的心理评定主要包括社会心理评定和智力测定。

社会心理评定主要是对工伤职工的就业意向和处理社会问题的能力进行评估。常采用心理测量的方法，如利用工伤职工就业意向调查表、工伤职工就业动机调查表等。

智力评定主要对工伤职工的智力水平和发展情况进行评估，常用的有瑞文标准推理测验和韦氏智力测验等。如韦氏智力测验，从常识、相似性、图片排列、物体拼凑等 11 个方面进行评定，评定结果经过转换成标准分，进一步换算成智商。

（3）职业适应性评定

职业适应性评定主要是确定工伤职工的技能水平、职业适应性和作业能力等。目前较为常用的是由残疾人国际中心开发的微塔评测法（见表 6—3），通过残疾人完成反映职业特性的作业来评定残疾人的职业能力。

值得特别注意的是，职业能力是一种综合性的能力，不仅包括知识、技能、体力、智力等方面，还包括人的意志、感情等非智力因素。自身缺陷使工伤职工的某些职业劳动能力受到限制和损害，但通过发挥其他器官的作用，调动人的代偿功能和潜能，可以使受限制和损害的能力得到最大的弥补。判断工伤职工的职业劳动能力，应着眼于他能干什么，而不是不能干什么；应看他能以自己的方式干什么，而不是限于所谓的正常方式，这是评定工伤职工职业劳动能力的一个基本立场。

2. 职业培训

职业培训是围绕工伤职工所希望的职业目标，在技能、工作速度和效率、职业适应性等方面进行的培训。其主要目的是使工伤职工建立自信心和产生工作愿望，掌握必需的职业知识和技能，并提高工伤职工对工作的适应能力

【阅读参考】微塔法主要评定的能力和作业的名称

表 6—3　　微塔法的评定项目

运动神经协调能力：用手和手指正确操作的能力	拧瓶盖、装箱：给瓶子加盖并装入箱中
	插小金属棒和夹子
	电线连接
空间判断能力：正确理解判断图的能力	看图纸
	描图
事务处理能力：正确处理文字、数字资料的能力	查邮政编码
	库存物品的核对
	卡片分类
	分拣邮件
计算能力：正确处理数字及数字运算能力	算数
	算钱
语言能力：读、写、理解文字及语言的能力	对招聘广告的理解
	传话、留言的处理

和开发工伤职工的职业技能。

工伤职工由于存在着不同程度的残疾或功能障碍，在职业培训过程中，一定要根据其身体功能和职业兴趣，选择合适的项目进行针对性的训练，有时也需要选择某些生活和工作辅助器具，来帮助工伤职工完成职业活动。

下面以截瘫的工伤职工为例，介绍常见的职业培训项目：

（1）电脑及中英文打字训练：C5—7 损伤工伤职工手指运动功能有障碍，可装配辅助支具，重点培训输入法等；C7 以下损伤上肢功能不受限，可进行电脑应用及程序设计等训练。

（2）毛线编织训练：对手功能较好的工伤职工可进行织毛衣、饰物、工艺品训练。

（3）日常家用电器维修训练：适于手功能较好的工伤职工。

（4）手工艺品制作训练：如雕刻、制陶等。

（5）管理技巧培训：适于有丰富相关工作经验和技能的工伤职工，各损伤平面均可进行。

（6）销售技巧培训：对有条件从事零售业的工伤职工进行相关培训，如销售技巧、沟通技巧、相关法规政策学习等。

3. 职业咨询

职业咨询的目的是针对职业评定得到的资料、工伤职工的特殊情况和就业相关的问题，进行综合考察，帮助工伤职工解决重返工作过程中出现的问题。工伤职工的职业咨询与普通人的职业咨询的主要区别在于要求考虑到残疾对个体职业活动的影响和限制，同时由于他们职业选择的领域比较狭窄，所以更要注意工伤职工对其职业活动的适应能力。

职业咨询包括以下 4 个步骤：（1）查阅康复档案。（2）填写咨询表格。（3）了解就业要求。（4）写出咨询报告。

4. 职业指导

职业指导即根据工伤职工的情况，提供有关劳务市场、就业方向等信息，还要针对工伤职工在职业工作领域中出现的问题提供跟踪服务。职业指导的目的是帮助工伤职工选择职业、选读职业课程、介绍就业、增进职业效率。

工伤职工职业指导的工作内容包括：

（1）审阅职业康复档案：了解工伤职工的身体状况、智力、特殊能力、兴趣爱好、性格气质等身心特点，并了解工伤职工家庭背景、经济情况、学业成绩、课外活动等。

（2）提供劳动市场信息：职业性质、求职的最低要求、工资待遇、工作条件、提升的可能性。

（3）提出就业方向建议：根据工伤职工的个人特点和劳动市场的需要提出工伤职工职业选择的具体建议。

（4）跟踪服务：工伤职工从事一定的职业后，需要进行职业培训和再培训服务工作，并对工伤职工就业情况进行评定。

【阅读参考】针对工伤职工的典型职业康复流程和临床应用

（1）个案面谈：个案面谈的主要目的是掌握个人资料、病历、医疗康复进展、对康复的期望以及家庭、工作、经济状况等，以便设计职业康复的疗程。

（2）功能性能力评估：采用体能、智能、仿真工序等一系列评估工具和评估方法，进行包括体能、智能、心理、情绪及工作环境在内的与重返工作相关的因素进行评估，以此为基础制定职业康复目标。目前最普遍使用的评估工具包括 BTE、ARCON、VALPAP 系列工作样本。

（3）工作需求分析：系统科学的量化某一特定工种的职业能力要求，例如负重力量、体能、生理、心理及社交心理等方面指标，制定职业康复训练的指标。可利用职业工作辞典、职业分类手册和职业资料网络提供的资料做参考。

(4) 工作重整及工作能力强化：是以重建职业能力为主的职业康复训练计划，包括职业能力训练、仿真工作训练和工作态度训练等。

(5) 辅助就业：是职业康复工作流程中最重要的一环，包括就业选配、工场探访及环境评估、工作职务调整等，协助工伤职工解决重返工作岗位时的实际问题和困难。

四、工伤社会康复

社会康复是指运用社会学的理论和方法研究解决残疾人康复问题。社会康复常采用个案管理的工作模式，提供政策咨询、残疾适应辅导、社区资源协调、家庭康复指导等服务。个案管理对工伤职工提供从入院开始直至回归工作岗位或社区生活的全程服务。所有服务及措施须符合工伤者个性化的康复需求，包括沟通、协调工伤者与相关利益者的关系，发现和利用现有资源，探索不同的重返工作机会或选择。

(一) 社会康复的目标

工伤康复的根本目的是为了使工伤职工能够融入社会，并重新参与社会生活。因此，在工伤职工全面康复的领域中，社会康复是一个非常重要的内容。

主要目的是尽可能减轻残疾造成的后果，使残疾人充分参与社会生活，使其获得权利、尊严和平等。

现代医学从生物医学模式向“生物—心理—社会”模式的转变，使人们意识到大量社会学所研究的社会问题，往往与疾病伤残有密切的联系。社会康复运用社会学的理论和方法研究残疾人的康复问题，是康复医学与社会学交叉的学科，并与医学伦理学、社会医学、社会心理学、医学社会学等密切相关。其主要目的是利用社会康复的手段，以减轻残疾造成的后果，尽量提高残疾人的活动功能，改善其生活自理能力，并使其充分参与社会生活，使残疾人的权利、资格和尊严最终与健全人在事实上平等。社会康复的措施，有些是针对残疾者本身的，有些则是社会整体性的，如法律政策、无障碍环境、良好和谐的社会环境等。

【阅读链接】

马洪路. 残疾人康复咨询教材 [M]. 北京：华夏出版社，2008：156—180

（二）工伤社会康复的基本内容

在工伤康复领域内，工伤社会康复具有特殊重要的意义，它涉及工伤职工康复权益的保护，以及创造和谐的社会环境以促进工伤职工重返工作岗位和重新参与社会生活。工伤社会康复工作的基本内容包括：

1. 协助政府部门建立和完善工伤康复的政策法规体系，制定工伤康复相关管理制度，以保护工伤职工的合法康复权益，使其享有同健全人一样的社会物质生活条件、文化成果和工作机会。

2. 保障残疾人的生存权利，使其在住房、食物、婚姻家庭方面得到公平的待遇，有适合其生存的必需条件。

3. 为残疾人自身的发展提供帮助，使其有接受教育和培训的机会，提高生活自理能力、就业能力和参与社会的能力。

4. 消除社会和家庭的物理障碍，协助政府部门推进残疾人无障碍环境的设计和改造。对工伤职工的工作环境及工具进行改造，以促进工伤职工回归工作岗位。

5. 帮助消除社会对伤残职工的歧视和偏见，树立一种和谐的社会环境，鼓励伤残职工自强不息，增加生活的勇气和适应能力，通过自身的努力改善生活质量。

6. 组织伤残职工与健全人一起参加社会文化、体育和娱乐活动，支持伤残职工自己的社团活动，通过组织伤残职工的运动会、文艺表演等，提高其参与社会的勇气和能力。

7. 开展社会康复个案服务，为工伤职工建立社会康复档案，了解工伤职工社会康复的需求和存在的困难，帮助工伤职工解决各种各样的社会问题，重新参与社会生活。

8. 鼓励和促进残疾人参与社会的政治生活，保障其政治权利。

（三）社会康复的工作方法

社会康复的实现需要依靠社会工作者完成，在我国由于缺乏专业的社会工作者，在康复机构和社区中的社会康复工作一般由医务人员或民政及残联的工作人员承担。

在康复机构和社区中的社会康复工作是采取社会工作的方法开展的，具体的方法有：

1. 个案工作。个案工作是针对案主的心理和社会需要，提供的一对一的服务。完整的个案工作流程包括入院前、住院期间、离院跟进计划。采用的方法有支持和鼓励、情绪疏导、澄清观念、改变行为、改善环境、提供意见和咨询等。

2. 个案管理。个案管理是指针对案主在不同康复时期的整体需要制订的全面康复服务计划，社会工作者需要整合与协调与案主有关的所有资源，如康复医疗团队中医护人员、家庭成员、工作单位、社区资源等，帮助案主全面康复。

通常在一个康复团队中，通过个案管理，可以协调和整合医院内多元化的医疗康复服务，使团队成员保持目标一致，为案主提供从医院医疗服务到社区回归之间不重叠的、相互配合的、有计划的、连续性的康复服务。同时个案管理还会协调和处理有关的医疗服务质量投诉，并对医院医疗服务质量的持续改善提供资料和意见。

3. 小组工作。小组工作是一种专门的社会工作方法，通过社会工作者与小组成员的互动，使参加小组的个人获得行为的改变、社会功能的恢复与发展、并达到小组目标，促进社区与社会发展。常见小组有治疗性小组、病患照顾者小组、互助小组、义工小组以及病患自助小组等。

4. 社区工作。社区工作是以社区为基础的社会工作，主要目标是协助伤残病者出院后尽快回归和重投社区。

5. 信息工作。社会工作者协助康复医疗机构出版有关残疾的宣传资料，普及和推广康复知识与健康生活资讯。

【新闻摘录】（中国日报广东记者站 2010 年 9 月 27 日讯）

9 月 20—21 日，来自全国部分省区的 20 名工伤康复骨干代表汇聚上海，参加“中国工伤康复世博行”活动。

据悉，此次活动由广东省工伤康复中心和上海阳光康复中心共同主办，旨在提高工伤职工的社会生活参与度，加强他们与外界和他人的沟通交流，让他们感知社会和人民对工伤职工所做贡献的感谢，使他们能够像健全时一样享受社会文明成果，同时也让社会了解工伤职工乐观向上的生活态度。

人力资源和社会保障部工伤保险司、上海市残疾人联合会、上海市人力资源和社会保障局以及广东省工伤康复中心、上海阳光康复中心的有关负责人出席了9月20日举行的“中国工伤康复世博行”启动仪式。

（http：//www.tianjinwe.com/rollnews/201009/t20100927_1910887.html）

（四）社会康复工作的挑战

康复医学体系中的社会康复，即现代生物—心理—社会医学模式发展的必然结果，也是社会学研究中的崭新领域。由于我国医疗社会工作还处于起步阶段，因此在社会康复的专业化、职业化、社会化方面蕴藏着巨大的发展空间和挑战。

但我国目前缺乏系统、整体性的社会康复理论研究，缺乏规范的社会康复技术和技能，同时又缺乏专业工作人员，社会康复需要的社会工作者应是多学科的复合型人才，需要掌握的知识涉及心理学、社会学、医学等。

因此目前从事残疾人社会康复的社会工作者，有必要借鉴先进国家的经验，结合国内实际情况，创造有特色的、本土化的社会康复理论体系和工作方法，推动我国残疾人事业的发展。

第三节　工伤康复管理

一、我国工伤康复政策发展

（一）现行的工伤康复业务规范与标准

我国2004年才开始工伤康复各项标准探索工作。到2006年，广东省工伤康复中心起草了《广东省工伤康复诊疗规范》《广东省工伤康复服务项目及支付标准》《广东省工伤康复协议机构准入标准》和《广东省工伤康复早期介入标准》《广东省工伤康复协议机构康复医疗服务协议书（试行范本）》等一系列标准和规范，实现我国工伤康复标准零的突破。2008年，原劳动和社会保障部在总结包括广东省在内的各地探索工伤康复技术规范和相关标准实践的基础上制定了《工伤康复诊疗规范》（试行）和《工伤康复服务项目标准》（试行），指导全国工伤康复试点工作，标志着我国工伤康复标准发展进入了崭新的阶段。

【阅读链接】

徐向东．工伤保险与工伤康复问题探讨［G］//葛蔓．工伤保险改革与实践．北京：中国人事出版社，2000：110—117

1．工伤康复诊疗规范

（1）制定依据：因为按照病种分类来制定《工伤康复诊疗规范》（试行），所以还要考虑工伤事故的流行病学情况。由于工伤的伤害种类较为集中，根据工伤事故伤害的流行病学研究和康复治疗实践经验，对优先纳入规范开发的病种进行选择，按照受伤部位和性质，对颅脑损伤、脊柱脊髓损伤、周围神经损伤、骨折、截肢、手外伤、关节、软组织损伤、烧伤等常见工伤的康复技术进行规范，明确康复介入的时机，推荐采用的康复技术。

（2）主要内容：该诊疗规范对常见工伤种类的住院诊疗各方面业务内容进行了规范，每个工伤种类均包括如下八大部分规范内容：康复住院标准与住院时限、临床检查范围、常规治疗与常见并发症处理、康复护理、康复评价与康复治疗、职业康复与社会康复和康复出院标准等。

2．工伤康复服务项目标准

对各项诊疗项目进行界定，特别是对目前尚未纳入《城镇职工基本医疗保险诊疗项目》的工伤康复有关内容进行规定，以完善工伤康复的服务项目体系。根据工伤康复服务内容进行分类，并按照二级分类，对每级分类的项目内涵进行阐述。主要内容包括：

（1）医疗康复服务类。包括康复评价、康复治疗及康复护理服务类。

（2）辅助器具服务类。包括治疗训练的辅助器具、矫形器、假肢、生活自理和防护辅助器具、个人移动的辅助器具和康复辅助器具使用训练项目。

（3）职业社会康复服务类。包括职业社会评价、职业社会康复服务类。

（二）工伤康复管理的办法

从工伤保险的三大功能来说，预防、补偿、康复各有不同的职能分工。三者功能不可相互替代，只有三大职能并举，才能全面保护、保障劳动者的权益。自1951年开始初步建立劳动保险制度以来，虽然各阶段的法规制度实际上均已涉及因工伤残人员的康复性质的内容，但由于对康复的内涵认识不足，工伤康复发展较为缓慢。直到1996年我国建立了工伤保险基金，才在工伤保险规章中明确了部分康复概念，但是总体而言，我国对因工伤残职工的康复保障长期停留在疗养和假肢装配的初级保障水平。

1.20世纪50年代至90年代的工伤康复政策

1951年，原劳动部发布《劳动保险条例》，规定中华全国总工会或地方工会可兴办工伤职工的疗养所、残废院等，并规定，工伤职工需要安装假肢、假眼、镶牙等，其所需费用由企业行政负担。

1987年，我国加入了国际《职业康复和就业公约》，但在工伤康复方面并没能迈出实质性步伐，而这时国内的康复医学实践才刚刚起步。

1996年，原劳动部颁布《企业职工工伤保险试行办法》（劳部发［1996］266号），提出了工伤的职业康复的术语，但对职业康复概念、内涵和具体内容与项目没有进一步规定，也没有规定康复治疗费用的提取与支付办法。

2.21世纪工伤康复政策的发展

2004年1月1日《工伤保险条例》正式实施，明确提出建立工伤预防、工伤补偿、工伤康复三位一体的社会工伤保险新体系，并明确工伤保险的目的之一是“促进工伤预防和职业康复”，“康复性治疗的费用，符合规定的，从工伤保险基金支付”，“假肢、矫形器、轮椅等康复辅助器具的装配”符合规定的，从工伤保险基金支付。

2004年，《工伤保险经办业务管理规程（试行）》（劳社厅发［2004］6号）对工伤医疗和康复规范有了一定的进展，专设章节对工伤医疗、康复与辅助器具配置的业务作出了规定，包括对医疗、康复机构的协议管理和对医疗、康复与辅助器具配置程序作出了初步规定。

【阅读参考】工伤康复制度的探索与实践

自2000年以来，国内一些省市已经开始了工伤康复探索与实践，在政策上自成体系，在管理与服务模式上各有千秋。2007年以后，在原劳动和社会保障部的指导下，工伤康复试点工作在全国逐渐推开，正在走向政策标准逐步统一、服务模式不断成熟的规范发展的道路。

广州市于2002年8月颁发了全国第一个专门针对工伤康复的地方政策性法规《广州市社会工伤保险工伤康复管理试行办法》提出了“先治疗康复，后评残补偿”的基本原则。在广州市工伤康复试点和探索的基础上，2006年开始，广东省劳动和社会保障厅陆续印发了一系列工伤康复政策标准文件，并于2007年启动了工伤康复“关爱行动”，积极推动工伤康复政策体系、标准体系和组织体系建设。

《工伤保险条例》颁布之后，各项基础工作与工伤保险参保扩面成为首要任务，尽管对工伤康复的认识已经到位，但在实践上需有一个逐步探索的过程，与工伤康复相关的法律制度只有在实践的基础上才能建立和完善。

3. 国家现行工伤康复政策指导文件

根据《工伤保险条例》的有关规定，2007 年 4 月，原劳动和社会保障部印发《关于加强工伤康复试点工作的指导意见》，规范各地试点工作。该指导意见第一次以部委正式文件的形式明确工伤康复的相关概念，基本明确了我国开展工伤康复的工作方向，并对工伤康复工作提出了具体设想和工作部署，有力地指导了各地发展工伤康复工作。

二、我国工伤康复管理的模式

(一) 工伤康复业务管理的职责分工

1. 社会保险行政部门：制订本地区工伤康复事业发展规划，指导、协调、监督规划的实施，并对工伤医疗康复和职业康复费的使用与管理进行监督。

2. 社会保险经办机构：负责具体组织实施工伤康复，工伤医疗康复和职业康复费的用款支出计划制订、核拨、结算及其他业务。与工伤康复机构签订工伤康复服务协议，并按照协议内容对协议康复机构进行监督管理。

3. 劳动能力鉴定委员会：负责确认康复对象和工伤康复期。在部分地区，对康复对象和工伤的确认职责是由社会保险经办机构承担。

4. 工伤康复服务网络：工伤康复服务网络由各级工伤康复机构组成，是开展工伤康复各类服务的主要场所。目的是建立以政府为主导的“国家—区域—地区（社区）”工伤康复服务体系，重点建设一批工伤康复示范中心，完善工伤康复服务提供能力，规范开展工伤康复各门类服务。

(二) 工伤康复对象与待遇管理

工伤康复的对象是指因工伤（含职业病）致残或造成身体功能障碍，具有康复价值，需要进行医疗康复和职业康复的职工。一般来讲，只有存续工伤保险关系的职工才能够享受工伤康复待遇。康复对象确认工作一般都需要经过“申请—审核—作出结论”三个程序。工伤康复期依次分为医疗康复期和职业康复期，由劳动能力鉴定委员会确认，按照有关规定执行。

由于我国工伤康复制度尚处在试点探索阶段，各地存在制度上的差异性和不稳定性，因此工伤康复期间的待遇各地也存在差异。

（三）工伤康复协议机构管理

建立机构准入制度：工伤康复协议机构应当具备开展工伤康复服务基本条件，即符合一定的准入标准。

服务协议的约定：各统筹地区社会保险经办机构与工伤康复机构签订服务协议，明确双方权利、义务、责任以及工伤医疗与工伤康复衔接内容，保障本地区工伤职工能得到及时有效的工伤康复。

协议机构的监管：社会保险经办机构指定专人负责工伤康复组织管理工作，及时了解有关单位工伤职工的情况，及时组织有康复价值的工伤职工进行康复治疗；工伤职工所在单位及工伤保险协议医疗机构应积极配合工伤康复协议机构的工作；工伤康复协议机构定期向社会保险经办机构报告康复对象的康复进展情况。

（四）工伤康复的经费保障

工伤保险基金是工伤康复的经费来源。绝大部分地区工伤康复费用的审核类似于医疗保险费用审核，由社会保险经办机构（例如医疗保险中心）承担。在审核程序上有初审和复审，方法上有抽查、复核等。

三、工伤康复的服务体系

（一）工伤康复服务机构的管理

工伤康复具有较强的专业性，需具备必要的技术和设施条件才可开展，鉴于我国康复医学的整体发展水平仍处于初级阶段，还没有成熟的康复机构准入管理制度，为保证工伤康复服务质量，一些地方如广东省参照原劳动和社会保障部《工伤保险经办业务管理规程（试行）》和卫生部《综合医院康复医学科管理规范》相关要求，于 2006 年制定了《工伤康复协议机构准入标准》。标准规定医疗机构须具备以下基本条件方可参加准入评审：经卫生行政部门批准并取得《医疗机构执业许可证》、达到二级甲等资质以上的医疗机构。

评审标准包括：科室设置与规模标准、人员配备标准、设备与器材标准、要求提供规范的康复诊疗项目、应有规范的业务管理机制、工伤康复协议机构的资格评审与认定。

（二）工伤康复服务内容的管理

目前，我国不同地区间经济发展状况差异较大，对工伤康复工作的认识也有很大不同，康复人才、技术水平和管理能力参差不齐。因此开展工伤康复工作既要积极推进，更要扎实稳妥，循序渐进。根据各层次康复机构的技术水平和服务能力，加强对工伤康复服务内容的管理。为促进康复工作健康发展，在相当长一个时期内，工伤康复试点工作将限定在地市级以上康复机构。在工伤康复工作内容上，地市级的试点机构重点做好医疗康复工作，探索和完善医疗康复管理和技术规范；省级康复试点机构，在全面做好医疗康复、职业康复的同时，结合本地康复技术条件、工伤伤残种类或职业病发病等实际情况，有侧重地探索开展一些特色的康复服务内容，积极探索和完善医疗康复、职业康复管理和技术规范；区域康复中心，要充分利用工伤康复的技术、人才和管理优势，进一步深入探索工伤康复技术标准和服务规范，并为周边地区康复机构提供技术支持、人才培养和示范服务。

（三）工伤康复服务体系的建设

建立工伤康复服务网络，树立工伤康复服务示范性机构，形成“国家—区域—地区（社区）”工伤康复服务体系，有助于促进工伤康复国内交流、加强科研活动和普及先进康复技术。

1. 全国工伤康复综合基地

根据国家对工伤康复工作的总体要求，国家发改委在《珠江三角洲地区改革发展规划纲要（2008—2020 年）》中明确提出要“建设国家级工伤康复基地”，其建设目标为：按照“面向全国、辐射周边、国内领先、国际一流”的要求，建设成为集国家医疗康复和职业康复基地、康复人才培养基地、康复科研基地和工伤康复国际交流合作基地于一体、具有国际先进水平的大型综合性国家级工伤康复示范中心。目前，广东省工伤康复中心被确定为“全国工伤康复综合基地”。该中心近年在工伤康复制度模式、技术标准和业务规范、工伤康复专业人才培养等方面进行了积极探索。

2. 区域性工伤康复中心

按照原劳动和社会保障部对全国工伤康复试点工作的统一部署，在各省、市工伤康复工作普遍开展的基础上，根据区域规划选择布点，将开展工伤康复工作较成熟、人才和技术力量较强、有区域特色的省级康复机构建设发展成区域工伤康复中心，充分利用区域工伤康复中心的技术、人才和管理优势，进一步深入探索工伤康复技术标准和服务规范，并为周边地区康复机构提供技术支持、人才培养和示范服务。同时加强区域合作，发挥大区工伤康复中心的康复资源优势和区域辐射作用，为周边地区的工伤职工提供特色康复服务。

3. 省级工伤康复中心

对经济欠发达的大部分省市，应由社会保险经办机构与专业医疗康复机构或综合性医院签订服务协议，充分利用工伤保险政策、基金和社会的康复资源，形成工伤康复服务的供需协议关系，成立省级工伤康复中心。这种供需协议管理的方式是我国工伤康复机构发展的主要方向。

4. 地市级协议工伤康复机构

部分地区的还需要根据各省、市工伤保险参保人数、工伤发生率、工伤康复需求和工伤保险基金实力，发展一定数量的地市级工伤康复协议机构，为有需求的工伤职工提供康复服务。

第四节　工伤康复的发展趋势

一、国外工伤康复管理的经验

随着工伤保险制度的发展，工伤康复工作在工伤保险体系中的作用也越来越重要，许多国家正在积极发展职业康复事业，并纳入了国家社会发展计划。下面对几个主要工业国家的工伤康复制度作简要介绍。

（一）各国工伤康复的发展简介

1. 德国工伤康复简介

德国是世界上第一个建立工伤保险制度的国家，于 1884 年颁布世界第一部《工伤事故保险法》。早在工伤保险开展之初，德国就非常重视工伤康复工作，确立了“康复先于赔偿”的基本原则，其工作目标是尽最大的努力，采取一切适合的手段，以达到工伤治疗所能达到的最好结果，使工伤者重返工作岗位享受正常生活。一旦工伤事故发生之后，德国的工伤保险机构则将工伤康复工作摆在了首要位置，而且，德国政府也将工伤康复服务的成效，即有多少工伤职工能通过职业康复重返工作岗位，作为评判工伤保险制度是否成功和对工伤保险的效益原则进行衡量的重要标志。目前，德国的工伤保险机构（同业公会）共拥有 11 家专门的工伤医疗机构，分布于全国各个地区。

这些医院的所有建筑、设备等由同业公会共同出资建设，由所有同业公会拥有和共同管理。这些工伤医院的另一个特点是，他们不但提供工伤的抢救治疗，更要为工伤职工提供医疗康复和职业康复服务，而且非常注重职业康复的“早期介入”，他们的一个口号是“在病床上即开始职业康复服务”，以利于工伤职工尽快回归工作岗位。其工伤康复内容包括医疗康复、职业康复和社会康复三个部分，医疗康复包括抢救、治疗和狭义的康复治疗全过程，同时也非常重视职业康复的早期介入，特别是在医疗康复进行之中即开始提供职业康复，而社会康复旨在帮助工伤者重返社会和家庭。

【阅读链接】

葛蔓．德国工伤保险的特点及成功之处［G］//葛蔓．工伤保险改革与实践．北京：中国人事出版社，2000：345—358

2. 英国工伤康复简介

英国于1897年颁布《工伤保险法》，建立了雇主责任制形式的工伤保险制度。1948年，英国按照社会保险的原则建立了新的工伤保险制度，经过1986年修订，社会保险和雇主责任险成为英国职业伤害保障制度的两大支柱，涉及工伤预防、赔偿和康复三个部分。英国提倡全面康复，强调社区康复资源中心的作用，要求每一个有条件的社区都要设立配套的服务，使残疾人实现全面康复。目前，英国拥有许多现代化康复中心，为因工致残工人服务，它旨在恢复工伤人员的职业劳动能力，指导工伤职工再就业。各中心每年共接受约1万名工伤人员，为他们提供灵活性较强的职业康复课程，以满足每个工伤职工的不同要求。职业康复的时间一般为8周，以恢复工伤职工对工作的适应能力，形成了先进的社区卫生服务模式，社区康复服务覆盖全民众，形成了具有显著特色的“全民健康服务”体系。

【阅读链接】

屈祖荫．英法等六国工伤保险制度介绍［G］//葛蔓．工伤保险改革与实践．北京：中国人事出版社，2000：328—337

3. 美国工伤康复简介

美国的工伤保险制度在发达国家中起步较晚，直到1908年联邦政府才颁布《劳工伤害赔偿法》，尔后该法推动了各州工伤保险立法的正式实施。美国在工伤保险政策的制定上遵循了欧洲的一些基本原则，但由于经济发展迅速，社会私有化程度高，在工伤康复的制度模式上体现了自身的特色。美国各州的工伤康复制度不太一致，由各州自行立法，存在社会保险模式、商业保险模式和二者混合模式，其中部分州还允许符合条件的企业自保，但均很重视工伤康复的实施，许多州（如哥伦比亚州、威斯康星州、北卡罗来纳州等）甚至建立了专门的工伤康复机构。至 20 世纪 90 年代，各州基本形成了较为成熟的预防—康复—赔偿相结合的雇员补偿制度，同时制度多元化决定了工伤康复管理服务方式的多样性。相对其他国家，美国的工伤康复制度有如下的一些特点：

（1）几乎每个州都建立了工伤康复委员会，统筹该州工伤职工的医疗和职业康复事项。

（2）高度重视工伤康复工作，工伤职工最长 15 年可申请工伤康复，康复期最长可达到 80 个星期。

（3）工伤职工应严格按照康复治疗程序，如无理拒绝接受康复治疗，工伤保险部门将有权拒绝支付有关工伤赔偿。

（4）高度重视工伤康复的统计分析工作，工伤康复委员会每年都要发表年度报告。如明尼苏达州 1999 年年度报告数据表明，共有 5 600 名工伤职工接受了康复治疗，受伤后接受职业康复的平均时间为 4.6 个月，职业康复平均期限为 7.3 个月，75%的工伤职工恢复了工作，其中 46%重返原工作岗位。而哥伦比亚州 1999 年的报告则表明，共有 12 000 名工伤职工接受了职业康复，职业康复费用占全年工伤保险基金的 4%。

【阅读链接】

李亚. 美国的职工赔偿保险——来自改革的经验［G］//葛蔓. 工伤保险改革与实践. 北京：中国人事出版社，2000：328—344

4. 日本工伤康复简介

日本于 1947 年立法实行工伤保险，实行全民保险制度，所有依法纳税的工伤患者均可享受相应待遇，保险范围覆盖临床医疗、康复医疗、职业康复、康复辅助器具配置、家居环境改建、家庭护理等所有类别，各个类别均由国家委托行业协会制定支付项目和支付标准，所需费用由国家全额支付。日本的工伤患者就医要到专门的工伤医院。全日本共有 39 所专门的工伤医院，床位 1.2 万张，占日本医院床位总数 1%。这些工伤医院与一般医院的区别是：工伤医院并非只接收工伤病人，同时承担附近地区一般病人的就诊，工伤医院工作人员的工资开支靠门诊和住院费收入，而基础设施建设、设备购置等资本性投资则由工伤保险基金支付。职业康复中心在同一个医院区域内设有医疗康复中心和职业康复中心，为不同部门分管，前者重在健康状态的恢复，后者重在劳动能力的培训，提供职业康复服务，并最终使工伤职工能尽快回归工作岗位。另外，日本的工伤保险机构都提供资金支持工伤康复技术的科研工作。日本的职业康复中心有国立、县立、民营三种形式，可以开展多种不同工种的职业康复训练，此外，还有数十家残疾人就业促进协会和支援中心，为具备就业能力的残疾者提供就业援助和中介服务。

【阅读链接】

胡晓义．日本的工伤保险制度［G］//葛蔓．工伤保险改革与实践．北京：中国人事出版社，2000：366—370

【阅读参考】**国际工伤康复政策演变与公约**

在工伤保险的长期实践中，逐渐发展形成将康复与工伤保险联系起来，在随后的国际劳工组织的系列劳工相关公约中，逐渐形成了与职业伤害的预防、康复和赔偿相关联的理念。

1952 年，国际劳工组织通过了《社会保障（最低标准）公约》，专门规定“工伤待遇”应包括职业伤亡补贴和医疗、职业康复服务；1955 年，又通过了《职业康复（残疾人）建议书》，对职业康复的定义、服务范围、原则方法、庇护就业以及残疾儿童、青少年的职业康复进行了明确的规定；1964 年，国际劳工组织通过了《职业伤害补偿公约》规定，各成员国应为工伤职工提供尽可能的医疗服务。第 26 条规定，所有成员国应为工伤职工提供康复设施或采取措施，为工伤职工就业寻求办法。1983 年，通过了《职业康复和就业公约（残疾人）》，明确了职业康复的目的，同时通过了《职业康复和就业建议书（残疾人）》，指出：各国的医疗卫生机构和其他社会机构应与职业康复机构密切协作，为残疾人提供尽可能早的职业康复服务。

（二）国际工伤康复服务模式比较

从世界范围来看，各国现行的工伤保险制度在形式上有雇主责任险（商业保险）、社会保险以及混合制度。政府干预职业危害保障的方式包括管制、财政补贴和公共生产等多种方式。各国工伤保险保障待遇一般包括医疗待遇、暂时性伤残待遇（即医疗康复期间的）、永久性部分残疾待遇、永久性完全残疾待遇和死亡待遇。多数国家职业伤害保险的医疗待遇远远优于一般的医疗保险待遇，并重视康复的早期介入工作，按照先康复后评残的原则实施职业伤害医疗待遇和经济补偿工作。

各国在推行工伤康复工作时，一方面是将其作为提高伤者福利的工作内容之一，另一方面又强化其特有的残疾管理功能以期减少基金和社会负担。与经济赔偿相比，工伤康复工作的性质对于工伤保险三方都具有两重性，工伤康复既是权利也是义务。因此，工伤康复的顺利实施更需要法律作为根本保障。各国在工伤保险制度建设初期，由于对职业危害赔偿责任和社会保障责任的认识、社会医疗服务水平和社会财富的集中水平的差异，在服务提供主体建设上存在多元化，既有政府部门举办的公立机构，也有私人部门投资的私立机构（不一定是营利性机构）。机构的资本投入既有来自于社会保障基金（公共资金），也有来自于政府财政拨款。机构隶属关系上既有隶属于医疗卫生系统，也有隶属于劳动或者教育等系统。

国外工伤康复服务管理的优秀经验主要有以下四个方面：一是通过法律条文、部门规章等政策法律形式，明确工伤保险制度下各方的医疗和职业康复权利和义务；二是对各种类型的康复服务机构实行准入和合同管理是国际通行办法，工伤保险管理部门与服务机构间存在密切的工作和信息往来；三是工伤康复专业化和标准化是发展工伤康复的必要手段；四是职业康复成为工伤康复的核心和目标。

二、我国工伤康复的现状与困难

（一）我国工伤康复试点工作的发展

2008 年 3 月，原劳动和社会保障部启动全国性工伤康复试点工作以后，绝大多数省市采取了简单购买服务的方式，与系统外医疗康复机构签订协议，由工伤保险基金支付工伤康复费用。面对我国工伤康复工作标准化和专业化不足的现状，建立工伤康复服务网络，树立工伤康复服务示范性机构，形成“国家—区域—地区（社区）”工伤康复服务体系，有助于促进工伤康复国内交流、加强科研活动和普及先进康复技术。

按照原劳动和社会保障部对全国工伤康复试点工作的统一部署，在各省市工伤康复工作普遍开展的基础上，根据区域规划选择布点，将开展工伤康复工作较成熟、人才和技术力量较强、有区域特色的省级康复机构建设发展成区域工伤康复中心，充分利用区域工伤康复中心的技术、人才和管理优势，进一步深入探索工伤康复技术标准和服务规范，并为周边地区康复机构提供技术支持、人才培养和示范服务。同时加强区域合作，发挥大区工伤康复中心的康复资源优势和区域辐射作用，为周边地区的工伤职工提供特色康复服务。多年来许多省市社会保障行政和业务管理部门在开展工伤康复试点工作中进行了积极的尝试，取得了很多有益的经验，有的已形成区域性工伤康复中心雏形。特别是广东、黑龙江、湖南、山东等省市在保障工伤职工权益，探索工伤康复标准，培养工伤康复人才等方面富有成效的探索，对逐步建立以区域康复中心为龙头、地区康复机构为网络的康复服务发展格局积累了可喜的成绩和经验。

【新闻摘录】（京华时报 2009 年 12 月 12 日讯）

首批工伤康复试点机构评估结果公布

人社部昨天公布了今年 9—10 月开展的对北京等 10 个省、自治区和直辖市工伤康复试点机构抽查的评估结果。

在这次评估工作中，共收到 42 家试点机构的评估材料，有 23 家达到该部制定的工伤康复试点机构准入条件和评估标准的要求，成为第一批工伤康复试点机构。

人社部称，在评估工作中发现的主要问题有：部分机构康复床位、康复业务用房面积未达到标准要求，康复设备器材较为简陋甚至短缺；科室设置不够齐全，部分试点机构没有独立的康复评定室、言语治疗室和康复支具室；在人员配备上，存在专业技术人员数量明显不足，学历偏低，结构不合理，特别是经正规培训的康复治疗师普遍较少；康复专业技术人员的合理调配与继续教育工作亟待加强等问题。

（http://finance.qq.com/a/20091212/001281.htm）

（二）我国工伤康复的发展模式

由于我国的工伤康复事业还处于起步阶段，工伤康复从理念、政策以及实际操作上都在进行探索。过去几年，全国各地都在摸索适合本地区社会经济水平的工伤康复发展的道路，大致有以下三种模式：

1. 兴建工伤康复专门机构

在一些工伤保险参保职工人数较多、工伤保险基金结余较大且康复人才及康复技术较集中的大中城市或地区，兴建专门的工伤康复机构。如广州市率先建立了工伤康复医院。

2. 利用社会资源，合作发展工伤康复事业

利用社会的康复资源和工伤保险基金的资金优势，共同发展工伤康复事业。如新疆乌鲁木齐市、广东肇庆市、河南郑州市等，选择康复基础较好的医疗单位合作。

3. 委托医疗机构，提供工伤医疗康复服务

如北京、深圳等地，委托指定医疗机构承担工伤职工的医疗康复服务。

(三) 我国工伤康复存在的困难和不足

经过近年来的实践，我国的工伤康复工作已取得了初步的成绩，但也暴露了一些困难和不足，主要体现在以下几个方面：

1. 社会对工伤康复的认识不足，参保企业和工伤职工康复意识缺乏。工伤职工发生工伤后的最重要的目标就是获得工伤补偿金。广州市的调查资料显示，是选择康复后的低补偿还是不康复的高补偿，很多工伤职工选择了后者，有的甚至拒绝工伤康复治疗。

2. 社会康复资源不能满足工伤职工日益增长的康复需求。由于我国康复医学起步较晚、起点低，无论从康复基础设施、康复技术以及康复专业人才等方面，都显得严重不足。而且，社会康复机构所提供的仅是一般的医疗康复服务，工伤职业康复尚处于空白。因此，工伤康复的巨大需要和康复资源的严重不足形成明显反差，阻碍了工伤康复事业的进一步发展。

3. 工伤康复机构的定位和有关经费问题仍然未能解决。作为直接为广大工伤职工提供服务的工伤康复专门机构，工伤康复机构的定位尚不明确。

4. 工伤康复配套政策仍然不够完善。随着工伤康复工作的发展，也不断出现了一些新的问题，如：工伤康复的目标是恢复和提高伤残职工的生活自理能力和职业劳动能力，当工伤康复的目标达到以后，工伤职工是否需要重新评残？存在医疗和护理依赖的工伤职工，如果领取一次性待遇并终结工伤保险关系，各种后遗症和旧伤复发的后续治疗和康复怎样解决？在安装和配置假肢及辅助器具时，除需要考虑其价格因素外，是否需要考虑其使用寿命？

5. 工伤康复早期介入未能有效实施。工伤康复的关键是早期康复介入，但因此而涉及工伤治疗医院、参保企业和工伤职工的利益，目前缺乏强有力的政策支持，来协调三者之间的关系。

6. 工伤职工的再就业面临一定的阻力。在目前就业情况的压力下，工伤职工虽然恢复了一定的职业劳动能力，但在体能上仍然存在一定的困难，并

因此往往不能重新回归工作岗位。

三、我国工伤康复的发展趋势和任务预测

我国是一个职业危害比较严重的国家，近十几年来每年因各类事故死亡人数都在 10 万人左右。从我国公布的工伤事故和职业危害的统计数据来看，工伤致残人数在逐年增加，2005 年为 33 万人，2006 年为 34.7 万人，2007 年为 35.8 万人，2008 年为 37.6 万人，2009 年为 39.4 万人，2010 年为 41.9 万人。近年来，随着工业的发展，全国因工伤致残或造成身体功能障碍的人员人数更是呈上升态势。据不完全统计，全国因工伤致残的职工总数目前已超过了 100 万人。

严重的职业危害给国民造成巨大的损失，据专家保守估计，近几年因工伤事故和职业病造成的经济损失约占 GDP 的 2%左右，仅仅 2010 年因事故造成的损失约在 8 000 亿元人民币以上。因工伤致贫问题直接影响全面建设小康社会目标的实现。

国外的经验和国内的实践表明，90%以上的工伤职工通过工伤康复是可以重返工作岗位的。面对如此庞大的工伤人群，发展工伤康复事业具有特别重要的意义。党中央、国务院高度重视民生工作，大力发展工伤康复事业，是坚持以人为本的服务理念，维护工伤职工合法权益的具体体现。我国工伤保险立法日趋完善，工伤保险参保人数大幅增加。至 2010 年年底，全国工伤保险参保人数近 1.62 亿人，工伤保险基金收入稳步增长。2010 年，全国工伤保险基金收入 285 亿元，基金结余也较多。在这个背景下，工伤康复将面临一个前所未有的发展机遇。工伤康复在我国还是一个新的概念，尚处于探索阶段，随着我国工伤康复工作的不断实践和逐步深入，今后工伤康复将呈现出以下几个发展趋势：

（一）建立和完善工伤康复政策管理体系

工伤康复事业既是一项复杂的技术工作，更是一项系统的社会工程。因此，有必要建立并完善工伤康复管理体系，做好工伤康复有关配套政策的探索、研究和完善工作，依托我国现有的工伤保险管理架构，对工伤康复对象确认、工伤康复早期介入、工伤康复费用支付等康复流程实施有效的管理。

（二）建立不同模式的工伤康复服务体系

1. 充分利用卫生资源，建立工伤康复网络。目前，部分综合医院也开展

了康复治疗。应充分利用卫生资源，选择康复水平较高、康复服务开展较好的综合医院作为工伤康复合作医院，并明确工作康复专门机构与康复合作医院的各自职能。

2. 加强区域合作，建立区域康复中心。在全国选择康复基础较好，工伤保险基金雄厚的中心城市，建立区域康复中心，并利用其康复资源优势，为周边地区的工伤职工提供康复服务，为各地康复工作的开展进行工伤康复专业技术人才和管理人才的培养和储备工作。

（三）建立工伤康复相关技术标准体系

由于国内各工伤康复试点机构在实践中，康复服务的内容各有侧重，缺乏统一规范的业务流程，技术标准不统一，严重影响到了我国工伤康复事业的规范化发展。因此，在实践的基础上制定和完善符合我国国情，与工伤康复工作探索步伐相适应，能为全国工伤康复工作提供统一的技术标准体系，就成为今后工伤康复探索的一项迫切的任务。

2008 年，原劳动和社会保障部制定了《工伤康复诊疗规范（试行）》和《工伤康复服务项目标准（试行）》，指导全国工伤康复试点工作，标志着我国工伤康复标准发展进入了崭新的阶段。但现有的相关技术标准仍难以支撑整个体系的健康发展，因此今后必须逐步建立统一完善的技术标准体系，以促进工伤康复的健康发展。

【阅读链接】

曾宪树. 我国工伤保险改革过程及有待开展的工作［G］//葛蔓. 工伤保险改革与实践. 北京：中国人事出版社，2000：149—158

（四）工伤残疾管理的新趋势

残疾管理概念近年来出现于欧美等发达国家，主要目的是促进劳资双方共同参与，协助工伤职工康复及重返工作，它强调工伤康复的“早期介入”，全面关怀照顾工伤职工，包括对工伤职工心理社交层面的关注。工伤残疾管理体现了工伤及职业病的预防和职业社会康复的一个新模式，从中吸收并学习重要的工伤职业康复理念及方法，开展工伤残疾管理领域的科研协作和课题研究，并积极拓展国际合作和交流，使我国的工伤康复事业尽快与国际水平接轨，从而发展符合我国国情的工伤职业社会康复模式，将是我国工伤康复发展的一个新趋势。

思考题

1. 残疾、工伤残疾、康复、工伤康复的概念。
2. 简要分析工伤康复在工伤保险体系中的作用和地位。
3. 工伤残疾预防的三级体系是什么?
4. 工伤康复治疗的主要种类?
5. 工伤职业康复工作的流程如何?
6. 简要分析我国工伤康复发展趋势?
7. 联系本地区、本部门的实际，谈谈发展工伤康复事业的设想。

第七章

工伤保险基金管理

本章导读

工伤保险基金是工伤保险制度实施的物质基础，工伤保险基金的筹集和管理是工伤保险工作的重要环节。

通过本章学习，应了解和掌握工伤保险基金的组成、特点和工伤保险费的缴费基数；确定工伤保险费率的原则和方法，工伤保险基金采用差别费率和浮动费率的目的和意义；工伤保险基金收入账户、支出账户、财政专户和储备金的内容；工伤保险基金财务分析的主要内容和社会监督方式。

第一节　工伤保险基金概述

一、工伤保险基金的概念

关键概念

工伤保险基金是指为了保障参保职工享受工伤保险待遇的权益，按照国家法律、法规的规定，由依法应参加工伤保险的用人单位按缴费基数的一定比例缴纳以及通过其他合法方式筹集的用于工伤保险的或者其他依法应当纳入工伤保险基金的其他资金构成的专项资金，是社会保险基金中的一个重要部分。

工伤保险基金是国家为了满足劳动者遭遇工伤事件时的医疗、生活保障和必要的经济补偿的需要而建立的一种社会保险基金。

工伤保险基金是实施工伤保险的基础。要保证工伤保险制度顺利实施，必须有稳定的基金作保障。工伤保险基金由用人单位缴纳的工伤保险费、工伤保险基金的利息和依法纳入工伤保险基金的其他资金组成（详见本章第四节）。其中，工伤保险费是工伤保险基金的主要来源。凡是纳入工伤保险参保范围的用人单位都应当按照规定，及时足额缴纳职工的工伤保险费，以保障工伤保险基金的支付能力，切实保障工伤职工及时获得医疗救治和经济补偿，从而使任何参保的并且发生了工伤事故的用人单位都能够及时使用筹集到的工伤保险基金，不因单位需要支付的工伤津贴过多而陷入困境，最有效地促进“分散风险负担，互偿灾害损失”这一重要社会保险原则的实现，体现出社会保险金“互助共济”的性质。

依照工伤保险待遇支付办法和其他支付办法，工伤保险基金是由社会保险部门管理的，用于支付工伤职工的工伤保险待遇、劳动能力鉴定等符合工伤保险规定范围内的各项费用的经济保障。社会保险部门是工伤保险基金的组织管理机构，并执行工伤待遇的支付职能。

【阅读链接】

郑功成．社会保障学［M］．北京：中国劳动社会保障出版社，2004

二、工伤保险基金的特点

（一）工伤保险基金具有鲜明的法律强制性

工伤保险基金是工伤保险制度的重要组成部分和实施工伤保险制度的物质基础。工伤保险不同于商业意外伤害保险，不具有自愿性质。它通过法律或法规的形式，对工伤保险基金的来源、筹集范围和办法、基金管理和运作方式等作出具体规定，以确保工伤保险制度的正常运行。在法律规定参保范围内的用人单位，必须依法按时足额缴纳工伤保险费。否则就是一种违法行为，有关用人单位必须承担相应的法律责任。

（二）工伤保险基金来源于不同行业的用人单位缴纳的工伤保险费，是具有调剂互助功能的专项基金

工伤保险有 3 个基本宗旨：一是保障工伤职工的基本权益，二是促进用人单位的工伤预防和康复，三是分散用人单位之间的由工伤造成的经济风险。参保单位无论发生多大的工伤事故，工伤保险基金都为参保单位的工伤职工支付规定的待遇，发挥工伤保险基金“一方有难，八方支援”的调剂互助功能。

（三）公益福利、待遇从优原则

工伤保险制度的建立不同于以盈利为目的的商业意外伤害保险，也不同于简单的雇主责任制。雇主责任制采取一次性支付并且赔偿额较低，工伤职工的权益难以得到保障。工伤保险基金取之于用人单位，用之于工伤职工，这充分体现了其社会公益福利性。

工伤保险是对职工因为工作原因造成的身体伤害进行的补偿，职工个人不缴纳工伤保险费，这是其他社会保险项目所不具有的特点。因此，我国的工伤保险待遇的给付标准是按照从优原则确定的，比养老、失业、医疗等项目的待遇都更优厚。而且只要工伤职工经过指定机构的工伤认定确定为工伤或患职业病的，不论年龄、工龄、缴费期限长短，均享受同等的工伤待遇给付。

（四）全部由用人单位缴费

工伤伤害是在劳动过程中产生的。劳动是创造企业财富的关键因素，工人为本企业的生产付出了血和汗的代价，所以由用人单位负担全部的工伤保险费用。企业缴纳工伤保险费，也为自身减轻了工伤保障和工伤发生后支付职工工伤保险费用的负担，有利于更好地开展工伤预防和发展企业的生产经营活动。

（五）现收现付

我国工伤保险基金实行现收现付制，并且确定根据“以支定收，收支平衡”的原则确定费率。工伤保险基金的筹集模式是主要依靠雇主缴费，职工个人不缴费，费率标准根据行业事故风险和职业危害程度确定，实行行业差别费率和用人单位浮动费率相结合的方式进行筹集。这种模式以“即期平衡”为依据，要求当年或几年内所有参保单位按费率征缴的工伤保险基金总额在收支过程中基本保持平衡。

三、工伤保险基金管理工作的基本任务和要求

（一）认真贯彻执行国家有关法律、法规和方针、政策

工伤保险制度是社会保障体系的重要组成部分，是一项环节多、专业性和政策性强的工作，它关系到工伤职工的切身利益，还直接影响我国改革、发展和稳定的大局。一个国家工伤保险制度的水平如何，在一定意义上是社会进步和文明程度的重要标志和体现。因此，工伤保险基金管理工作必须坚

持按照《工伤保险条例》和国家有关法律、法规和方针、政策执行。

（二）依法筹集和使用基金

《社会保险法》对各项社会保险基金作了规定。《工伤保险条例》对工伤保险基金的来源、筹集、管理和支出等问题作了规定，依法筹集和使用基金是工伤保险基金管理的一项重要内容。我们必须根据国家有关法律、法规和政策的规定，及时、足额筹集和支付基金，维护和保障劳动者的基本权益。

（三）建立健全工伤保险基金的财务管理制度

工伤保险基金管理工作必须建立健全科学、规范、合理、有序的管理制度，包括：通过制定工伤保险诊疗目录、工伤保险药品目录、工伤保险住院服务标准来明确工伤医疗的保障范围；制定科学的工伤保险待遇支付制度；完善工伤预防费管理制度；建立健全工伤保险基金预决算制度、财务会计制度、审计制度和各项内部管理制度，使工伤保险基金管理工作做到有法可依、有章可循，实现科学、规范化管理。

（四）努力做好工伤保险基金的计划、控制、核算、分析和考核工作，并如实反映基金收支状况

基金的计划、控制、核算、分析和考核是工伤保险基金管理工作的重要环节，通过对基金的筹集、审核和支付等环节进行严格管理，发现问题并及时解决。

（五）加强工伤保险基金的监督和检查，确保基金的安全

为保证工伤保险基金的安全和合理使用，要建立健全工伤保险基金行政监督和社会监督机制。工伤保险基金的行政监督包括各级社会保险行政部门、财政部门和审计部门实施的监督。工伤保险基金的社会监督包括社会组织、公民举报和新闻媒体的监督。

（六）工伤保险基金纳入单独的社会保障基金财政专户，实行收支两条线管理，专款专用

任何部门、单位和个人均不得挤占、截留和挪用，也不得用于平衡财政预算。工伤保险基金纳入财政专户，实行收支两条线管理，能够建立有效的部门间相互制约机制，有利于保证基金的安全。纳入财政专户管理，工伤保险基金的筹集、支付、运营等各个环节，都处在社会保险行政部门、财政部

门、金融机构的监控之下，形成三者之间相互协作、相互约束的局面，有利于建立起有效的相互制约的机制。

【阅读链接】

尹蔚民. 社会保险法释义［M］. 北京：中国劳动社会保障出版社，2010

第二节　工伤保险基金的筹集

从国际经验看，工伤保险基金的筹集模式一般采取现收现付制，主要依靠雇主缴费，职工个人不缴费。有学者对各国工伤保险基金的筹集方式进行归纳总结，认为大体可以分为以下3类①：

1. 个别（单独）确定法。又称为功过确定法或经历确定法。这种方法与雇主责任制中的义务性保险缴费额的确定办法最为接近。基本缴费额可以用预测的方式确定，然后再根据雇主的经历进行调整。付款具有追溯效力。个别工伤事故的有关数据和账目要求只针对某一个企业。单独确定法会使保险计划受到来自雇主方面的压力，这些雇主都希望自己被确定缴纳最低额的保费。

2. 集体确定法。这种确定基本费用缴纳金额的办法与单独确定法较为相似，不同之处在于，根据的是相同经济活动中所有企业发生工伤危险情况而定（由雇主缴纳）。

3. 统一确定法。在这种方法中，共担风险的原则得到最全面的应用。所有雇主一律缴纳统一数额的保险基金。数据和账目也是针对整个制度而设计的。这种方法是所有办法中最简单的一种。

在总结国际上工伤保险基金筹集经验的基础上，我国工伤保险基金实行用人单位缴费，费率标准根据行业事故风险和职业危害程度确定，实行行业差别费率和用人单位浮动费率相结合的方式进行筹集。

一、缴费范围

依据《社会保险法》，现行的《工伤保险条例》第二条规定：中华人民共和国境内的企业、事业单位、社会团体、民办非企业单位、基金会、律师事务所、会计师事务所等组织和有雇工的个体工商户（以下称用人单位）应当

① 邓大松. 社会保险（第二版）［M］. 北京：中国劳动社会保障出版社，2009

依照本条例规定参加工伤保险，为本单位全部职工或者雇工（以下称职工）缴纳工伤保险费。

条例所规定的“企业”，包括在中国境内所有形式的企业，按照所有制划分，有国有企业、集体所有制企业、私营企业和外资企业；按照所在地域划分，有城镇企业、乡镇企业和境外企业；按照企业的组织形式划分，有公司、合伙、个人独资企业等。这里需要指出两点：一是工伤保险制度在不同的国家之间不能互免。在中国的外资企业必须参加中国的工伤保险；在国外的中资企业也必须参加当地的工伤保险；二是在用人单位实行承包经营时，工伤保险责任由职工劳动关系所在单位承担。

关键概念

事业单位是指除参照公务员法管理之外的其他依照《事业单位登记管理暂行条例》的有关规定，在机构编制管理机关登记为事业单位，且没有改为由工商行政管理登记为企业的事业单位。主要包括基础科研、教育、文化、卫生、广播电视等领域的单位。

民办非企业单位是指依照 1998 年 10 月 25 日国务院公布施行的《民办非企业单位登记管理暂行条例》的规定在民政部门登记为民办非企业单位，由企业事业单位、社会团体及公民个人利用非国有资产举办的，从事非营利社会服务活动的社会组织，如民办学校、民办医院等。

社会团体是指依照 1998 年 10 月 25 日国务院公布施行的《民办非企业单位登记管理暂行条例》的规定在民政部门登记为社会团体，中国公民自愿组成，为实现会员共同意愿，按照章程开展活动的非营利性社会组织。

律师事务所是指根据《中华人民共和国律师法》设立的律师执业机构。主要分为合伙、个人以及国家出资设立的律师事务所三类。

会计师事务所是指根据《中华人民共和国注册会计师法》的规定，依法设立并承办会计师事务的机构。

基金会是指根据 2004 年 2 月 4 日国务院公布的《基金会管理条例》，基金会是指利用自然人、法人或者其他组织捐赠的财产，以从事公益事业为目的的非营利性法人。基金会分为面向公众募捐的基金会和不的面向公众募捐的基金会。

个体工商户是指在工商行政管理部门进行了登记并且雇用人数在 7 人以下，开展工商业活动的自然人。

条例并不要求所有的个体工商户都参加工伤保险，而是要求有雇工的个体工商户必须参加，雇工的数量从1人到7人不等。同时，考虑到全国各地个体工商户的劳动用工制度不完备和发展状况不平衡，对个体工商户的管理水平也存在很大差异，《工伤保险条例》授权由各省级人民政府规定本地区个体工商户参加工伤保险的具体步骤和实施方法。

关键概念

职工是指与用人单位存在劳动关系（包括事实劳动关系）的各种用工形式和各种用工期限的劳动者。

必须注意的是，“职工”指的是与用人单位签订了固定期限、无固定期限和以完成一定任务为期限的劳动合同的劳动者，也包括与用人单位形成了事实劳动关系的各种形式的临时工、学徒工等劳动者。试用期内的劳动者也属于职工的范畴。用人单位包括国有、集体、民营、私营、合伙、独资、三资企业，以及个体工商户的雇工。条例对于“职工”的定义做了较宽的界定，目的是强化对所有劳动者的保护，以突出社会保险的普遍性和公平性。

各类企业和有雇工的个体工商户必须参加工伤保险，为本单位全部职工或者雇工及时、足额缴纳工伤保险费。只有参加工伤保险，才能分担风险，同时使职工权益得到保障。

二、缴费基数

工伤保险费的缴费基数为本单位职工工资总额。用人单位一般以本单位职工上年度月平均工资总额为缴费基数。企业缴费基数低于统筹地区上年度社会月平均工资总额60%的，按60%征缴；高于统筹地区上年度社会月平均工资总额300%的，按300%征缴。

关键概念

职工工资总额是指各类企业、有雇工的个体工商户直接支付给本单位全部职工的劳动报酬的总额。其中“全部职工”是指与每一个企业、每一个有雇工的个体工商户存在劳动关系（包括事实劳动关系）的各种用工形式、各种用工期限的劳动者。

根据国家统计局的有关规定，工资总额的组成包括 6 个部分：计时工资、计件工资、奖金、津贴和补贴、加班加点工资和特殊情况下支付的工资。但不包括以下 3 个部分的费用：单位支付给劳动者个人的社会保险福利费用，例如丧葬费、生活困难补助、计划生育补贴等；劳动保护方面的费用，如防暑降温费等；按规定未列入工资总额的各种劳动报酬和其他劳动收入，如稿酬、讲课费、资料翻译费等。

工伤保险费全部由用人单位缴纳，职工个人不承担缴费义务。这一规定充分体现了工伤保险遵循的雇主责任制原则。

三、工伤保险费率

（一）工伤保险费率确定的原则

工伤保险基金是工伤保险制度的物质基础，没有稳定的资金来源，就不能保证依法给予工伤职工相应的工伤保险待遇。而建立工伤保险基金，首先要确定工伤保险费率。建立科学、规范的工伤保险费率机制是工伤保险管理制度的核心，因此确定合理可行的费率是保证工伤保险制度运行的关键一步。

关键概念

工伤保险费率是指社会保险经办机构向用人单位征收的工伤保险费与本单位职工工资总额的一定比率。

在确定工伤保险费率时，应把握以下原则：

1. 以支定收、收支平衡

工伤保险基金实行现收现付制，也就是将当期征缴的工伤保险费用于支付当期的各项工伤保险待遇及其他合法支出。这种方式以“横向平衡”原则为依据。

关键概念

“横向平衡”指的是近几年内工伤保险所提取的基金总和应与其所需支出的费用总和保持平衡。

工伤事故的发生有偶然性，但总体上也有一定规律。在一定的周期内，对某个地区某一时段的工伤事故或者职业病的发生及其所需费用有了估算后，就能预测出下一时段工伤保险基金所需的资金量。工伤保险基金强调的是即期的平衡，因此工伤保险费率的确定，应该满足各项工伤保险待遇及各项合法项目的支出，同时又不使基金有过多积累。

2. 实行行业差别费率

根据不同行业面临的工伤风险确定行业的差别费率，并根据工伤保险基金使用和工伤发生率等情况在每个行业内确定若干缴费的费率档次。行业差别费率是工伤保险费率确定的基础。行业差别费率的确定，首先在每个行业确定一个基准费率，然后在基准费率的基础上根据不同行业各单位的安全生产状况、工伤保险费用的使用等情况，在每个行业内确定若干费率档次。

【阅读参考】

差别费率是国际通用的一种工伤保险费用的筹资方法，世界上建立工伤保险制度的国家大多实行行业差别费率，使用人单位的缴费与所属行业风险程度、事故发生频率相挂钩。例如对工伤事故发生频率高的煤炭开采业、建筑业等行业确定较高的基准费率，反之，如银行业、证券业、商业等行业确定较低的基准费率。差别费率使工伤保险费的征缴更加趋于合理化。

3. 实行费率浮动机制

行业的差别费率和费率的档次确定后，统筹地区社会保险经办机构根据上年度用人单位工伤保险基金使用、工伤发生率等指标，确定其在所属行业内相应的费率档次中适用的费率，作为该用人单位的缴费费率。用人单位在上年度安全生产状况好或者工伤保险基金使用少，其具体适用的费率档次就低，反之就有可能调高其适用的费率档次。

(二) 行业差别费率

1. 制定行业差别费率的目的和意义

行业差别费率的确定，主要是根据对各行业或企业单位发生的工伤伤亡事故和职业病统计，以及工伤费用需求的预测而定。制定行业差别费率的目的是要在工伤保险基金进行分担的基础上，体现对不同工伤事故发生率的企业和行业实行差别性的负担，以保证该行业及企业工伤保险基金的收付平衡，并适当促使其改进劳动安全保护措施，促进职业安全，降低工伤赔付成本。通过运用管理和经济手段强化用人单位工伤保险缴费责任，建立工伤保险费用与工伤发生率挂钩的预防机制，促进企业的安全生产，从整体上减少工伤保险基金的支出，从个体上减轻企业的经济负担。实行差别费率机制，可以把工伤保险的互助互济原则和雇主责任制原则有机地结合起来，把工伤保险和工伤预防结合起来。既保护工伤职工的合法权益，又分散用人单位的工伤风险。

2. 行业差别费率的确定

（1）关于行业划分

不同的行业，其工伤事故或者职业病的发生概率是不一样的。用人单位费率的确定主要依据企业的规模和所从事的行业，其中企业所从属的行业是考虑费率水平的重要依据，各个企业风险程度也是确定费率过程中的重要考虑因素。反映不同工伤风险的行业划分标准的确立，一方面要参照国民经济行业分类，另一方面要依据职业安全卫生的有关统计数据，经验数据则根据事故和职业病统计数据分析得出。这些数据不仅仅需要考虑事故发生率和职业病发生率等，还要考虑事故造成的损失率。

根据不同行业面临的工伤风险程度，参照《国民经济行业分类》（GB/T 4754—2002），可以将行业划分为 3 个类别：第一类为风险较小行业（如银行业、证券业等），第二类为中等风险行业（如房地产业、铁路运输业等），第三类为风险较大行业（如煤炭开采业、石油加工业等）。根据这 3 类不同的工伤风险程度，分别实行 3 种不同的工伤保险缴费费率。统筹地区社会保险经办机构要根据用人单位的工商登记和主要经营生产业务等情况，分别确定各用人单位的行业风险类别。

（2）关于行业基准费率的确定

目前，各省、自治区和直辖市工伤保险费平均缴费率原则上要控制在职工工资总额的 1.0%左右。在这一总体水平下，各统筹地区 3 类行业的基准费率要分别控制在用人单位职工工资总额的 0.5%、1.0%和 2.0%左右。具体标准由各统筹地区社会保险行政部门按照以支定收、收支平衡的原则，根据工伤保险费的使用、工伤发生率、职业病危害程度等情况提出分类行业基准费率的具体标准，报统筹地区人民政府批准后实施。基准费率的具体标准可定期调整。

确定差别费率所依据的工伤事故和职业病频率的统计分析指标，主要有以下几种：

①工伤事故发生次数。指的是单位时间内某行业发生工伤事故的次数总和。本指标说明工伤事故的发生频率和劳动保护安全制度的总效应。

②因工负伤总人数。指的是单位时间内因工伤残、死亡的人数之和。

③因工伤残、死亡总人数。指的是单位时间内因工负伤，致残乃至死亡的累积人数与次数之和。这一指标反映行业工伤事故的总体规模，是确定差别费率的重要指标之一。

④工伤事故频率。指的是单位时间内每千名职工因工负伤的总人数。这一指标是反映行业或企业内职业伤害发生的程度，说明了在职工总体中工伤事件发生的概率高低。

⑤工伤死亡率。指的是单位时间内因工死亡的职工占工伤总人数的比例，这一指标反映了工伤事故对职工的伤害程度，说明了行业工伤事故的严重程度高低。

(三) 浮动费率

1. 实行浮动费率的目的

浮动费率指的是在差别费率的基础上根据企业在一定时期内安全生产状况和工伤保险费用支出情况，定期确定企业费率浮动的办法，其目的是利用经济手段促进企业重视安全生产，强化工伤预防工作，降低企业伤亡事故发生率。浮动费率是与企业的工伤事故发生率直接挂钩的，企业上年度发生的事故越多，下年度缴费就越多，这就体现浮动费率的经济扛杆作用。为了发挥好浮动费率这个杠杆作用，必须制定规范的浮动费率机制，科学统计分析和评估行业企业的工伤事故率、收支率和工伤保险费用支出等情况，调整企业的工伤保险费率。通过调整工伤保险费率促进企业抓好安全生产，减少工伤事故的发生，这是实行工伤保险费率机制的目的所在。

2. 浮动费率的确定

用人单位属一类行业的，按该行业基准费率缴费，不实行费率浮动。用人单位属二、三类行业的，实行费率浮动。用人单位的初次缴费费率，按行业基准费率确定，以后由统筹地区社会保险经办机构根据用人单位工伤保险费使用、工伤发生率、职业病危害程度等因素，每1～3年浮动一次。在行业基准费率的基础上，可上下各浮动两档：上浮第一档到本行业基准费率的120％，上浮第二档到本行业基准费率的150％；下浮第一档到本行业基准费率的80％，下浮第二档到本行业基准费率的50％。费率浮动的具体办法由各统筹地区社会保险行政部门根据本地区的实际情况制定。

【案例 7—1】

某用人单位属于房地产业和铁路运输业，当年确定基准费率是职工工资总额的 1.0%。若连续 3 年没有发生工伤事故和职业病，从第 4 年起该单位的费率将下浮到 0.8%；若在执行基准费率的当年就发生了重大死亡事故，则第 2 年的费率将上浮到 1.2%。

四、工伤保险基金的统筹层次

按照《社会保险法》第六十四条第三款和《工伤保险条例》第十一条第一款有关规定，工伤保险基金逐步实行省级统筹。

目前，工伤保险基金的统筹层次主要仍为市级统筹，可以分为以下两种情况：

1. 京、津、沪、渝 4 个直辖市实行全市统筹。主要是考虑到 4 个市在地域管理和组织管理方面，都和一般省级行政区划有很大不同，实行全市统筹有利于方便管理和工伤职工就医。

2. 在其他省、自治区设区的市工伤保险基金实行全市统筹，也就是实行地（市）级统筹。

《社会保险法》规定，除基本养老保险逐步实行全国统筹外，其他社会保险基金逐步实行省级统筹。工伤保险作为社会保险的一个重要险种，由于工伤保险费率较低，并且实行现收现付制，因此在社会保险中相对比较容易实现较高层次的统筹。世界上开展工伤保险的国家大多实行较高层次的统筹。《工伤保险条例》规定工伤保险基金逐步实行省级统筹，因此，目前实行工伤保险市级统筹的，应当逐步向省级统筹过渡。

与统筹层次相关的还有工伤保险异地统筹问题。根据社会保险的一般规定，用人单位应当向当地社会保险经办机构办理社会保险登记并参加包括工伤保险在内的社会保险。用人单位应按照属地管理的原则，参加其所在统筹地区的工伤保险，向所在统筹地区的社会保险经办机构缴纳工伤保险费。在实际工作中，有的行业生产流动性较大，其工作范围跨几个统筹地区。这样的行业参加工伤保险有其特殊性，如果还按照参加所在统筹地区的工伤保险来执行，势必造成同一行业的企业参加不同统筹地区的工伤保险，直接导致同一行业工伤职工享受的工伤保险待遇不同，在实践中产生一些人为的不公平。为了避免类似情况的发生，同时也为了给生产流动性较大的行业如何参加工伤保险留有一定余地，《工伤保险条例》规定可以采用相对集中的方式异地参加统筹地区的工伤保险。具体办法由国务院社会保险行政部门会同该行业的主管部门制定。

第三节 工伤保险基金的收支与管理

一、工伤保险基金收入和管理

（一）基金收入的项目和内容

关键概念

工伤保险基金收入是指工伤保险基金在筹集过程中形成的各项收入。

基金收入可以划分为：工伤保险费收入、利息收入和其他收入（包括财政补贴收入、上级补助收入、下级上解收入等）。

1. 工伤保险费收入。工伤保险费收入是指缴费单位按缴费基数的一定比例缴纳的工伤保险费。按照规定，缴费单位以国家规定的职工工资总额作为缴费基数，企业缴费基数低于统筹地区上年度社会平均工资60％的，按总额的60％征缴。高于统筹地区上年度社会月平均工资总额300％的，按总额的300％征缴。

工伤保险费收入是工伤保险基金收入的主要部分和基础部分，各级经办机构应重视工伤保险费的工资总额核算。

2. 利息收入。利息收入由两部分构成：一是将其存入银行取得的利息收入，包括收入户存款利息收入、支出户存款利息收入和财政专户存款利息收入；二是工伤保险基金在条例实施前已购买和条例实施后到期（或付息）的债券产生的利息收入。

3. 其他收入。其他收入是指工伤保险的滞纳金及其他经财政部门核准的收入，包括财政补贴收入、上级补助收入和下级上解收入等。

滞纳金是指因应缴费的单位拖欠缴纳工伤保险费而按规定收取的款项。根据《社会保险法》第八十六条的规定，用人单位未按时足额缴纳社会保险费的，由社会保险费征收机构责令限期缴纳或补足，并自欠缴之日起，按日加收万分之五的滞纳金。滞纳金并入社会保险基金。

财政补贴收入是指财政给予工伤保险基金的补贴收入。

上级补助收入是指下级经办机构接受上级经办机构拨付的工伤保险基金补助收入。建立调剂金的地区，在下级工伤保险基金支付发生困难时，上级经办机构经财政部门批准，可向下级经办机构调剂补助。

下级上解收入是指上级经办机构接受下级经办机构上解的工伤保险基金基金收入。在建立调剂金的地区，下级上解收入作为调剂金使用。

（二）基金收入的管理

工伤保险费的征收可实行社会保险经办机构征收和税务机关征收两种模式。但无论采取何种征收方式，征收的基金都应按规定纳入单独的社会保障基金财政专户，实行收支两条线管理。

1. 社会保险经办机构征收方式下的专户管理。社会保险经办机构设立的收入户必须经同级财政和社会保险行政部门共同认定，并在国有商业银行开户，不能在非银行金融机构开户。

收入户的主要用途是：暂存由经办机构征收的社会保险费收入；暂存下级经办机构上解或上级经办机构下拨的基金收入；暂存该账户的利息收入以及其他收入等。收入户除向财政专户划转基金外，不得发生其他支付业务。收入户月末无余额。

2. 税务机关征收方式下的专户管理。实行税务机构征收工伤保险费的地区，不设收入户。

二、工伤保险基金支出和管理

（一）基金支出项目和内容

关键概念

工伤保险基金支出是指工伤保险基金在支付过程中的各项支出。包括工伤保险待遇支出、劳动能力鉴定费支出、工伤预防费用支出和其他支出（如补助下级支出、上解上级支出等）。

---

1. 工伤保险待遇支出包括：工伤医疗待遇支出、康复待遇支出、伤残待遇支出、工亡待遇支出等。

（1）工伤医疗待遇支出。工伤医疗待遇支出是指工伤职工进行治疗所发生的符合有关规定的门（急）诊费、住院费、急救车费等。

（2）康复待遇支出。康复待遇支出是指工伤职工进行康复性治疗或职业康复过程中所发生的符合有关规定的费用。

（3）伤残待遇支出。伤残待遇支出是指工伤职工按照规定评定伤残等级后享受的经济补偿。包括：一次性伤残补助金、伤残津贴、伤残津贴实际金额低于当地最低工资标准的差额补贴、基本养老保险待遇低于伤残津贴的差额补贴、护理费以及辅助器具费用。

（4）工亡待遇支出。工亡待遇支出是指因工死亡职工的亲属按规定领取的丧葬补助金、一次性工亡补助金和向其他符合条件的人员发放的供养亲属抚恤金。

2. 劳动能力鉴定费支出是指劳动能力鉴定委员会支付给参加劳动能力鉴定的医疗卫生专家的费用、支付给有关医疗机构的诊断费以及劳动能力鉴定过程中发生的差旅费、会议费等。

3. 工伤预防费用支出。一般用于对企业进行工伤预防宣传，对企业管理人员和一线员工进行安全教育和培训，对企业改善安全状况和作业环境给予补贴等。

4. 其他支出。是指法律、法规规定的其他非工伤保险待遇性质的支出费用，其中包括补助下级支出、上解上级支出等项支出。补助下级支出是指上级经办机构拨付给下级经办机构的工伤保险补助支出。上解上级支出是指下级经办机构上解上级经办机构的工伤保险支出。

（二）基金支出的管理

1. 基金支出的管理原则

（1）统筹范围内支付原则。基金必须是支付给统筹范围内参加工伤保险的工伤职工，不得支付给未参加统筹的人员。

（2）专款专用原则。工伤保险基金只能专用于保障工伤职工的工伤保险待遇，任何地区、部门、单位和个人都不得挪作他用。

（3）统一性原则。基金的支出要严格按照国家政策规定的项目和标准开支，维护国家整体的利益，保持各项政策执行的统一性。任何地区、部门和单位不得以任何借口擅自增加支出项目，提高开支标准。

（4）适度性原则。基金支出既要维持合理的支付水平，满足工伤职工最基本的生活需要和医疗需要，又不能超越生产力发展水平和经济社会发展的承受能力，盲目扩大支付规模，提高待遇水平。

2. 支出户的设立和要求

社会保险经办机构要在同级的财政部门和社会保险行政部门共同认定的国有商业银行设立工伤保险基金支出户，用以接收社会保障基金财政专户拨付的款项。

支出户的主要用途是：接收财政专户拨入的基金；暂存社会保险支付费用及该账户的利息收入；支付基金支出款项；划拨该账户资金利息收入到财政专户；上解上级经办机构基金或下拨下级经办机构基金。支出户除接受财政专户拨付的基金及该账户的利息收入外，不得发生其他收入业务。

3. 基金拨付的具体程序

基金发生支付时，分两个步骤：一是社会保险经办机构要根据财政部门核定的基金年度预算及月份收支计划，按月填写财政部门统一印发的“用款申请书”，并注明支出项目、金额，加盖本单位用款专用章，在规定的时间内报送同级财政部门；二是财政部门对社会保险经办机构报送的“用款申请书”及时进行审核，审核无误后，应在规定的时间内将基金从财政专户拨入支出户；对社会保险经办机构报送不符合规定的凭证和用款手续的，财政部门有权责成经办机构重新填报“用款申请书”。对于报送、审核、拨付的时间等要求，由各省、自治区、直辖市根据当地的情况自行制定具体实施细则。

（三）先行支付的有关规定

《社会保险法》第四十一条规定：“职工所在用人单位未依法缴纳工伤保险费，发生工伤事故的，由用人单位支付工伤保险待遇。用人单位不支付的，从工伤保险基金中先行支付。从工伤保险基金中先行支付的工伤保险待遇应当由用人单位偿还。用人单位不偿还的，社会保险经办机构可以依照本法第六十三条的规定追偿。”第四十二条规定：“由于第三人的原因造成工伤，第三人不支付工伤医疗费用或者无法确定第三人的，由工伤保险基金先行支付。工伤保险基金先行支付后，有权向第三人追偿。”《社会保险基金先行支付暂行办法》（2011 年 6 月 29 日，人力资源和社会保障部令第 15 号）又对包括工伤保险基金在内的社保基金先行支付办法作了具体规定。

1. 先行支付的两种情形

对于职工所在用人单位未依法缴纳工伤保险费，发生工伤事故且用人单位不支付的，《社会保险基金先行支付暂行办法》第六条第二款指出：“职工被认定为工伤后，有下列情形之一的，职工或者其近亲属可以持工伤认定决定书和有关材料向社会保险经办机构书面申请先行支付工伤保险待遇：（一）用人单位被依法吊销营业执照或者撤销登记、备案的；（二）用人单位拒绝支付全部或者部分费用的；（三）依法经仲裁、诉讼后仍不能获得工伤保险待遇，法院出具中止执行文书的；（四）职工认为用人单位不支付的其他情形。”

对于第三人的原因造成工伤，第三人不支付工伤医疗费用或者无法确定第三人的，根据《社会保险基金先行支付暂行办法》的规定，社会保险经办机构需要先审查个人获得基本医疗保险基金先行支付和其所在单位缴纳工伤保险费等情况。在用人单位已经依法缴纳工伤保险费的前提下，还要弄清在认定工伤之前基本医疗保险基金是否已先行支付，若基本医疗保险基金已先行支付，工伤保险基金需先行支付超出医疗保险基金先行支付部分的医疗费用并向医疗保险基金退还先行支付的费用；若基本医疗保险基金未先行支付，工伤保险基金则需先行支付全部工伤医疗费用。同理，在用人单位未依法缴纳工伤保险费且未在规定时间内支付法律规定费用的前提下，也要弄清在认定工伤前医疗保险基金有无先行支付，而后工伤保险基金需要先行支付的内容与用人单位已经依法缴纳工伤保险费的情形相同，不再赘述。

2. 先行支付的申请和受理

工伤职工或其近亲属申请先行支付，需要持工伤认定决定书和有关材料（如所有医疗诊断、鉴定等费用的原始票据），向社会保险经办机构提出书面申请。

社会保险经办机构收到职工或其近亲属所提出的申请后，经审查，若申请人的情况不符合先行支付条件，应在收到申请后 5 个工作日内作出不予先行支付的决定，并书面通知申请人。

若申请人的情况符合《社会保险法》第四十一条、第四十二条规定的先行支付条件，如用人单位未依法缴纳工伤保险费，社会保险经办机构应当在接到申请后的 3 个工作日内向用人单位发出书面催告通知，要求其在 5 个工作日内予以支付，用人单位未按时足额支付的，社会保险经办机构应先行支付法律法规规定的费用；如用人单位已依法缴纳工伤保险费，则经办机构应按照相关规定先行支付工伤医疗费用。

3. 对工伤保险先行支付费用的追偿

值得注意的是，对于职工所在用人单位未依法缴纳工伤保险费而发生工伤事故或由第三人造成的工伤事故，《社会保险法》规定应当由用人单位或第三人支付工伤保险待遇，若工伤保险基金已先行支付，则用人单位或第三人应当偿还，否则社会保险经办机构应向其追偿。《社会保险法》和《社会保险基金先行支付暂行办法》规定了相应的追偿办法。首先，对于未依法缴纳工伤保险费的用人单位，社会保险经办机构应责令用人单位在 10 日内偿还。用人单位逾期不偿还的，社会保险经办机构可以按照《社会保险法》第六十三条的规定进行追偿。而经办机构向用人单位追偿时所发生的合理费用以及用人单位逾期偿还部分的利息损失等，应当由用人单位承担。其次，对于造成职工工伤的第三人逾期不偿还的，社会保险经办机构应当向人民法院提起行政诉讼。

对于工伤职工个人来说，已从第三人或用人单位处获得医疗费用、工伤医疗费用或者工伤保险待遇的，应按规定退还给工伤保险基金和医疗保险基金相应费用，经办机构也不再向第三人或者用人单位追偿。个人拒不退还的，经办机构可从以后支付的相关待遇中扣减其应当退还的数额，或者向人民法院提起诉讼。

【阅读链接】

《社会保险法》第六十三条（2010 年 10 月 28 日公布，2011 年 7 月 1 日实施）

三、储备金管理与使用

（一）建立储备金的目的和意义

工伤事故的发生具有不确定性。为了应对重大工伤事故的发生，防范基金风险，保障工伤职工的合法权益，保证工伤保险基金在收支平衡的原则下的正常运行，工伤保险基金应当按照一定比例留有储备金，用于统筹地区重大事故的工伤保险待遇支付。

工伤保险储备金的设立是市场经济体制下调整财政支出结构的需要，也是工伤保险制度正常运行的有效保证。工伤保险基金实行现收现付制度，并且确定根据“以支定收，收支平衡”的原则确定费率。这种模式以“即期平衡”为依据，要求当年或几年内所有参保单位按费率征缴的工伤保险基金总额在收支过程中基本保持平衡。这种筹集模式的优点是简便易行，按照工伤保险的需要可及时调整缴费比率，保持收支平衡，避免因物价上涨或者基金的长期积累而造成工伤保险基金的贬值，具有通过再分配达到公平为主导的特性。其缺点在于缺乏长远规划，没有必要的储蓄和积累，容易出现支付危机。为了避免当突发事件发生时工伤保险基金难以支付的情况，条例规定了风险储备金制度。建立风险储备金，一方面能够更好地保障工伤职工的合法权益，另一方面也能更好地处理和化解发生重大工伤事故的用人单位的风险。

（二）储备金的规模

由于我国幅员辽阔，各地经济发展水平、行业风险情况和用人单位的安全状况存在较大差异，《工伤保险条例》规定，储备金占基金总额的具体比例和储备金的使用方法由省、自治区、直辖市人民政府决定。

在规定储备金占基金总额的具体比例时，应首先进行储备金的测算。储备金是社会保险机构用于对突发、重大、异常工伤事故等进行赔偿和给付的费用。虽然就整体参保人群而言，在一定的时间内，工伤事故的发生是有一定规律可循的，灾害造成损失的大小可以稳定在一定的水平。但由于多种因素的影响，在某一时间范围内基金的实际支出有可能偏离正常的支出。如果实际支出大于正常支出，工伤保险费就不足以应对实际的支出。所以，在规定储备金占基金总额的具体比例时，应考虑辖区内可知的、潜在的风险和未知的、突发的风险，并对辖区内企业的风险程度和安全生产状况，以及当地的经济发展水平等因素进行分析测算，以确保发生重大工伤事故和职业病伤害时，储备金能够应对基金大规模支出的需要。

【阅读参考】

2010年工伤保险基金收入285亿元，支出192亿元，分别比上年增长18.7%和23.6%。2010年年末工伤保险基金累计结存479亿元，储备金结存82亿元。

（摘自《2010年人力资源和社会保障事业发展统计公报》）

（三）储备金的管理和使用

储备金在工伤保险基金中单独列示。储备金应存入基金财政专户，用于统筹地区重大事故的工伤保险待遇支付。储备金不得购买国家债券、挤占、挪用和随意动用，以保证储备金应对突发事件的支付能力。

突发重大工伤事故，工伤保险基金当年入不敷出时，按下列顺序解决：首先使用储备金；当储备金不足支付时，由同级财政部门给予拨付。

工伤保险储备金的动用由社会保险经办机构提出申请，财政部门按照省级人民政府制定的使用办法及有关规定将储备金及时审核拨付到财政支出户。

四、收支两条线管理

(一) 收支两条线管理的概念

关键概念

收支两条线管理是指政府对行政事业性收费、罚没收入等财政非税收入的一种管理方式，即有关部门取得的非税收入与发生的支出脱钩，收入上缴国库或财政专户；支出由财政根据各单位履行职能的需要按标准核定的资金管理模式。

基金支出由同级财政按照收支预算统筹安排，从财政专户中拨付，这是加强社会保险基金管理监督的一项根本性措施。

统筹地区的社会保险经办机构在国有商业银行开设社会保险基金收入户和支出专户，财政部门开设社会保障基金财政专户。收入户用于暂存社会保障经办机构收缴的各项基金收入，除按规定将资金缴付社会保障基金财政专户外，一般只收不支；支出专户主要用于支付基金开支项目，除按规定接收财政专户拨入的资金外，一般只支不收；财政专户用于存储基金，其作用是接收从收入户划入的资金并向支出专户拨付资金。

(二) 收支两条线管理的具体实施

社会保险基金收入户的资金应定期全部划入社会保障基金财政专户。财政部门按照社会保险经办机构关于社会保险基金支付的预算，在一定期限将资金从社会保障基金财政专户划拨到社会保险经办机构的支出户。出现特殊情况，需要临时调整社会保险基金支出金额时，由社会保险经办机构提出用款计划，经财政部门审核后划拨资金；需要调整预算的，按调整后的预算执行。财政部门除根据社会保险经办机构的预算和其提出的用款计划拨付资金外，不得自行安排和使用社会保险基金。

社会保险基金实行收支两条线管理，是为了加强对社会保险基金的管理，维护保险对象的合法权益，保证基金的完整与安全。因此，在实际操作中，各相关主体应严格按照规定执行，不得违规操作，否则将受到行政处分，严重的则是刑事处罚。

【案例 7—2】

江西省南昌市劳动和社会保障局原局长陶年根自 1993 年 6 月至 2005 年 3 月在担任南昌市劳动局副局长、局长期间，违反工伤保险基金“以支定收、收支平衡、略有结余”的征缴原则，指使基金管理机构长期超支征收工伤保险基金，致使基金结余过大，累计结余 9 493 万余元。而身为基金管理机构主管部门负责人的陶年根，未经合法批准，越权擅自决定将结余基金中的 6 893 万余元投入基本建设项目。至案发时，所动用的基金分文未能收回，不仅造成了巨大的经济损失，也严重扰乱了社会保险基金的管理秩序，造成了恶劣的社会影响。陶年根因受贿 567 万余元和滥用职权致使工伤保险基金 6 893 万余元被挪用至今无法收回，2008 年 10 月 10 日被南昌市中级人民法院一审判处死刑、缓期两年执行。

（来源：新华网 2008 年 10 月 10 日 http：//news. xinhuanet. com/newscenter/2008－10/10/content _ 10176380. h）

五、财政专户

社会保障基金财政专户是财政部门按照国务院有关规定在银行设立的专门存储社会保险基金的计息专户，是社会保险基金实行收支两条线管理的产物，也是加强基金管理的重要措施。

（一）财政专户设立的原则

1. 财政专户属计息专户，应按照国家规定的存款利率计息。
2. 财政专户应在同级的财政部门和社会保险行政部门共同认定的国有商业银行设立。
3. 财政专户、收入户和支出户 3 个账户应在同一银行系统开设。在同一银行系统开设财政专户、收入户和支出户，有利于资金的及时缴拨，缩短资金处理的时间。
4. 财政专户、收入户和支出户在同一国有商业银行只能各有一个银行账户，这样有利于财政部门和社会保险经办机构相互制约，加强基金的监督和管理。
5. 财政专户、收入户和支出户的设立要服从分账核算的要求。
6. 财政专户、收入户和支出户的设立要方便社会保险费的收缴。

（二）财政专户管理的主要任务

1. 认真贯彻执行国家有关法律、法规和方针政策。

2. 及时办理社会保障资金的缴存拨付业务，依法管理专户内资金。

3. 通过对财政专户内社会保障资金进行会计核算，督促检查社会保障资金收入按时足额缴入财政专户，监督社会保障资金的使用方向，确保专款专用。

4. 定期向社会保险行政等主管部门、政府和社会保障监督组织反映和报告财政专户内各项社会保障资金收支计划的执行情况。

（三）财政专户的主要用途

1. 接收征收机构征收的社会保险费收入和收入户转入的社会保险费收入。

2. 接收利息收入及其他收入。

3. 接收基金购买国家债券兑付的本息收入。

4. 该账户资金形成的利息收入以及支出户转入的利息收入等。

5. 接收财政补贴收入。

6. 接收上级财政专户划拨或下级财政专户上解的基金。

7. 根据社会保险经办机构用款计划，向社会保险经办机构支出户拨付基金。

8. 拨付购买特种定向债券和其他国家债券的资金。

9. 向上级或下级财政专户划拨基金。

10. 办理与财政专户有关的其他业务。

第四节　工伤保险基金预算管理

一、基金预算编制原则

《社会保险法》第六十五条规定："社会保险基金通过预算实现收支平衡。县级以上人民政府在社会保险基金出现支付不足时，给予补贴。"第六十六条规定："社会保险基金按照统筹层次设立预算。社会保险基金预算按照社会保险项目分别编制。"第六十七条规定："社会保险基金预算、决算草案的编制、审核和批准，依照法律和国务院规定执行。"国务院于 2010 年 1 月 2 日发布《关于试行社会保险基金预算的意见》（国发［2010］2 号），其中规定社会保险基金预算应遵循以下基本原则：

（一）依法建立，规范统一。依据国家法律法规建立，严格执行国家社会保险政策，按照规定范围、程序、方法和内容编制。

（二）统筹编制，明确责任。社会保险基金预算按统筹地区编制执行，统筹地区根据预算管理方式，明确本地区各级人民政府及相关部门责任。

（三）专项基金，专款专用。社会保险各项基金预算严格按照有关法律法规规范收支内容、标准和范围，专款专用，不得挤占或挪作他用。

（四）相对独立，有机衔接。在预算体系中，社会保险基金预算单独编报，与公共财政预算和国有资本经营预算相对独立、有机衔接。社会保险基金不能用于平衡公共财政预算，公共财政预算可补助社会保险基金。

（五）收支平衡，留有结余。社会保险基金预算坚持收支平衡，适当留有结余。

关键概念

工伤保险基金预算是用来反映国家各项工伤保险项目基金活动的特定收支计划，必须要按照一定的原则和方法进行编制和管理。

【新闻摘录】（《国际金融报》2010 年 1 月 7 日讯）

社保基金首入政府预算　专家称制度走向规范化（节选专家观点）

清华大学公共管理学院就业与社会保障研究中心主任杨燕绥：我国在 2005 年以前基本没有社会保障预算，2006 年以后，才开始对下一年度的社会保障有一些预算支出。十七大召开之后，明确了社会保障是重大的政治经济制度，提高了政治共识，才得以带动这一领域的财政预算开始健全。

而此次国务院出台文件可以说是我们国家社会保障预算制度走向规范化的一个重要转折，预算可以让公民真正分享国家经济进步的成果；并且把政府责任量化，促进制度安排；有利于对社保基金从源头进行监督，以强化基金的安全性。中央统筹支付基础养老金，预计会在 2012—2015 年之间实现，而这就更加需要一个规范、严格的预算。

（http：//news. cn. yahoo. com/10-01-/984/2jtll. html）

二、工伤保险基金预算的编制和要求

《国务院关于试行社会保险基金预算的意见》规定，工伤保险基金预算包括基金收入预算和基金支出预算。

（一）工伤保险基金收入预算的编制

工伤保险基金收入主要包括：工伤保险费收入、利息收入、财政补贴收入、转移收入、上级补助收入、下级上解收入、其他收入等。

应综合考虑统筹地区上年度基金预算执行情况、本年度经济社会发展水平预测以及工伤保险工作计划等因素，包括工伤保险参保人数、缴费用人单位数、缴费工资基数等。统筹地区人民政府应根据工伤保险基金收支、财政收支等情况，合理安排本级财政对社会保险基金的补助支出。

按照规定，预算编制前，要做好准备工作。一是总结、分析上年度预算执行情况，掌握收支变化状况。二是要研究分析影响本年度预算的各种因素，客观分析本年度预算收支情况，作出符合实际的预测。

（二）工伤保险基金支出预算编制

工伤保险基金支出主要包括：工伤保险待遇支出、劳动能力鉴定费支出、转移支出、补助下级支出、上解上级支出、其他支出等。

编制基金支出预算时，必须考虑影响基金支出的主要因素，一是工伤保险待遇享受人员的增减；二是正常调整机制和新增基金支出政策。

（三）工伤保险基金预算编制说明

工伤保险基金编制说明的主要内容有：编制预算草案的政策依据，各项数字的计算依据，以及比上年预算及其执行增减变化的主要原因等。

（四）编制预算的具体要求

在年度财务结算的时候，经办机构应按照财政部门制定的报表格式及规定的时间，根据社会保险基金预算编制的原则和内容，依据本年度预算执行情况和下年度收支预测，编制下年度工伤保险基金预算草案。

三、基金预算的审批程序和执行

社会保险经办机构在年度基金预算草案编制完成后，报同级社会保险行政部门审核。社会保险行政部门按照国家的有关政策规定审核汇总后，送财政部门复核，并报同级人民政府批准。经同级人民政府批准的基金预算草案作为基金预算执行的依据，报上级社会保险行政部门、财政部门备案。

编制预算是一项阶段性的工作，执行预算则贯穿于整个预算年度的始终。

因此，社会保险经办机构要严格按照批复的预算，筹集和使用工伤保险基金。

在预算执行过程中，要注意做好以下几项工作：

1. 社会保险经办机构要定期对预算的执行情况进行分析、检查。

2. 社会保险经办机构要定期向人力资源社会保障部门和财政部门报告基金预算执行情况。

3. 人力资源社会保障部门和财政部门要对基金收支执行情况进行监督检查，发现问题及时研究对策和措施，保证基金的收支平衡及安全完整。

第五节　工伤保险基金决算

基金决算是财务管理的主要内容，当年基金运行结果和财务状况最终都要通过财务报告反映出来。有关部门都要依据社会保险机构提供的财务报告，对基金运行情况和社会保险制度实施情况进行分析、评价，然后财政部门再进行审核、批复，逐级汇总上报，为社会保障的政策决策提供可靠的依据。

一、财务报告

财务报告是财政预算执行情况的重要组成部分，是经办机构预算执行工作的重要基础资料和编制下年度基金预算的依据。

关键概念

财务报告是反映基金财务收支状况和结余情况的总结性书面文件，它包括资产负债表、社会保险基金收支表、有关附表和财务情况说明书。

(一) 财务报表

财务报表包括资产负债表、社会保险基金收支表、有关附表。它反映基金的动态指标和静态指标，以此考核基金的预算执行情况。

【阅读参考】有关财务报表种类

1. 资产负债表

资产负债表主要提供以下信息：

①基金形成资产的分布情况与结构及其资产的变现能力；

②基金承担的债务情况及其偿债能力；

③基金的保障水平，包括基金的规模大小和支付能力；

④通过前后期资产负债表的比较，可以看出基金机构的变动情况及其财务的变动趋势。

2. 收支表

通过收支表可以掌握基金的动态情况，同时结合有关附表数据，可以了解有关参保单位缴纳基金的情况。正确、及时、完整地编报收支表是管好、用好社会保险基金，考核基金预算执行情况的主要依据。

3. 有关附表

有关附表一般包括职工参加工伤保险的基本情况表、基金收支情况分析表和往来款项明细表。

（二）财务情况说明书

财务情况说明书主要说明和分析基金的财务收支及管理情况，对本期或下期财务状况发生重大影响的事项，以及其他需要说明的事项。财务情况说明书是了解和考核基金运行情况的重要资料。主要包括以下内容：

1. 基金的运行情况；
2. 基金结余实现情况；
3. 基金的增减变化情况；
4. 对本期或者下期财务状况发生和可能发生重大影响的事项；
5. 暂收款项情况。

二、财务分析

（一）财务分析的意义

财务分析又称财务报表分析，是指根据财务报表上的数据资料，结合年度预算和实际情况，对基金运行情况及结果，进行比较、分析和研究的一种方法。

编制财务报表的目的，是为了向财务报表的使用者提供有关基金运行过程中的财务信息，从而为决策提供依据。但是财务报表是通过一系列数据资料来全面、概括地反映基金的财务状况和运行成果的。对报表的使用者来说，财务报表的数据还是原始的、初步的，不能直接为决策服务。财务分析就是运用各种专门的分析方法，对财务报表提供的数据资料进行进一步加工、整理和研究，从中取得必要的有用的信息，为决策提供准确的依据。

（二）财务分析的内容

财务分析涉及财务管理的各个方面，是一项比较复杂的工作，其主要内容是：

1．基金预算执行情况的分析

基金预算执行情况的分析应主要分析收支变动情况，比较、分析实际收支与预算，从而考核基金管理水平；将季度实际收支与全年预算比较，分析预算执行进度，预测对全年执行结果的影响；将本期实际执行情况与上年同期进行比较，分析预算执行进度，研究收支规律。

2．基金收入、支出的分析

基金收入支出分析主要是分析基金收入与参保人数是否相适应及其原因；分析各项基金收入与相关的支出是否符合规律，并具体分析原因，研究采取相应措施；分析各项收入来源是否正当，支出是否合理合法，收支是否按政策规定办理；分析基金的使用效果、支出管理中的薄弱环节、研究加强管理的措施等。

3．基金运用情况的分析

基金运用情况分析是基金运用效率分析的一个主要内容。如果基金得到合理的使用，则能减少对基金的需求；反之，不但不能给社会保险事业带来良好的社会效益，还会给国家和单位带来损失。

4．基金结构的分析

基金收支结构是否合理，直接关系到社会保险事业的经济实力，也关系到其经济基础是否稳定。如果基金收支结构合理，社会保险事业的经济基础就比较牢固，反之，则难以保障社会保险制度的正常运行。

第六节　工伤保险基金监督

为了保证工伤保险基金的安全和合理使用，各级人民代表大会需对社会保险基金管理情况进行监督；社会保险部门、财政部门和审计部门依法对工伤保险费和工伤保险基金的收支、管理、运营情况进行监督、检查；社会保险监督委员会则对社会保险工作提出咨询意见和建议，实施社会监督。因此，根据《社会保险法》第十章“社会保险监督”中的规定，工伤保险基金的监督管理体系包括人大监督、内部监督、财政监督、审计监督、行政监督和社会监督。

关键概念

工伤保险基金监督是对工伤保险基金管理行为的监督。即依据国家有关法律、法规，对工伤保险基金的预决算、基金收支、基金运营管理的合法性、真实性和有效性实施的监督检查。

一、基金监督的目的

1. 维护工伤保险基金管理政策的贯彻执行，保障工伤保险基金的正常运行，预防工伤保险基金管理的各种风险。

2. 及时分析、综合反映和评价工伤保险基金管理、运行状态与预期标准的偏差，及时分析研究偏差产生的原因及可能带来的损害，为政府制定和实施工伤保险基金管理政策提供可靠的信息和依据。

3. 通过工伤保险基金监督有效地制止和纠正违法、违规行为，增强工伤保险基金管理机构的自我约束力。

【阅读链接】

劳动和社会保障部社会保险基金监督司，社会保险事业管理中心. 社会保险基金监管政策解答［M］. 北京：中国劳动社会保障出版社，2007

二、基金监督的主要内容

基金监督的主要内容是对基金征缴、基金支出、基金管理和基金投资运营的监督检查。

1. 对社会保险基金征缴情况的监督，主要是监督社会保险费征收机构征收的社会保险费是否及时足额收缴并存入基金收入户，有无不入账、搞体外循环或被挤占挪用的情况，收入户资金是否按规定及时足额转入财政专户等。

2. 对社会保险基金支出情况的监督，主要是监督社会保险经办机构及其服务机构是否按规定的项目、范围和标准支出基金，有无多支、少支或不支，有无挪用支出户基金，以及有无骗取社会保险待遇的行为等。

3. 对社会保险基金管理情况的监督，主要是监督财政专户有无挤占挪用基金的行为，是否违规使用基金平衡财政预算、抵押担保，是否按规定及时足额拨入支出户等；监督收入户、财政专户、支出户是否账账相符，是否按规定开设社会保险基金银行账户，有无多头开户或违规开户行为，收支、管理过程中是否存在欺诈行为。

4. 对社会保险基金投资运营情况的监督，主要是监督社会保险基金除按规定预留必要的支付费用外，是否按国务院规定投资运营，是否考虑投资的安全性、效益性、流动性等。

三、人大监督

《社会保险法》第七十六条规定："各级人民代表大会常务委员会听取和审议本级人民政府对社会保险基金的收支、管理、投资运营以及监督检查情况的专项工作报告，组织对本法实施情况的执法检查等，依法行使监督职权。"

这一条款规定了各级人民代表大会对社会保险基金监督的方式，即听取政府的专项工作报告。各级人民政府负责人向本级人民代表大会常务委员会做关于社会保险基金的收支、管理、投资运营以及监督检查情况的专项工作报告，人民政府根据相关意见进行修改后，常务委员会正式召开常委会会议对报告进行听取和审议。常务委员会组成人员对专项工作报告的审议意见交由本级人民政府研究处理。

专项工作报告及常务委员会对其的审议意见、人民政府对审议意见研究处理情况或执行决议情况的报告，应向本级人民代表大会代表通报并向社会公布。

四、内部监督

内部管理是社会保险基金管理监督机制的基础环节。内部监督主要是指社会保险经办机构依据《社会保险法》等国家有关法律、法规和《工伤保险条例》的规定，建立健全内部管理制度，定期或不定期对工伤保险基金缴纳情况和工伤保险待遇领取情况进行的稽核监督。

社会保险稽核范围涵盖了缴费活动中的各个环节。社会保险经办机构稽核部门可以要求被稽核单位提供用人情况、工资收入情况、财务报表、统计报表、缴费数据和相关账册、会计凭证等与缴纳社会保险费有关的情况和资料；可以记录、录音、录像、照相和复制与缴纳社会保险费有关的资料，对被稽核对象的参保情况和缴纳社会保险费等方面的情况进行调查、询问；要求被稽核对象提供与稽核事项有关的资料。

社会保险经办机构作为工伤保险基金收支管理的主体，必须加强财务规章制度建设，建立健全内部财务监督，实行“收支两条线管理”，保证基金专款专用，安全有效正常运行。内部控制是基金监督管理的基础环节。各级社会保险经办机构，必须加强基金规章制度建设，健全内部审计稽核制度，实现自我约束。

五、财政监督

《社会保险法》第七十八条的规定：“财政部门、审计机关按照各自职责，对社会保险基金的收支、管理和投资运营情况实施监督。”因此，财政监督是指财政部门负责拟定社会保险基金的财务管理制度，组织实施对社会保险基金收支、管理和投资运营情况的财政监督，具体工作包括：

1. 通过基金纳入财政专户，加强部门监督。

2. 通过制定财务制度，规定财务管理行为。

3. 审核基金预算和决算等，进行财务监督。

六、审计监督

审计监督是基金监督机制的独立环节。《社会保险法》第七十八条同样规定了审计机关对社会保险基金收支、管理和投资运营情况实施监督的职责，这主要是指依照《审计法》及其实施条例的规定，审计机关对社会保险基金的财务收支进行审计监督。社会保险审计具有独立性、权威性、公正性和广泛性。

1. 独立性。表现在依照法律、法规的规定，独立地判断被审计单位经济活动的真实性、合法性，并作出评价，提出建议和处理意见。

2. 权威性。表现在：它不管钱和物，不参与社会保险基金的收、支、管、存、等具体经济活动，而且依法行使审计监督权、依法实施审计，依法作出审计决定，因此审计监督与其他经济监督相比又有不同之点。

3. 公正性。表现在：由于它具有独立性和权威性的特点，是站在第三者的立场上对被审计单位的经济活动实施审计监督，其作出的评价，确定或解除被审计者的经济责任是客观的、公正的。

4. 广泛性。表现在：审计监督是一种综合性的经济监督，也是对专业性监督的再监督，它比其他经济监督的对象、范围都要大、都要广泛，内容更丰富，其他经济监督都是从一个不同的侧面进行的专业监督，而审计则是围绕着财政财务收支及其经济活动所进行的综合性经济监督。

国家依法赋予审计部门可以对社会保险基金收入户、支出户和社会保障基金财政专户的收支、管理结余情况进行审计。在审计过程中，具有以下权限：

1. 审计部门有权要求被审计单位按照规定报送预算或者财务收支计划、预算执行情况、财务报告，以及其他与财务收支有关的资料。

2. 审计部门进行审计时，有权检查被审计单位的会计凭证、会计账簿、会计报表以及其他与财务收支有关的资料和资产。

3. 审计部门进行审计时，有权就审计事项的有关问题向有关单位和个人进行调查，并取得有关证明材料。

4. 审计部门对被审计单位正在进行的违反国家规定的财政收支、财务收支行为，有权予以制止。

5. 审计机关可以就有关审计事项向政府有关部门通报或者向社会公布对社会保险基金收支、管理和投资运营情况的审计调查结果。

七、行政监督

社会保险行政部门基金监督机构为维护劳动者的合法权益，防范和化解工伤保险基金风险，确保工伤保险基金安全完整，实现工伤保险基金保值增值，根据国家法律、法规和政策规定，对工伤保险基金收支、管理、运营全过程是否合法所实施的检查和处理行为，被称为行政监督。行政监督主要由人力资源社会保障行政部门社会保险基金监督机构承担。人力资源社会保障行政部门是社会保险工作的主管机关，在社会保险基金监督中承担着重要职责，是基金监督机制的主导环节。《社会保险法》第七十九条对社会保险行政部门监督检查的内容、措施和对发现问题的处理作了规定。

（一）社会保险行政部门对社会保险基金进行监督检查的内容，已在本节第二部分“基金监督的主要内容”中作了叙述，在此不再赘述。

（二）社会保险行政部门监督检查的措施

1. 查阅、记录、复制与社会保险基金收支、管理和投资运营相关的资料，对可能被转移、隐匿或者灭失的资料予以封存。

2. 询问与调查事项有关的单位和个人，要求其对与调查事项有关的问题作出说明、提供有关证明材料。

3. 对隐匿、转移、侵占、挪用社会保险基金的行为予以制止并责令改正。

（三）对发现问题的处理

社会保险行政部门对社会保险基金进行监督检查过程中发现问题的处理途径：

1. 发现问题的，应当提出整改建议。整改建议一般是监督检查结束后由社会保险行政部门向被检查单位提出。被检查单位应按照整改要求，在规定的期限内向社会保险行政部门汇报，社会保险行政部门也可以主动对整改建议的落实情况进行检查。

2. 依法作出处理决定。这是指社会保险行政部门依法对被检查单位及个人作出的具体的、单方面的行政处理决定。

3. 向有关行政部门提出处理建议。这是指社会保险行政部门在监督检查过程中发现问题后，对无权直接处理的单位和个人，向其相应的主管部门提出处理建议。

4. 社会保险行政部门应当将社会保险基金检查结果定期向社会公布，保障公众的知情权，接受公众监督。

八、社会监督

《社会保险法》第八十条对社会监督作了明确规定，即“统筹地区人民政府成立由用人单位代表、参保人员代表，以及工会代表、专家等组成的社会保险监督委员会，掌握、分析社会保险基金的收支、管理和投资运营情况，对社会保险工作提出咨询意见和建议，实施社会监督。”这就是说社会保险的社会监督应当成立专门的“社会保险监督委员会”，其组成人员如《社会保险法》所述。

社会保险监督委员会的职责与人大监督、行政监督等不同，主要是“掌握、分析社会保险基金的收支、管理和投资运营情况，对社会保险工作提出咨询意见和建议。”其具体的监督方式，根据法律规定，一是定期听取社会保险经办机构对社会保险基金的收支、管理和投资运营情况的汇报。二是聘请会计师事务所对社会保险基金的收支、管理和投资运营情况进行年度审计和专项审计。同时，审计结果应当向社会公开。

而社会保险监督委员会发现社会保险基金收支、管理和投资运营中存在问题的，有权提出改正建议；对社会保险经办机构及其工作人员的违法行为，有权向有关部门提出依法处理建议。

思考题

1. 工伤保险费率确定的原则是什么?
2. 实行差别费率和浮动费率有哪些目的和意义?
3. 工伤保险储备金有哪些特点?
4. 工伤保险基金的收入项目和内容。
5. 工伤保险基金的支出项目和内容。
6. 简述财政专户的具体内容。
7. 财务分析的主要内容是什么?
8. 简述基金监督的几种形式。

第八章

工伤保险管理与服务

本章导读

工伤保险工作内容非常广泛，既有行政性工作，如法律、法规、规章和政策的制定与实施；也有事务性工作，如工伤保险费的征缴、待遇发放、信息统计等；还有技术性工作，如劳动能力鉴定等。按照政事分离的原则，行政性工作由社会保险行政部门主管，事务性工作由社会保险经办机构承办，技术性的劳动能力鉴定工作由劳动能力鉴定委员会负责。社会保险经办机构是社会保险行政部门按照有关规定设立具体承办工伤保险事务的机构。

行政管理与事务管理相分离的做法有利于减轻社会保险行政部门的事务负担，使之能集中力量从事工伤保险行政管理工作，同时也有利于加强对工伤保险基金管理使用情况的监督检查，保证基金的安全。

通过本章学习，应了解和掌握社会保险经办机构经办工伤保险业务的各项职责；工伤保险经办业务管理的各项内容和程序，服务协议管理的内容和程序，社会化服务的内容。重点要了解和掌握工伤保险登记、工伤保险费的征缴、工伤医疗以及工伤保险待遇审核和支付的经办和管理。

第一节　工伤保险管理与服务概述

社会保险的发展和完善，要求建立一个能够与社会主义市场经济体制相适应、满足基本公共服务需要、科学合理、精简高效的现代社会保险管理组织体系。工伤保险行政管理部门、业务经办机构等组织相互配合和监督，共同组成了工伤保险管理与服务的组织体系。

一、工伤保险管理概述

（一）工伤保险管理的内容

工伤保险管理包括工伤认定、劳动能力鉴定和工伤保险待遇保障等几个方面的工作。工伤认定是工伤保险工作的关键，是工伤职工享受待遇的前提，属于行政工作；劳动能力鉴定是确定工伤职工享受工伤保险待遇标准的决定条件，属于技术性工作；待遇保障是工伤保险制度对工伤职工权益保障的具体体现，属于业务经办管理。做好工伤保险待遇保障工作要在工伤认定或劳动能力鉴定的基础上进行，要把握待遇标准和搞好管理服务，就要做好工伤保险管理的基本方面的相互配合及工伤保险管理与其他社会保险项目待遇的协调和衔接，实现集约化管理，提高管理效率，更好地为工伤职工及供养亲属提供服务。

（二）工伤保险的组织机构体系框架

工伤保险工作内容非常广泛，既有行政性工作，如法律、法规、规章和政策的制定与实施；也有事务性工作，如工伤保险费的征缴、待遇发放、信息统计等；还有技术性的工作，如劳动能力鉴定等。按照政事分离的原则，行政性工作由社会保险行政部门主管，事务性工作由社会保险经办机构承办，技术性的劳动能力鉴定工作由劳动能力鉴定委员会负责（其具体职责见第四章）。另外，工伤保险还涉及医疗机构、康复机构和辅助器具配置机构。

1. 行政机构

《工伤保险条例》第五条规定，国务院社会保险行政部门负责全国的工伤保险工作。县级以上地方各级人民政府社会保险行政部门负责本行政区域内的工伤保险工作。

根据有关规定，人力资源社会保障部门负责所辖范围内包括工伤保险在内的社会保险工作。在中央层次，负责全国工伤保险工作的部门是人力资源和社会保障部，其具体职责包括：拟定机关、企事业、有雇主的个体工商户等各类用人单位工伤保险规章、政策和总体发展规划，指导全国工伤保险制度建设；牵头拟定公务员工伤待遇政策，拟定工伤预防政策，组织拟定工伤保险的行业差别费率和单位浮动费率办法；拟定工伤认定的政策和管理办法；组织拟定、调整劳动能力鉴定职工因伤残鉴定标准和非因工伤残鉴定标准并组织实施；拟定工伤保险基金管理办法，拟定工伤保险待遇项目、待遇标准、待遇调整的政策；拟定工伤医疗管理政策和标准，拟定协议（定点）医疗机构、协议（定点）药店的资格标准；拟定工伤康复政策及标准，拟定协议（定点）康复机构和协议（定点）残疾辅助器具安装机构的资格标准。

省、市、县各级人力资源社会保障部门在各自的行政区域内负责工伤保险的行政管理工作，包括监督检查和受理举报。其中，市、县级人力资源社会保障部门还要具体承担工伤认定工作，省、市两级要负责组织劳动能力鉴定委员会等工作。

2. 社会保险经办机构

《社会保险法》第七章和第九章分别对社会保险费征缴和社会保险经办作出规定。《工伤保险条例》第五条第三款规定："社会保险行政部门按照国务院有关规定设立的社会保险经办机构（以下称经办机构）具体承办工伤保险事务。"

关键概念

社会保险经办机构是指社会保险行政部门按照有关规定设立具体承办工伤保险事务的社会保险经办机构，包括人力资源和社会保障部设立的社会保险事业管理中心，地方各级社会保险行政部门设立的社会保险经办机构。

依据人力资源和社会保障部的"三定"规定，人力资源和社会保障部设立属于事业单位性质的社会保险事业管理中心，承办包括工伤保险在内的有关社会保险事务性工作。地方社会保险经办机构承办本区域内的社会保险工作。

在社会保险经办机构内部，根据险种或业务环节设有若干部门或岗位，如登记部门、征缴部门、业务管理部门、待遇核定部门、待遇支付部门、财务管理部门和稽核监督部门等。这些部门承担着工伤保险登记、工伤保险费的征缴、工伤医疗、工伤保险待遇的审核和支付等工作的经办和管理。

根据《工伤保险条例》第四十六条至第五十一条的规定，社会保险经办机构的法定职责有以下各项：

（1）根据省、自治区、直辖市人民政府规定，征收工伤保险费。

（2）核查用人单位的工资总额和职工人数，办理工伤保险登记，并负责保存用人单位缴费和职工享受工伤保险待遇情况的记录。

（3）进行工伤保险的调查、统计。

（4）按照规定管理工伤保险基金的支出。

（5）按照规定核定工伤保险待遇。

（6）为工伤职工或者其近亲属免费提供咨询服务。

（7）与医疗机构、辅助器具配置机构在平等协商的基础上签订服务协议，并公布签订服务协议的医疗机构、辅助器具配置机构的名单。

（8）按照协议和国家有关目录、标准对工伤职工医疗费用、康复费用、辅助器具费用的使用情况进行核查，并按时足额结算费用。

（9）定期公布工伤保险基金的收支情况，及时向社会保险行政部门提出调整费率的建议。

（10）听取工伤职工、医疗机构、辅助器具配置机构以及社会各界对改进工伤保险工作的意见。

【阅读链接】

《社会保险法》第七章“社会保险费征缴”，第九章“社会保险经办”（2010 年 10 月 28 日公布，2011 年 7 月 1 日实施）

3. 协议管理服务机构

根据《工伤保险条例》的规定，工伤职工因工负伤或者患职业病进行治疗（包括康复）一般应前往签订服务协议的医疗机构（或康复机构）就医（康复）。同样，配置辅助器具机构也须以签订服务协议的形式进行管理（请见本节第二部分“工伤保险服务协议管理概述”）。因此，医疗机构、康复机构和辅助器具配置机构是工伤保险组织机构体系框架中不可缺少的一个部分。

（三）工伤保险的工作流程

工伤保险工作流程可以分为工伤保险登记，工伤保险费的征缴，对工伤认定申请的受理决定，工伤认定，劳动能力鉴定，治疗期间的医疗服务管理，治疗过后的康复和辅助器具管理，医疗、康复和辅助医疗器具配置费用的核定与结算，待遇的核定与发放等。同时，还要涉及工伤医疗和康复、辅助医疗器具配置的管理，主要包括工伤医疗、康复与辅助器具配置机构的选择并与之签订协议。

二、工伤保险服务协议管理概述

工伤保险服务协议管理的内容主要包括工伤医疗管理、工伤康复管理和工伤辅助器具配置管理。协议管理是经办机构加强对医疗机构、康复机构、辅助器具配置机构的管理的主要方式。依据《工伤保险条例》第四十七条的规定：经办机构与医疗机构、辅助器具配置机构在平等协商的基础上签订服务协议，并公布签订服务协议的医疗机构、辅助器具配置机构的名单。

关键概念

“工伤保险服务协议”是指经办机构分别与医疗机构、康复机构、辅助器具配置机构就有关工伤职工就诊、康复、配置辅助器具期间提供相关服务时明确服务对象、服务范围、服务质量、服务期限及费用审核、费用结算、争议处理等内容的书面协议。

（一）工伤保险服务协议管理的目的

经办机构与服务机构签订服务协议，一是利用协议规范工伤医疗服务管理、康复服务管理和安装配置辅助器具管理，约束双方行为，明确双方的责任、权利和义务，保障工伤职工得到及时有效救治、康复和安装配置辅助器具；同时，服务机构在相关费用方面能够及时结算，保障工伤职工和服务机构的合法权益。二是规范工伤保险医疗服务管理、康复服务管理和安装配置辅助器具管理，加强对服务机构的监督检查，控制不合理费用支出，使有限的工伤保险基金发挥更大的效用。三是有利于调动供方主动性和积极性，对内加强管理，对外参与竞争，提高医疗、康复和安装配置辅助器具的服务质量，控制不合理支出，避免资源浪费，使工伤职工在遭受事故伤害或患职业病后能够得到高质量的医疗、康复和辅助器具配置服务，最大限度地恢复健康，重返社会。

（二）工伤保险服务协议的对象和内容

工伤保险服务协议的对象是工伤医疗服务机构、康复服务机构和辅助器具配置机构。按照工伤医疗、工伤康复和辅助器具配置等管理办法，经办机构与工伤保险服务机构必须签订服务协议。服务协议是规范工伤保险服务机构和经办机构行为的重要法律依据。针对服务机构的不同性质和特点，确定不同的考核指标和结算办法，加强对服务机构执行协议情况的考核，建立奖惩机制。

上述对各类服务机构提出的管理和服务的要求如服务对象、服务范围、服务质量、服务期限及费用审核、费用结算、双方责任和争议处理等内容就是工伤保险服务协议管理的主要内容。随着管理服务的需要和情况的变化，经双方协商，服务协议还要不断完善和细化，以适应管理服务的需要。

【阅读参考】签订服务协议的程序

1. 由医疗机构或者辅助器具配置机构向统筹地区社会保险经办机构提出签订服务协议意见，并提供有关证明材料；2. 社会保险经办机构对医疗机构、辅助器具配置机构报送的材料进行审定，选择符合条件的医疗机构、辅助器具配置机构；3. 社会保险经办机构与医疗机构、辅助器具配置机构签订包括服务人群、服务范围、主要内容以及服务质量、收费标准、费用结算办法、费用审核与控制等内容的服务协议，并向社会公布签订服务协议的医疗结构、辅助器具配置机构的名单。

第二节　工伤保险经办管理内容及程序

根据《工伤保险条例》《社会保险费征缴暂行条例》及有关规章的规定，依据工伤保险管理的职责，结合业务管理内容和操作的实际需要，原劳动保障部办公厅印发了《工伤保险经办业务管理规程（试行）》（劳社厅发［2004］6号）。规范和统一经办业务规程，是工伤保险管理重要的基础性工作。这对规范工伤保险业务经办行为，提高工作效率和服务质量、加快推进全国社会保险信息系统建设具有重要意义。

通过对工伤保险的管理工作进行合理有效的管理，对业务操作的各个环节进行梳理规范，使经办机构内部科学地设置岗位，明晰管理职责，明确操作时限，力求做到科学严谨，相互制约，环节联系紧密，流程前后互动，全程通畅有序，适应信息系统建设，综合体现管理和服务思想。

工伤保险管理程序与其他社会保险程序相比有共同点，也有其自身特点。如参保登记、保费征缴的主要内容二者基本相同，而在对工伤医疗、康复和伤残辅助器具配置的管理，以及待遇核定等方面工伤保险管理程序与其他社会保险有所不同。

一、工伤保险登记

工伤保险登记的主要内容包括参保登记、变更登记、注销登记、验证和补证等内容。

（一）参保登记

1. 用人单位（包括有雇工的个体工商户，下同）依法申报参加工伤保险时，经办机构为其办理工伤保险登记，用人单位需填报《社会保险登记表》和《参加工伤保险人员情况表》，并提供规定的有关证件或资料。已经参加其他社会保险的，用人单位只提交社会保险登记证，填写《社会保险登记表》和《参加工伤保险人员情况表》。

2. 经办机构审核参保单位填报的有关表格、证件和资料，并在自受理之日起 15 日内审核完毕。审核通过的，经办机构应依据程序规定，确定行业风险类别。已参加其他社会保险的，在其《社会保险登记表》上标注工伤保险项目。首次参加社会保险的，发给社会保险登记证。未通过审核的，经办机构应向申报单位说明原因。

（二）变更登记

1. 参保单位在单位名称、地址、法定代表人或负责人、单位类型、组织机构统一代码等规定的事项变更时，经办机构为其办理工伤保险变更登记手续。

2. 参保单位需填写规定的表格，并提供规定的有关证件和资料，如工商变更登记表、有关部门或单位批准的变更证明等。

3. 经办机构审核参保单位填写的表格，核对有关证件和资料。审核通过的，收回原登记证，并重新核发社会保险登记证。未通过审核的，经办机构应向申报单位说明原因。

（三）注销登记

1. 参保单位发生营业执照注销或吊销，被批准解散、撤销、终止，跨统筹范围转出，国家法律、法规规定的其他情形时，经办机构为其办理社会保险注销登记手续。

2. 参保单位需填写规定的表格，并根据注销类型分别提供有关证件和资料，如注销通知或法院裁定单位破产等法律文书；单位主管部门批准解散、撤销、终止的有关文件；社会保险登记证等。

3. 经办机构核验上述表格和证件、资料，符合注销登记条件的，为其办理工伤保险注销登记手续，注销其社会保险登记证，有关档案资料封存。

（四）验证和补证

1. 经办机构定期进行社会保险登记验证，参保单位须在规定的时间内填报规定的表格，并提供有关证件和资料，如社会保险登记证，营业执照、批准成立证件或其他核准执业证件，职工（雇工）工资发放明细表等。

2. 经办机构审核参保单位填报的表格及提供的证件和资料，涉及其他险种信息，向相关机构征求意见，并根据反馈信息确定审核结果。审核通过的，在社会保险登记证上加注核验标记或印章。

3. 参保单位因遗失社会保险登记证，到原发证机构办理补办，申请补办手续时，需提供与首次登记相同的资料。经核实后，补发社会保险登记证，涉及相关经办机构时，应及时补办相关手续。

二、工伤保险费征缴

工伤保险费征缴包括申报受理、缴费核定、费用征收、补缴欠费等内容。

（一）申报受理

经办机构按月受理参保单位填报的缴费申报核定表，并要求提供劳动工资报表、工资发放表、人员增减表等资料。

（二）缴费核定

1. 经办机构审核参保单位填报的缴费申报和有关资料。审核通过，办理参保人员核定或增减手续。

2. 经办机构根据缴费申报和核定情况，为新增参保人员及时记录信息，核定当期缴费基数。

3. 经办机构依据统筹地区分类行业基准费率的具体标准，确定参保单位的初次缴费费率，以后根据用人单位工伤保险费使用、工伤发生率、职业病危害程度等因素，确定参保单位年度缴费费率。

4. 经办机构根据核定的参保单位当期缴费基数、缴费费率计算应缴数额，并将核定的缴费数额反馈申报单位。

5. 经办机构根据缴费核定结果为依据进行征收。

（三）费用征收

1. 经办机构征收保险费的地区，采取委托收款方式的，通过“收入户存款”开户银行收费。也可采取支票、电汇、本票等方式，并开具专用收款凭证。经办机构每月与银行对账结算。

2. 税务代征的地区，经办机构按月将规定的表格传送给税务机关，作为其征收依据。税务机关收款后，每月在规定时间内向经办机构反馈到账信息，经办机构做入账处理。

3. 经办机构向申报后未足额或未及时缴纳工伤保险费的参保单位发出社会保险费催缴通知；逾期拒不执行的，向社会保险行政部门提供相关情况和资料，由其下达限期改正指令书。

(四) 补缴欠费

1. 经办机构建立欠费数据信息，通知参保单位补缴欠费。

2. 对因筹资困难，无法一次足额缴清欠费的参保单位，经办机构与其签订社会保险补缴协议。

3. 参保单位根据社会保险费补缴通知或补缴协议办理补缴，经办机构予以受理。由税务代征的经办机构通知税务机关收款。

4. 破产单位无法完全清偿的欠费，经办机构受理单位破产清算组提出的申请，审核后送有关部门处理。

三、工伤预防工作管理

工伤预防是指采用经济、管理和技术等手段，事先防范职业伤亡事故以及职业病的发生，减少工伤事故及职业病的隐患，改善和创造有利于安全健康的劳动条件，保护劳动者在劳动过程中的安全和健康。基于工伤保险基金的两大工伤预防机制——费率机制的预防措施和工伤保险基金开展的预防措施，无论采用哪种措施，都需要进行科学、合理、有效的管理。我国的工伤预防工作刚刚起步，因而与之相配套管理规则正处于起步和研究中。

人力资源和社会保障部于 2009 年在广东、海南、河南 3 省下属的 12 个地级市部署了为期两年的工伤预防试点工作。部分试点之外的省市也开展了工伤预防工作，并在这个过程中逐步形成配套的管理体制和机制。根据地方的实践经验，对工伤预防工作的管理有以下几个方面。

(一) 行业差别费率和浮动费率的管理

行业差别费率和浮动费率制是我国工伤预防的主要措施之一，在《工伤保险条例》中有相应规定，而具体的管理机制，在本书第七章中所有介绍，在此不赘述。各省市的政策基本是以此为参照，制定符合当地情况的政策。

（二）运用基金开展工伤预防工作的管理

1. 对工伤预防费的管理

首先是工伤预防费的来源的管理。山西、吉林、江西、河南、广东、海南等省针对工伤预防费的管理出台了政策性文件，这些文件规定工伤预防费的来源为统筹地区的工伤保险基金，但各省规定的提取比例有所不同，浮动范围在3%～8%。

其次是对工伤预防费使用范围的规定，根据各省的政策，这些项目主要包括：工伤保险宣传、教育培训经费、安全生产奖励费，邀请专家开展工伤预防研究项目经费等，有些省（如广东）对各项目使用经费的比例作了详细规定，大部分省对项目经费的分配比例并未做单独规定。

2. 对工伤预防工作开展的管理

开展工伤预防工作的职责部门，各地并没有统一规定，一些进行了有效探索。如在深圳市，涉及工伤预防的宣传、教育培训、调研，是由市社保管理局研究制定费用标准和工作程序，报深圳市人力资源和社会保障局以及深圳市财政局核准后实施。

总体来看，工伤预防工作日益受到地方和中央的重视，而相应的管理制度也正在实践中逐步建立，各试点省及其他地方的实践经验将为全国推行建立完善的工伤预防管理制度提供宝贵的经验。

四、待遇核定与待遇支付

（一）待遇核定

关键概念

待遇核定是经办机构根据条例规定的条件、项目、标准，对待遇享受人员资格的核定，对医疗待遇、伤残待遇、工伤辅助器具安装、配置、工亡待遇等的项目、内容和标准的核定。

要使工伤职工和享受工亡待遇人员能够按时足额领取或享受相应工伤保险待遇，保障其合法权益。同时，也要防止工伤保险待遇的冒领，保护基金不流失。

1. 享受待遇人员资格的核定

享受待遇人员资格的核定包括：享受工伤医疗待遇人员、享受伤残待遇人员中一级至四级人员（包括职业病）、享受因工死亡待遇人员（包括三种情况，直接死亡、停工留薪期内因工伤导致死亡和一至四级伤残职工在停工留薪期满后死亡的）以及符合领取供养亲属抚恤金的人员。

享受待遇人员资格的核定是指经办机构审核用人单位及时足额缴费情况，该员工是否参保，工伤认定、劳动能力鉴定情况，单位申报工伤认定时间是否符合规定，因工死亡职工死亡情况分类及享受供养亲属抚恤金人员的资格审核等。

（1）经办机构对领取、享受工伤保险基金支付工伤保险待遇的人员资格进行核定：经认定的工伤（亡）职工；视同工伤（亡）职工；符合领取供养亲属抚恤金的人员。

（2）进行享受待遇人员资格审核时，经办机构受理申请人填写的待遇申领表，要求其提供居民身份证或户口簿；工伤认定结论；劳动能力鉴定结论；因工死亡职工供养亲属身份及供养关系公证材料等。

（3）经办机构对申请人提供的工伤认定结论；对该职工在发生工伤时，所在单位参保、缴费情况；参保单位是否在事故发生或职业病诊断（鉴定）后的规定时间内申请了工伤认定情况；工亡职工供养亲属有关证明资料进行审核。

（4）审核通过后，确定享受待遇人员名单，明确支付责任，将审核意见告知申请人。

（5）享受待遇资格的验证。经办机构对工伤职工享受工伤待遇和供养亲属待遇资格每年验证一次，综合职工的参保信息，领取待遇人员生存状况，待遇支付信息等。

2. 医疗（康复）待遇审核

医疗（康复）待遇审核是指经办机构对职工发生事故伤害或者按照《职业病防治法》规定被诊断、鉴定为职业病，经认定为工伤的职工所发生的医疗康复费用，是否符合国家和地方的有关规定进行审核。

（1）工伤职工在门、急诊及外埠就医发生的医疗费用；工伤认定前的医疗费用由参保单位垫付，待接到工伤认定结论后，到经办机构按规定进行审核。

（2）经办机构受理申请人填写的费用核定表，并要求提供工伤职工的医疗（康复）票据和费用清单（处方）、医疗诊断证明书等资料。

（3）经办机构对工伤职工各项检查治疗是否与工伤部位、职业病病情相符合，是否符合规定的项目、目录、标准等进行审核。

（4）审核通过后，经办机构计算申领人的医疗（康复）待遇数额，并将审核意见告知申请人。

（5）职工经认定为工伤，或者工伤职工旧伤复发的，经办机构对工伤医疗（康复）费用进行审核，并与协议医疗（康复）机构直接结算费用。

（6）待遇申领人对工伤医疗（康复）待遇审定金额有异议的，提出重核申请时，经办机构予以重核，将重核结果通知待遇申领人。

3. 辅助器具费用核定

伤残辅助器具费用核定是指经办机构根据劳动能力鉴定委员会确认的安装或配置辅助器具的项目名称、规格型号等内容，按照国家规定的标准进行费用核定。

（1）经办机构受理工伤职工、协议辅助器具配置机构安装、配置辅助器具费用的申请，并查验劳动能力鉴定结论、经同意的配置申请等资料。

（2）经办机构按规定标准计算申请人的辅助器具安装、配置（更换）费用，将审核结果告知申请人。

（3）经办机构与签订协议的辅助器具配置机构直接结算费用时，应按规定进行审核。

（4）待遇申请人对配置（更换）辅助器具费用核定金额有异议，提出重核时，经办机构予以重核，将重核结果通知待遇申请人。

4. 伤残待遇核定

伤残待遇的核定包括一次性伤残补助金、伤残津贴和生活护理费等内容。

（1）经办机构受理工伤职工伤残待遇申请，并审查通过资格核定的待遇申领表、劳动能力鉴定结论等资料。

（2）经办机构根据劳动能力鉴定结论确认伤残等级，按照规定计算工伤职工的一次性伤残补助金、伤残津贴和生活护理费数额，将核定结果告知申请人。

（3）工伤职工对一次性伤残补助金、伤残津贴和生活护理费支付金额有异议，提出待遇重核申请时，经办机构应予以重核，将重核结果通知参保单位和工伤职工。

5. 工亡待遇核定

工亡待遇包括丧葬补助金、一次性工亡补助金和供养亲属抚恤金。工亡待遇核定是区别直接死亡、停工留薪期内因工伤导致死亡和一至四级伤残职工在停工留薪期满后死亡的情况，经办机构对其亲属核定丧葬补助金、一次性工亡补助金，对符合享受供养条件的人员按具体人数核定的供养亲属抚恤金。

（1）职工因工死亡，经办机构受理工亡待遇申请，并审查通过资格核定的待遇申领表、工伤认定结论等资料。

（2）经办机构按规定标准计算工亡职工的一次性工亡补助金、丧葬补助金，计算每一个符合享受供养条件的亲属的抚恤金数额，核定计发金额，发给供养亲属资格证明，将核定结果告知申请人。

（3）工亡职工供养亲属对工亡待遇核定金额有异议，提出重核申请时，经办机构应予以重核，将重核结果通知申请人。

6. 待遇调整审核

在统筹地区统一调整工伤保险待遇，或工伤职工有关情况发生变化时、工亡职工供养亲属丧失了供养条件时，按规定调整工伤保险待遇。

（1）根据有关规定对享受工伤保险待遇人员的相关待遇进行统一调整。

（2）工伤职工达到退休年龄、被收监执行、死亡的，供养亲属丧失或暂时丧失供养条件的，经办机构应及时核对，停止其工伤保险待遇。

（3）工伤职工劳动能力鉴定结论发生变化或服刑完毕的，应重新填写待遇申领表并提交劳动能力鉴定结论或服刑完毕证明。经办机构进行核对，调整或恢复其工伤保险待遇。

（4）享受工伤保险待遇人员对待遇调整金额有异议，提出重核时，经办机构予以重核，将重核结果通知有关享受工伤保险待遇人员。

【阅读参考】

《工伤保险条例》第五十八条规定，经办机构不按规定核定工伤保险待遇的，由社会保险行政部门责令改正，对直接负责的主管人员和其他责任人员依法给予纪律处分；情节严重，构成犯罪的，依法追究刑事责任；造成当事人经济损失的，由经办机构依法承担赔偿责任。

经办机构不按规定核定工伤保险待遇的情形主要有：（1）为不符合享受工伤保险待遇条件的主体核定工伤保险待遇，例如为不属于《工伤保险条例》适用范围的伤残职工或者为不具备享受待遇条件的工伤职工核定待遇；（2）不按条例规定的项目和标准核定工伤保险待遇，例如擅自增加或者减少享受项目、延长或者缩短享受时间、提高或者降低享受标准等；（3）不按有关规定调整已享受工伤保险待遇人员的待遇标准。

(二) 待遇支付

严格按照《社会保险法》和《工伤保险条例》对医疗康复待遇、伤残待遇、死亡待遇的规定执行对工伤职工或供养亲属的待遇支付，按照社会化管理服务的要求及时支付工伤保险基金。对协议医疗机构、协议康复机构和协议辅助器具配置机构的支付，由经办机构按照双方确定的服务协议和国家有关目录、标准对工伤职工医疗费用、康复费用、辅助器具配置费用的使用情况进行核查后，按时足额结算费用。

待遇支付是指经办机构根据待遇核定结论，对包括医疗（康复）费用、安装配置辅助器具费用、一次性伤残补助金、伤残津贴（含工伤保险伤残津贴高于基本养老金的差额）和生活护理费、丧葬补助金、一次性工亡补助金和供养亲属抚恤金等在内的各项待遇费用进行结算、支付。

1. 经办机构根据核定后的结果支付相关费用。伤残津贴、护理费从完成劳动能力鉴定的次月开始计发，供养亲属抚恤金从工伤职工死亡的次月开始计发。

2. 医疗待遇的支付。经办机构依据核定的结果支付参保单位（工伤职工）垫付的费用和医疗（康复）协议服务机构的医疗（康复）费。

3. 经办机构依据核定的项目、金额，及时支付给工伤职工或其供养直系亲属。

4. 经办机构依据待遇核定的安装、配置伤残辅助器具的项目、金额，及时支付有关协议医疗机构或辅助器具配置机构。

5. 具体支付方式根据当地具体情况、享受工伤保险待遇人员意见支付，有条件的地方应对定期支付的待遇，实行社会化发放。

五、工伤医疗、康复、护理、辅助器具的管理

(一) 工伤保险医疗的管理

工伤保险医疗服务管理主要内容包括：确定协议医疗机构的原则、工伤保险协议医疗机构的基本条件、确定工伤保险协议医疗机构的程序、工伤保险医疗服务的范围、就医管理、转诊转院管理、工伤医疗不予支付的范围和工伤医疗费用结算等内容。

1. 确定协议医疗机构的原则

工伤保险协议医疗机构的选择确定应充分考虑工伤事故伤害和职业病救

治特点，并符合以下原则：能够满足工伤职工诊断、治疗需要；方便工伤职工救治，布局合理，兼顾综合与专科、中西医并重；有利于促进医疗卫生资源优化配置，提高卫生资源的利用率；有利于促进医疗机构合理竞争，提高医疗服务质量。

2. 工伤保险协议医疗机构的基本条件

工伤保险协议医疗机构必须具备两方面的基本条件：一是医疗机构必须具备法定资格条件，按照《医疗机构管理条例》的规定经登记取得《医疗机构执业许可证》，符合医疗机构评审标准、遵守国家有关医疗服务管理的法律、法规和标准，有健全和完善的医疗服务管理制度，严格执行国家和省级物价部门规定的医疗服务和药品的价格政策等。二是适应工伤事故和职业病救治所必需的条件，有较高的医疗技术水平、良好的医疗服务设施，具备为工伤职工提供良好医疗服务的能力，或者在工伤事故伤害和职业病救治方面有一定特色和优势；能保证及时提供医疗服务，遵守工伤保险管理的有关规定，严格执行工伤保险诊疗、用药、医疗服务设施的目录和标准。

3. 确定工伤保险协议医疗机构的程序

工伤保险协议医疗机构由经办机构根据确定协议服务机构的原则，在符合条件并有意向的医疗机构中选择，并在平等协商的基础上签订服务协议，确定其为工伤保险协议医疗机构。根据工伤人员就医的特点，确定工伤保险协议医疗机构的方式有两种：（1）经办机构在基本医疗保险定点医疗机构中选择，在平等协商的基础上签订服务协议，确定其为工伤保险协议医疗机构。这样做的主要目的是保证医疗机构能够满足工伤职工治疗需要。（2）未被经办机构选择的医疗机构，但愿意为工伤职工提供医疗服务的，可以向经办机构提出申请并提供有关证明材料，说明具有提供工伤医疗服务的能力和专科特长，经经办机构审查同意后签订服务协议，作为工伤保险协议医疗机构。

4. 工伤保险医疗服务的范围

（1）为保障工伤职工享受合理的医疗待遇，规范工伤保险医疗服务范围，国家制定工伤保险诊疗项目目录、工伤保险药品目录和住院服务设施标准。工伤保险住院床位费用支付标准由统筹地区社会保险部门根据本省级物价部门规定的普通病房的床位费标准确定。

（2）制定工伤保险医疗服务范围坚持公开、公平、公正的原则，注重发挥专家作用。应根据需要分别聘请专业技术水平较高的临床医学、药学、康复、药品经济学和工伤保险、卫生管理等方面的专家，组成专家咨询组，负责工伤保险药品目录、诊疗项目目录、住院服务标准制定的技术性工作。

（3）工伤保险医疗服务范围根据工伤事故伤害和职业病治疗、康复的需要要随着医药技术的发展定期进行调整，也可以根据医药技术和医疗服务设施的发展情况适时进行调整。

【新闻摘录】

巴彦淖尔市乌拉特后旗社保局与医疗机构签订服务协议

日前，乌拉特后旗社保局组织召开2011年医疗、工伤、生育保险定点医疗机构服务协议签订会议，与巴彦淖尔市医院、市第二医院等7家医院签订了医疗协议。

据了解，自后旗社保局与各医疗、工伤、生育保险定点医疗机构签订服务协议以来，各医院均能按照协议履行职责，为医保人员提供规范的医疗服务。

（巴彦淖尔市人民政府. http：//www.nmg.gov.cn/nmdt/ArticleContent.aspx?id=87811&ClassId=171&ChannelId=137）

5. 就医管理

职工发生事故伤害或按照《职业病防治法》规定被诊断、鉴定为职业病需要进行治疗的，应在工伤保险协议医疗机构就医。因情况紧急必须在就近的医疗机构急救的，病情稳定后应及时转往工伤保险协议医疗机构治疗。

6. 转诊转院管理

受当地医疗机构技术水平和设备条件的限制，一部分工伤职工需要转往医疗水平较高的异地医疗机构就医。为规范工伤职工异地就医，需要有规范的转诊程序，规定转诊申请由工伤保险协议医疗机构提出，经经办机构同意后，方可办理转诊转院手续。为了保证转诊转院后的医疗质量，控制不合理的医疗费用，工伤职工经批准转往异地治疗的，应转入当地工伤保险协议医疗机构。转出地经办机构可委托转入地经办机构协助进行费用审核与控制。委托方式由转出地和转入地经办机构协商确定。

为了保障工伤职工转往医疗水平较高的医疗机构，达到改善治疗效果的目的，省、自治区、直辖市经办机构可根据本区域内工伤事故伤害和职业病的特点，选择部分技术水平高、服务质量好的工伤保险协议医疗机构为工伤职工提供转诊服务。

7. 工伤医疗不予支付的范围

包括职工在治疗工伤期间因治疗非工伤引发的疾病所发生的医疗费用；在境外发生的医疗费用；违反规定在非工伤保险协议医疗机构治疗发生的医

疗费用；未经经办机构同意，擅自转院发生的费用；接到出院通知后，拒不出院所发生的医疗费用；不符合工伤保险药品目录、诊疗项目目录、住院服务标准的医疗费用等。

8. 工伤医疗费用结算

工伤医疗费用结算是工伤保险医疗服务管理的重要环节之一。为了减轻用人单位和工伤职工的负担，体现社会化管理服务的原则，按照服务协议规定，符合工伤保险规定的医疗费用，由经办机构直接与工伤保险协议医疗机构结算。

【阅读链接】

《劳动和社会保障部关于印发工伤保险医疗服务协议范本的通知》（劳社厅函［2007］190 号）

（二）辅助器具管理

关键概念

辅助器具配置是指工伤职工因日常生活或者就业需要，安装或需要的假肢、矫形器、假眼、假牙和配置轮椅等辅助器具。

加强对工伤职工辅助器具的配置管理，能切实保障工伤职工获得质量合格的辅助器具产品和良好服务，规范经办机构与辅助器具配置机构的服务协议管理。

辅助器具管理应遵循公开、公平、择优、安全的原则，保障工伤职工的合法权益，有利于工伤职工康复，有利于辅助器具生产配置行业的健康发展。

工伤保险辅助器具管理的主要内容包括。工伤保险辅助器具、配置标准、协议机构、配置申请、配置确认、费用结算、配置机构责任、档案管理等。

1. 配置标准。统筹地区根据工作需要和当地的经济发展水平和基金承受能力，制定工伤职工配置辅助器具的给付标准。

2. 协议机构。统筹地区经办机构应根据当地工伤保险工作需要，择优选择辅助器具配置机构，与其平等协商签订工伤职工辅助器具安装配置服务协议，并公布签订服务协议的辅助器具配置机构的名单。

3. 配置确认。工伤职工因日常生活或者就业需要，要求安装配置辅助器具的，工伤医疗机构、康复机构或劳动能力鉴定专家也可向劳动能力鉴定委员会提出辅助器具安装配置的建议，由劳动能力鉴定委员会在规定时间内依据国家有关规定和标准作出决定，并及时送达工伤职工及其所在单位和经办机构。

4. 费用结算。统筹地区经办机构应按照辅助器具安装配置决定，组织签订服务协议的辅助器具生产配置机构为工伤职工安装配置辅助器具，并按照国家规定的标准进行费用结算。

5. 配置机构责任。签订服务协议的辅助器具配置机构应提供配置前检查和配置后训练工作。辅助器具由于产品质量问题或装配问题造成损坏的或人员伤害的，由辅助器具配置机构承担相应责任，负责免费维修、更换并承担由此造成的新伤害部位的医疗费用。

6. 档案管理。劳动能力鉴定委员会、经办机构、用人单位应为工伤职工建立辅助器具安装配置资料档案，并妥善保管。

（三）工伤康复服务管理

1. 康复管理目的

康复管理目的有以下几种：一是通过康复服务降低工伤职工伤残程度，帮助因工伤造成身体功能障碍或残疾的职工恢复或者补偿功能，增强其生活自理能力、参与社会生活的能力；二是通过职业康复，促进残疾工伤职工获得、保持适当的职业并能够得到职业技能提升；三是规范工伤保险康复服务管理。

2. 康复服务管理的主要内容

康复服务管理的主要内容包括：医疗康复机构和职业康复机构的基本条件、工伤保险协议康复机构的确定程序、康复服务协议、康复服务范围、康复服务的申请程序、康复费用结算、异地康复管理等。

（1）医疗康复机构条件。工伤保险医疗康复服务机构可以是专门设置的康复机构或者是综合医疗机构的康复医学科，关键是与工伤医疗机构比较接近，要有较高的康复技术水平、必要的康复服务设施，具备为工伤职工提供良好康复服务的能力。

（2）职业康复机构条件。工伤保险职业康复服务机构主要是具备职业康复能力的职业培训机构，要有较高的职业康复水平和必要的设施，具备为工伤职工提供良好职业康复服务的能力；具备承担再就业培训资质条件；有相应的专职职业指导人员。

（3）协议康复机构的确定程序。由经办机构选择符合条件的康复机构和职业康复机构，与之签订服务协议，确定其为工伤保险协议康复机构。

（4）服务协议。经办机构应与选定的康复服务机构在平等协商的基础上签订包括服务对象、服务范围、服务质量、服务期限及解除协议的条件、费用结算办法、费用审核等内容的书面协议，明确双方的责任、权利和义务。协议签署后，经办机构应及时向社会公布工伤保险协议康复机构名单。

（5）康复服务的申请程序。工伤职工在治疗、恢复期间或病情稳定后，可向经办机构提出医疗康复或职业康复的申请。经办机构委托工伤保险协议康复机构进行医疗康复评定或职业能力测试后，决定是否同意申请。

（6）康复服务范围。工伤职工医疗康复期间发生的符合规定项目、品种和标准的费用，由工伤保险基金支付。工伤职工在职业康复期间发生的符合工伤保险规定的职业康复费用由工伤保险基金支付。

（7）康复报告。工伤职工医疗康复结束后，工伤保险协议康复机构应向经办机构提供康复评定报告，评定工伤职工总的功能情况，评价康复治疗的效果。工伤职工职业康复结束后，工伤保险协议康复机构应对其进行职业资格测试。测试合格的颁发职业资格证书；测试不合格的，由职业康复机构免费继续进行职业康复。

（8）康复费用结算。工伤职工在工伤保险康复服务机构进行康复期间发生的符合工伤保险规定的费用，由经办机构直接与康复机构结算。工伤职工在工伤认定结论作出前已经进行康复的，先由用人单位或工伤职工垫付费用，工伤认定结论作出后，用人单位或职工再到经办机构报销符合工伤保险规定的费用。

【新闻摘录】（《安徽日报》2011 年 7 月 4 日讯）

皖工伤康复费用结算办法和服务协议范本出台

工伤康复是我国工伤保险的三大职能之一。近年来，我省完善工伤康复技术标准，探索建立工伤康复早期介入机制和职业康复的有效方法，形成了工伤补偿、工伤预防、工伤康复相结合的工伤保险制度运行机制。

新近出台的两项配套措施对康复医疗机构治疗行为做出规范，如果康复机构使用医保“支付范围”外项目，必须履行告知义务。康复对象在康复期间，因病情需要到院外购药、检查或购置辅助器具，康复机构需提供详细清单，经社保经办机构审批签章同意后，其费用由康复机构垫付，符合工伤保险规定的费用纳入工伤保险基金结算。康复对象因伤情需要转院（异地）康复治疗的，由康复机构开具转诊单，工伤职工单位同意并报社保经办机构批准后，方可转院（异地）进行工伤康复。工伤职工康复发生的费用，采取工伤康复机构先记账后结算的方式。

（http：//www. aqsc. cov101815/101950/205447. html）

（9）异地康复管理。受当地工伤保险协议康复机构的技术水平和设备条件限制，工伤职工转往异地进行医疗（职业）康复时，需由当地工伤保险康复机构提出申请，经经办机构同意。各地可根据医学（康复）机构分布情况，选择部分技术水平高、服务质量好的工伤保险康复机构为工伤职工提供转异地康复服务。具体办法由省级社会保险行政部门制定。

(四) 工伤医疗、康复与辅助器具配置管理程序

经办机构与符合规定的工伤医疗、康复与辅助器具配置机构签订服务协议，规范各方行为。

1. 职工发生工伤后，所在用人单位应积极救治，并在3日内采用书面或电话形式向当地经办机构报告。

2. 工伤职工就医一般应到工伤保险协议医疗机构就诊，急诊就医可就近诊疗，待生命体征稳定后再转往工伤保险协议医疗机构。工伤职工在门诊就医，实行双联处方。工伤职工住院诊疗实行医疗服务项目费用明细制度。

3. 工伤职工因伤情需要到统筹地区以外就医的，由经治工伤保险协议医疗机构提出建议、参保单位提出意见，经办机构核准后方可前往。

4. 工伤职工因旧伤复发需要治疗的，由就诊的工伤保险协议医疗机构提出诊断意见，经办机构核准后到工伤保险协议医疗机构就医。有争议的由劳动能力鉴定委员会作出决定。

5. 工伤职工需要进行医疗康复、职业康复的，填写规定的表格，医疗（康复）机构提出建议，参保单位提出意见，由经办机构核准后到工伤保险协议医疗（康复）机构进行康复。

6. 工伤职工需要配置辅助器具的，按照劳动能力鉴定结论，参保单位或工伤职工填写申请表，由经办机构按照规定，对规格、型号、价格标准核准，到协议辅助器具配置机构安装配置。

第三节 工伤保险的社会化服务与信息化管理

一、工伤保险的社会化服务

工伤保险的社会化管理服务包括社会化管理服务组织，管理服务的主要对象、内容和方式，工伤保险管理信息系统等。

按照完善社会保障体系的要求和以人为本的服务理念，在加强社会保险经办管理的同时，为伤残职工和供养亲属提供更加便捷、高效的服务，积极探索推进社会化管理服务工作的有效途径和方法，要充分利用社区优势，加大工作力度，逐步完善和规范管理服务办法。

（一）社会化管理服务组织和主要对象

1. 街道、社区社会保险服务组织是综合性社会保险服务组织，同时也具有工伤保险社会化管理服务的职责。

2. 实行社会化管理服务的对象在当前主要有：一至四级伤残人员中的退休人员，关闭、破产企业中的一至四级伤残职工和享受因工死亡职工供养亲属抚恤金的人员。

（二）社会化管理服务的主要内容和方式

1. 享受工伤保险待遇人员的伤残津贴、护理费和供养亲属抚恤金实行社会化发放。

2. 依靠社区社会保险服务平台为工伤职工提供服务，为社区内工伤人员提供社会保险政策咨询和各项查询服务；跟踪了解工伤退休人员和享受因工死亡职工供养亲属抚恤金人员的生存状况等，协助经办机构进行领取工伤保险待遇的资格认证；配合经办机构按时足额发放工伤保险待遇，保障工伤人员及其家庭的基本权益；帮助死亡一至四级伤残职工的家属申请丧葬补助金和遗属津贴；对没有用人单位的已被鉴定为一至四级伤残的老工伤人员和人事档案移交街道社区实行属地管理的人员，建立工伤职工的基本信息库和健康档案等；为工伤职工和享受因工死亡职工供养亲属抚恤金人员提供相应的管理服务。

3. 以人为本，为工伤职工提供高效便捷的服务

工伤保险待遇项目繁多，经办管理机构多，因此为做好工伤职工的服务

工作，为工伤职工提供咨询和便捷、高效的服务，各有关管理机构要树立以人为本的服务理念，在经办机构与医疗机构、康复机构、辅助器具配置机构签订服务协议后要及时向社会公布；在工伤职工工伤认定后，及时提供告知工伤职工劳动能力鉴定办事机构工作地点或经办机构办公地点，为工伤职工进行劳动能力鉴定或领取相关待遇提供方便；如工伤职工劳动能力鉴定后，针对工伤职工不同伤残等级领取待遇地点不同这一情况，告知伤残职工回本单位，或到经办机构审核领取待遇等，注明经办机构的具体地址、办公时间、联系或咨询电话以及乘车路线等。

经办机构的服务场所要设置工伤保险窗口，方便伤残职工办事或咨询；服务场所为伤残职工提供无障碍设施，建立无障碍通道等。定期听取用人单位、参保职工的意见，不断改进服务工作。

4. 经办机构要履行协议并不断完善协议内容，加强结算服务。对协议服务机构的费用使用情况进行核查，按时足额结算费用；定期听取医疗、康复、辅助器具配置机构和有关方面的意见，改进工伤保险业务经办工作，不断改进结算服务。

5. 为了方便统筹地区经办机构选择康复机构、辅助器具配置机构，满足工伤职工的基本需求，针对康复机构、辅助器具配置机构区域分布不均的情况，提供相关信息服务。康复机构的信息内容包括：符合规定条件的康复机构名称、专业特点、机构规模、服务内容、机构地址、联系方式等。辅助器具配置机构的信息内容包括：符合规定条件的辅助器具配置机构名称、单位资质、产品品种、产品规格、产品型号、产品性能、产品价格、服务内容、机构地址、联系方式等。国家社会保险事业管理中心收集并定期发布信息，指导统筹地区经办机构与康复机构、辅助器具配置机构签订协议，为基层经办机构提供信息，为工伤职工提供方便。

二、工伤保险信息化管理

社会保险要实现“以人为本，创新管理”的服务理念和服务方式，需要有现代化的信息管理手段来提供有力的技术支持。因此，加快社会保险信息网络的现代化建设是提高社保经办机构管理服务能力的需要。社会保障系统正在运行的“金保工程”标志着社会保障，尤其是社会保险信息化进入了一个全新的时代。

按照社会保险管理信息系统指标体系建设的要求，结合工伤保险业务管理流程等实际情况，编制统一信息分类、编码体系和统计指标体系，实现信息采集和经办管理、工伤认定、劳动能力鉴定等业务管理的一体化管理，达到管理系统信息化，数据充分共享和无障碍交换的原则。依托“金保工程”，开发工伤保险管理信息系统，满足工伤保险业务管理需要，适应工伤保险管理特殊性和复杂性，实行费用监督和运行监控、审核结算和待遇给付管理服务的需要，并具备实时稽核及综合统计分析等功能。有条件的地区将管理网络延伸到协议医疗、康复、辅助器具配置机构，提高监控手段，使数据能及时传输，提高数据时效性。社会保险的信息化建设需要一批既熟悉社会保险的政策和业务又懂信息技术的复合型人才。社会保险经办机构要注重对现有专业技术人员的培养，通过在职培训等方法强化岗位培训，以确保“金保工程”的顺利完成，促进社会保险的信息化建设。

经办机构内部的养老保险、医疗保险、工伤保险等险种要相互协作，协调运转，有关数据资源共享，尚未建立工伤保险信息系统的地方，也可以借助养老保险或医疗保险信息系统开展工作，在金保工程建设过程中逐步建立健全工伤保险管理信息系统。

关键概念

金保工程是利用先进的信息技术，以中央、省、市三级网络为依托，涵盖县、乡等基层机构，支持劳动和社会保障业务经办、公共服务、基金监管和宏观决策等核心应用，覆盖全国的统一的劳动和社会保障电子政务工程。

思考题

1. 如何看待工伤保险业务经办管理与服务工作在工伤保险制度中的地位和作用?

2. 工伤保险经办管理的主要职责有哪些?

3. 工伤保险经办业务管理流程与其他社会保险有明显差异的是哪几个主要环节?

4. 工伤保险服务管理包括哪几个方面? 工伤保险协议服务机构包括哪些机构?

5. 服务协议管理的目的和主要内容是什么?

6. 结合本人的工作实际，谈谈如何做好工伤保险管理与服务工作。

第九章

工伤保险争议处理与法律责任

本章导读

工伤保险争议处理和法律责任制度是工伤保险法律制度的重要组成部分，是实现工伤保险法律制度宗旨和目的的重要手段。

通过本章的学习，应掌握工伤保险争议的概念、种类和处理方法；法律责任理论和有关工伤保险法律责任的具体规定。

第一节　工伤保险争议处理

一、工伤保险争议概述

（一）工伤保险争议的概念及种类

工伤保险争议，是工伤保险关系主体之间发生的以工伤保险权利、义务为内容的争议。工伤保险主体具有多元性，参与工伤保险活动的主体包括社会保险行政部门、社会保险经办机构、用人单位及其职工、医疗机构、辅助器具配置机构、劳动能力鉴定组织，等等。工伤保险主体的工伤保险活动具有复杂性，各类主体的工伤保险活动包括行政管理活动、业务经办活动、医疗服务活动，等等。由于工伤保险主体的多元性和主体活动的复杂性，工伤保险争议也复杂多样，按照不同的标准可作不同的分类。

关键概念

工伤保险关系主体是指在工伤保险制度实施过程中享有权利、承担义务和责任的当事人。

1. 按照工伤保险争议性质来划分，工伤保险关系因性质不同，可以分为平等主体之间的工伤保险关系和管理从属的工伤保险关系，前者如工伤保险行政管理关系、工伤保险经办管理关系，后者如用人单位与劳动者之间的工伤保险关系。两种性质不同的工伤保险关系产生的争议分别为平等主体之间的工伤保险争议和非平等主体之间的工伤保险争议。

2. 按照工伤保险争议涉及的内容来划分，工伤保险争议可以分为：关于工伤认定而引起的争议；关于工伤待遇核定、给付而引起的争议；关于工伤保险费用结算而引发的争议；关于工伤保险费征收而引发的争议；关于工伤保险违法行为查处而引发的争议，等等。

【阅读参考】工伤保险法律关系的客体

工伤保险法律关系的客体，是指工伤保险法律关系中权利义务指向的对象。对于工伤保险法律关系多表现为物和行为。物，包括工伤保险费、各类现金性经济补偿待遇和各类辅助器具等；行为包括：工伤保险法律关系主体有意识的活动，包括作为和不作为，如工伤认定机构的工伤认定行为、劳动能力鉴定机构的鉴定行为、社会保险经办机构的待遇发放行为、用人单位的缴费行为、用人单位和劳动者的工伤保险待遇申请行为等。

（郑尚元. 工伤保险法律制度研究［D］. 北京：北京大学出版社，2004）

（二）正确处理工伤保险争议的意义

工伤保险关系是整个社会关系的重要组成部分，正确处理工伤保险争议是保持整个社会关系和谐稳定的一个必不可少的环节。正确处理工伤保险争议，具体来说具有以下几方面的意义：

1. 可以促进工伤保险制度正常运行，贯彻工伤保险立法宗旨。一方面可以促进当事人依法履行义务；另一方面可以保证当事人、特别是工伤职工获得医疗救治和经济补偿的合法权益不受侵犯。

2. 可以提高当事人遵守工伤保险法律法规的自觉性，防止和减少工伤保险争议的发生。正确处理工伤保险争议的过程，也是对争议双方当事人进行法制宣传的过程。争议双方可以从中认识到只有依照法律规定办事，才能得到国家和社会的支持，从而提高当事人的法制观念，提高依法办事的自觉性，减少和防止工伤保险争议的发生。

3. 可以避免矛盾的激化和恶性事件的产生，促进社会的稳定。工伤保险制度是权益保障制度，涉及工伤职工的生存权，工伤保险争议如得不到及时、公正、正确的处理，就可能激化矛盾，引发恶性事件。因此工伤保险争议的处理在调节社会关系中起着“稳定器”的作用。

二、工伤保险争议的有关规定

《社会保险法》第八十三条对社会保险争议的处理作出原则规定。《工伤保险条例》主要以工伤保险关系双方主体法律地位为标准划分，规定了两类工伤保险争议，即：工伤保险劳动争议和工伤保险行政争议。

（一）工伤保险劳动争议

关键概念

工伤保险劳动争议，是指用人单位和职工之间产生的属于劳动争议性质的、以工伤保险权利义务为内容的争议。

此类争议具有以下特征：

1. 争议的主体是劳动关系的当事人。即一方是用人单位，另一方是与用人单位建立劳动关系的职工，双方主体在工伤保险关系中的地位是平等的。如不是此二者之间发生的争议，即使发生工伤保险方面的争议，也不属于此范围。

2. 争议的内容是因劳动关系而在双方当事人之间附随产生的有关工伤保险权利义务。也就是说，双方当事人建立劳动关系，依法必然在双方之间附随产生一定的工伤保险权利义务，因这些权利义务而产生的争议，才是工伤保险劳动争议。

3. 争议解决适用的实体法律是《劳动法》和相应的工伤保险规定。解决此类争议适用的程序法是劳动争议处理法律规定。

用人单位与职工之间因工伤保险权利义务而引发的工伤保险劳动争议，主要表现为用人单位未按照《工伤保险条例》规定的待遇项目和标准向职工发放工伤保险待遇而引发的争议，具体分为以下两类：

1. 已参加工伤保险的用人单位和职工之间发生的工伤保险待遇方面的争议。根据《工伤保险条例》第五章有关工伤保险待遇的规定，对于已参加工伤保险的用人单位而言，工伤职工的部分待遇由所在单位承担，如：工伤职工治疗工伤期间的工资福利；生活不能自理的工伤职工在停工留薪期间的护理费用；五级、六级伤残职工按月领取的伤残津贴；终止或者解除劳动合同时的一次性伤残就业补助金，均由所在单位负责。如果已参加工伤保险的用人单位没有按照规定向工伤职工发放待遇，工伤职工提出异议而产生的争议；或者工伤职工与用人单位就应该执行《工伤保险条例》规定的哪项待遇和标准因认识不同而产生争议，都属于此类争议。

2. 应参加工伤保险而未参加工伤保险的用人单位和职工之间发生的工伤保险待遇方面的争议。《工伤保险条例》第六十二条规定，应当参加工伤保险而未参加工伤保险的用人单位职工发生工伤的，由该用人单位按照本条例规定的工伤保险待遇项目和标准支付费用。如果应当按照规定参加工伤保险而未参加工伤保险的用人单位和职工因执行有关工伤待遇项目和标准而产生的争议，也属于劳动争议的范畴。

对于第 2 种类型的争议，由于《社会保险法》第四十一条规定，职工所在用人单位未依法缴纳工伤保险费，发生工伤事故的，由用人单位支付工伤保险待遇。用人单位不支付的，从工伤保险基金中先行支付。所以在实践中，双方争议主要存在于除工伤保险基金先行支付范围之外的待遇项目。

（二）工伤保险行政争议

关键概念

工伤保险行政争议，是指社会保险行政部门及其所属的社会保险经办机构在针对行政管理相对人实施工伤保险方面的具体行政行为时，行政管理相对人认为其违法行使职权、侵犯自身的合法权益，对其实施的具体行政行为不服而产生的争议。

此类争议具有以下特征：

1. 争议的主体是工伤保险行政管理关系或者经办关系的当事人。即一方是依法享受行政管理职权的社会保险行政部门或者是法律法规授予其行政管理职权的社会保险经办机构（含征收机构，下同），另一方为作为工伤保险行政管理相对人的用人单位及其职工、医疗机构、辅助器具配置机构、从事劳动能力鉴定的组织或者个人等。前者处于行政管理者的地位，后者则为行政管理相对人。

2. 争议的内容是社会保险行政部门、社会保险经办机构实施的具体行政行为。所谓的具体行政行为是指国家行政机关及其工作人员、法律法规授权的组织及其工作人员在行政管理活动中行使行政职权，针对特定的公民、法人或者其他组织，就特定的具体事项，作出的影响有关公民、法人或者其他组织权利义务的单方行为。就工伤保险方面而言，社会保险行政部门依照《工伤保险条例》规定进行工伤认定，对工伤保险费的征缴和工伤保险基金的支付情况进行监督检查，对具有违法行为的用人单位、工伤职工或者其近亲属、医疗机构、辅助器具配置机构实施行政处罚；社会保险经办机构对用人单位征收工伤保险费以及对工伤职工核定发放工伤保险待遇，都属于具体行政行为。行政管理相对人认为社会保险行政部门、社会保险经办机构实施具体行政行为不合法，侵犯自身的合法权益而产生争议。

3. 争议解决适用的法律是《行政复议法》和《行政诉讼法》及有关工伤保险法律规定。解决此类争议适用的程序法主要是行政争议处理法律规定。

关于工伤保险行政争议的表现形式，《工伤保险条例》第五十五条主要规定了以下5类：

1. 申请工伤认定的职工或者其近亲属、该职工所在单位对工伤申请不予受理的决定不服而产生的争议。

2. 申请工伤认定的职工或者其近亲属、该职工所在单位对工伤认定结论不服而产生的争议。《工伤保险条例》对工伤范围、视同工伤范围和工伤认定程序作了规定，社会保险行政部门在执行规定进行工伤认定时，有关当事人不服即会产生争议。

3. 用人单位对社会保险经办机构确定的单位缴费费率不服而产生的争议。《工伤保险条例》第八条规定，国家根据不同行业的工伤风险程度确定行业的差别费率，并在每个行业内确定若干费率档次。统筹地区经办机构根据用人单位工伤保险费使用、工伤发生率等情况，适用所属行业内相应的费率档次确定单位缴费费率。用人单位对经办机构确定的缴费费率不服，即会产生争议。

4. 签订服务协议的医疗机构、辅助器具配置机构认为经办机构未履行有关协议或者规定而产生的争议。根据《工伤保险条例》第四十七条的规定，经办机构与医疗机构、辅助器具配置机构在平等协商的基础上签订服务协议。双方签订的服务协议属于行政合同，医疗机构、辅助器具配置机构因服务协议和经办机构产生的争议属于行政争议。

5. 工伤职工或者其近亲属对社会保险经办机构核定的工伤保险待遇有异议而产生的争议。社会保险经办机构核定工伤保险待遇，是工伤职工及其近亲属享受工伤保险待遇的前置程序。工伤职工或者其近亲属认为社会保险经办机构不按照规定核定工伤保险待遇的，可以提出异议，按照行政争议处理。

除上述5类情形外，在现实中还存在大量的其他工伤保险行政争议，比如用人单位、工伤职工、医疗机构、辅助器具配置机构等管理相对人对社会保险行政部门作出的行政处罚不服而产生的争议，工伤职工及其近亲属对社会保险经办机构停发工伤保险待遇而产生的争议，等等。这些争议与上述5类争议性质相同，都属于工伤保险行政争议，可以按照相同的方法进行处理。

【阅读链接】

尹蔚民. 中华人民共和国社会保险法释义［M］. 北京：中国劳动社会保障出版社，2011

(三) 工伤保险劳动争议与工伤保险行政争议的区别

工伤保险行政争议不同于劳动争议，这表现在：两种争议的主体不同，工伤保险行政争议的主体是行政管理相对人和社会保险经办机构或者社会保险行政部门；而劳动争议的主体则是建立劳动关系的双方当事人，即用人单位和本单位职工。而且，两者的争议事项也不同，工伤保险行政争议是对具体工伤保险行政行为的合法性和适当性发生争执；而劳动争议则是用人单位和劳动者对执行工伤保险法律的规定和履行劳动合同中有关约定发生争执。尽管工伤保险行政争议也表现为执行工伤保险法律法规之争，但这些法律法规是赋予人力资源社会保障行政机关以某种管理职权的规定，与调整劳动关系双方权利义务的法律法规仍有区别。二者的上述区别决定了其在处理程序和原则上的不同。工伤保险行政争议主要通过行政复议和行政诉讼进行处理，并且不适用调解。而工伤保险劳动争议则可以通过协商、调解、仲裁和诉讼程序进行处理。

三、不同类型争议处理的方法

(一) 劳动争议的处理

根据《劳动争议调解仲裁法》的规定，职工与用人单位发生工伤待遇方面的争议后，双方可以协商解决；不愿协商或者协商不成的，可以向本企业劳动争议调解委员会申请调解；调解不成的可以向劳动争议仲裁委员会申请仲裁，当事人也可以直接向劳动争议仲裁委员会申请仲裁；对仲裁裁决不服的，可以向人民法院起诉。根据上述规定，职工与用人单位发生工伤待遇方面的争议的处理途径有4种：当事人协商解决；用人单位劳动争议调解委员会调解解决；劳动争议仲裁委员会仲裁解决；人民法院诉讼解决。

1. 协商。法律法规提倡协商解决争议，这样有利于消除用人单位与其职工之间的隔阂，加强团结，保证生产经营顺利进行。当事人双方自行协商不是处理劳动争议的必经程序，双方当事人可以自愿进行协商，但是任何一方或者他人都不能强迫进行协商。

2. 调解。广义上的调解除了企业劳动争议调解委员会、依法设立的基层人民调解组织、在乡镇街道设立的具有劳动争议调解职能的组织进行的调解外，还包括劳动争议仲裁机构进行的调解，以及人民法院进行的调解。此处所称调解是狭义上的，即企业劳动争议调解委员会、依法设立的基层人民调解组织、在乡镇街道设立的具有劳动争议调解职能的组织进行的调解。劳动争议发生后，当事人不愿协商或者协商不成的，可以向企业劳动争议调解委员会、依法设立的基层人民调解组织或者在乡镇街道设立的具有劳动争议调解职能的组织申请调解。

【新闻摘录】(首都之窗2010年3月11日讯)

2010年3月6日18时许，崇文区人保局接前门街道劳动监察组通报，位于前门街道辖区的某工地有10余名农民工聚集，区劳动监察大队及街道劳动监察组监察员立即赶赴现场。经调查，该工地所招用工人戚某，于2010年2月25日在工地切割钢筋时左手中指被切割，现场聚集的10多名农民工都是伤者的亲属及施工队工友，因工伤赔偿问题与劳务公司存在较大差距而聚集在工地项目部。劳动保障监察员现场告知劳务公司及员工有关发生工伤后认定工伤的劳动保障法律法规和政策，以及解决工伤问题的法律渠道，有效地稳定了工人的情绪。同时，积极与总包方、劳务分包方进行协调，于当晚21：30调节双方协商达成一致意见，签订了解决争议协议书，由劳务方一次性支付受伤农民工3.8万元。

(崇文区人民政府网站 http：//www.beijing.gov.cn/zfzx/qxrd/cwq/t1110700.htm)

企业劳动争议调解委员会、依法设立的基层人民调解组织、在乡镇街道设立的具有劳动争议调解职能的组织进行的调解是解决包括工伤保险待遇争议在内的劳动争议的一种有效并有利于改善争议双方当事人关系的方式。但该调解也并非解决劳动争议的必经途径。争议发生后，当事人不愿协商或者协商不成的，可以向企业劳动争议调解委员会、依法设立的基层人民调解组织、在乡镇街道设立的具有劳动争议调解职能的组织进行申请调解，也可以不向上述调解组织申请调解，而直接申请劳动争议仲裁。企业劳动争议调解委员会、依法设立的基层人民调解组织、在乡镇街道设立的具有劳动争议调解职能的组织进行的调解，应当在坚持平等、自愿原则的基础上，帮助双方当事人达成协议（自劳动争议调解组织收到调解申请之日起 15 日内未达成调解协议的，当事人可以依法申请仲裁）。调解协议书由双方当事人签名或者盖章，经调解员签名并加盖调解组织印章后生效，对双方当事人具有约束力，当事人应当履行。因支付工伤医疗费达成调解协议，用人单位在协议约定期限内不履行的，劳动者可以持调解协议书依法向人民法院申请支付令。人民法院应当依法发出支付令。

3. 仲裁。是指经争议当事人一方申请，由劳动争议仲裁委员会对争议双方当事人之间的工伤待遇方面的争议进行调解和裁决，其生效裁决具有国家强制力的一种处理劳动争议的方式。职工与用人单位发生工伤待遇方面的争议后，提出仲裁要求的一方应当自知道或应当知道其权利被侵害之日起 1 年内向劳动争议仲裁委员会提出书面申请。仲裁裁决一般应在收到仲裁申请的 45 日内作出（经批准延长不得超过 15 日）。当事人对仲裁裁决无异议的，必须履行。一方当事人无异议又逾期不履行的，另一方当事人可以申请人民法院强制执行。劳动争议仲裁实行一级仲裁，劳动争议在经过一个劳动争议仲裁机构裁决以后，当事人就不能再要求另一劳动争议仲裁机构裁决。劳动争议仲裁的一个显著特征是，它是当事人向人民法院提起诉讼解决劳动争议前的一个必经程序，只有经过仲裁，方可向人民法院起诉。

需要指出的是，为防止一些用人单位恶意诉讼以拖延仲裁审理时间，加大劳动者维权成本，《劳动争议调解仲裁法》规定对包括支付追索工伤医疗费等部分劳动争议案件实行有条件的“仲裁终局”，在劳动者于仲裁裁决书作出之日起 15 日内不向人民法院提起诉讼，或者用人单位在仲裁裁决书作出之日起 30 日内未向人民法院提起撤销仲裁裁决申请或申请被驳回的情况下，仲裁裁决书自作出之日起发生法律效力。

4. 诉讼。即由当事人一方申请，由人民法院审判解决劳动争议。职工与用人单位之间发生工伤待遇方面的争议后，一方要求劳动争议仲裁的，可以向劳动争议仲裁委员会申请仲裁，对仲裁裁决不服的，自收到裁决书之日起 15 内可以向人民法院提起诉讼，人民法院应当受理，审理并作出判决或裁定。人民法院的审判是包括用人单位与职工之间工伤待遇争议在内的劳动争议的最终法律解决途径。任何一个劳动争议案件，在没有得到解决以前，当事人不服劳动争议仲裁委员会仲裁的，有权向人民法院起诉（按照《劳动争议调解仲裁法》的规定，用人单位不得就“仲裁终局”的案件提起诉讼），人民法院应当受理，审理并作出判决。人民法院的审理包括一审、二审及再审程序，最终的生效判决标志着这一劳动争议案件的最终解决。而且，无论是生效的仲裁裁决，或是人民法院的终审判决，一方当事人应当履行而拒不履行，则另一方当事人有权申请人民法院强制执行，法院的强制执行是劳动争议案件能够真正切实得以解决的保障。

【案例9—1】

李某是某超市公司的一名职工，双方签订了书面劳动合同，并且用人单位为李某办理了相关的社会保险。2006年6月3日，李某在超市搬运货物过程中，由于不慎被货架上的货物砸伤。事发之后超市依法向劳动保障行政部门提出工伤认定申请，并被认定为工伤。在李某伤情稳定后，单位又向劳动能力鉴定委员会提出鉴定申请。鉴定委员会于7月5日作出伤残三级的鉴定结论。单位随后向李某支付停工留薪待遇，而对于其他费用不予支付。

李某向劳动争议仲裁机构提出仲裁申请。仲裁机构审理后于7月15日作出裁决并当场送达，单位应向李某支付停工留薪待遇、伙食补助费。李某仍不服，于7月20日起诉至人民法院，人民法院审理后认为，李某受伤性质经有权机关依法予以工伤认定，并且经过劳动鉴定委员会鉴定为伤残三级，所以单位应当依据《工伤保险条例》规定的标准予以支付相关费用。人民法院最终判决，单位依法承担劳动能力鉴定评定伤残等级前发生的停工留薪待遇、伙食补助费、护理费用。

（二）行政争议的处理

用人单位、医疗机构、辅助器具配置机构等工伤保险行政管理相对人对社会保险行政部门或者社会保险经办机构作出的具体行政行为不服而产生的行政争议，可以按照《行政复议法》《行政诉讼法》以及《工伤保险条例》的有关规定进行处理。

1. 行政复议和行政诉讼。行政复议，是指依照《行政复议法》的规定，公民、法人或者其他组织对行政机关或者法律法规授权的组织实施的具体行政行为不服，认为该具体行政行为侵犯自己的合法权益，依法向行政复议机关提出申请，由受理行政复议申请的复议机关对原具体行政行为进行审查并作出行政复议决定的法律制度。行政诉讼，是指依照《行政诉讼法》的规定，公民、法人或者其他组织认为行政机关或法律法规授权的组织实施的具体行政行为侵犯自己的合法权益，向人民法院起诉，人民法院对被诉行为进行审查并依法裁决的法律制度。行政复议和行政诉讼制度有利于防止和纠正违法的或者不当的具体行政行为，保护行政管理相对人的合法权益，保障和监督行政机关以及法律法规授权的组织依法行使职权。

根据《行政复议法》和《行政诉讼法》的规定，申请工伤认定并对认定结论不服的职工或者其近亲属、该职工所在单位；对缴费费率不服的单位；认为经办机构未履行服务协议或者规定的医疗机构、辅助器具配置机构；对经办机构核定的工伤保险待遇存在异议的工伤职工或者其近亲属，都可以作为行政复议的申请人和行政诉讼的原告。作出有关决定或者核定的社会保险行政部门或者社会保险经办机构则成为行政复议的被申请人和行政诉讼的被告。

根据《行政复议法》第十二条的规定，公民、法人或者其他组织对社会保险行政部门的具体行政行为不服的，可以向本级人民政府或者上一级社会保险行政部门申请行政复议。根据《行政复议法》第十五条第三项的规定，公民、法人或者其他组织对社会保险经办机构的具体行政行为不服的，可以向主管该经办机构的社会保险行政部门申请行政复议。根据《行政诉讼法》第十七条的规定，行政诉讼案件由最初作出具体行政行为的行政机关所在地人民法院管辖。经复议的案件，复议机关改变原具体行政行为的，也可以由复议机关所在地人民法院管辖。

根据《行政复议法》第九条的规定，公民、法人或者其他组织认为具体行政行为侵犯其合法权益的，可以自知道该具体行政行为之日起 60 日内提出行政复议。因不可抗力或者其他正当理由耽误法定申请期限的，申请期限自障碍消除之日起继续计算。

根据《行政诉讼法》第三十八条的规定，公民、法人或者其他组织向行政机关申请复议的，复议机关应当在收到申请书之日起 2 个月内作出决定。申请人不服复议决定的，可以在收到复议决定书之日起 15 日内向人民法院提起诉讼。

2. 新修订的《工伤保险条例》取消了行政复议前置程序。《行政诉讼法》第三十七条规定，行政复议申请人可以先向行政机关申请复议，对复议不服的，再提起行政诉讼；也可以直接向人民法院提起行政诉讼。按照原《工伤保险条例》规定，在工伤争议处理程序中，行政复议是行政诉讼的前置程序。

2010年在修订时对这一程序作出简化规定：有关单位或者个人可以依法申请行政复议，也可以依法向人民法院提起行政诉讼。

【阅读链接】

胡晓义．工伤保险条例释义与实务［M］．北京：中国劳动社会保障出版社，2011

3．行政决定、复议决定和法院判决、裁定的效力。根据《行政复议法》和《行政诉讼法》的规定，在复议期间或者诉讼期间，除特定情形外，不停止原具体行政行为的执行。这主要是为了维护正常的行政管理秩序。因此，在行政复议或者诉讼期间，除出现特定情形外，社会保险行政部门或者社会保险经办机构作出的有关决定或者核定应当继续执行。

行政复议申请人对行政复议决定不服的，可以在收到复议决定书之日起15日内向人民法院起诉。逾期不起诉又不履行的，由复议机关或作出具体行政行为的社会保险行政部门、社会保险经办机构申请人民法院强制执行。

对人民法院发生法律效力的判决、裁定，当事人必须履行。当事人拒绝履行判决、裁定的，社会保险行政部门或者社会保险经办机构可以依法向第一审人民法院申请强制执行。

第二节　工伤保险法律责任

一、法律责任概述

（一）法律责任的概念和特征

关键概念

法律责任是法律所规定的、违法行为人因违法所应承担的制裁性法律后果。法律责任与法定权利与义务有着密切的联系，法律责任是侵犯权利或者违反义务所应承担的法律后果。

法律责任是国家对违法行为所作的否定的法律评价，是国家强制责任人承担对其不利的法律后果，以补偿受到损害的合法利益，恢复被破坏的法律关系和法律秩序的手段。

法律责任具有以下特征：

1. 法律责任以违法行为存在为前提。法律责任与违法行为具有因果关系，违法行为是法律责任的前因，法律责任是违法行为的后果，凡是实施了违法行为的人（包括单位和个人），都必须承担相应的法律责任。法律责任蕴涵着国家和社会对违法行为人的谴责和制裁。违法行为可分为两种，一种是作为，即行为人实施了法律禁止的行为。例如，工伤保险关系中的用人单位、工伤职工或者其近亲属骗取工伤保险待遇的行为；医疗机构、辅助器具配置机构骗取工伤保险基金支出的行为，就是以积极的作为方式违反工伤保险法律规定。另一种是不作为，即未实施法律规定应当实施的行为。例如，工伤保险关系中，社会保险行政部门工作人员无正当理由不受理工伤认定申请的行为；未妥善保管申请工伤认定的证据材料致使有关证据灭失的行为，就是以不作为的方式违反工伤保险法律规定。因此，法律责任就是有关主体未实施法律规定应当实施的行为或者实施了法律规定禁止实施的行为时，应当承担的法律后果。

2. 法律责任以法律制裁为必然后果。法律责任最终都表现为一定的制裁，通过制裁使行为人放弃实施违法行为，并教育和威慑其他人，从而预防和制止违法行为的发生。例如，《工伤保险条例》第七章对违反工伤保险法律规定的行为人所应承担的法律后果作了较系统的规定，如规定了罚款、没收违法所得等制裁措施。

3. 法律责任由国家特别授权的机关来执行。法律责任只能由国家专门机关在法律规定的权限范围内对违法者施行，国家专门机关只能是行使国家行政权和司法权的机关。其他任何社会团体、组织和个人都无权行使这项权力。根据《工伤保险条例》的规定，工伤保险法律责任由社会保险行政部门、司法部门和其他有关部门来追究，未经法律授权的任何其他组织都无此项权力。

4. 法律责任以国家的强制力保证实施。法律责任就是通过国家强制力迫使违法行为人接受对其不利的法律后果，从而体现国家对公共利益、社会秩序及他人利益的保护。法律责任的强制性表现为：对责任主体而言，法律责任是必须履行的义务，如果不履行这种义务，则引起国家强制；对执法主体而言，当法律责任的实现受到阻力时，可以依法强制执行。

关键概念

强制执行，是指人民法院或者依法具有强制执行权力的国家机关按照法定程序，运用国家强制力量，根据执行文书的规定，强制义务人完成其所承担的义务，以保证权利人的权利得以实现。执行文书包括发生法律效力的法院判决书、裁定书以及法律规定的其他法律文书。它们一经确定，义务人即应自动履行。如拒不履行，权利人可以申请强制执行。提出申请的权利人称为申请人，被指名履行义务的人称为被申请人，又称被执行人。

（二）法律责任的种类

法律责任同违法行为密切相关，不同性质的违法行为要承担不同的法律责任。我国法学界一般按照违反法律的性质将违法行为分为 4 种，即违宪、刑事违法、民事违法、行政违法。与违法行为的种类相对应，法律责任的种类也有 4 种，即违宪责任、刑事责任、民事责任、行政责任。

1. 违宪责任是违反宪法的行为所导致的，违宪行为包括有关国家机关制定的法律、法规或规章与宪法相抵触；有的国家机关违反宪法的规定行使职权等。追究违宪法律责任的国家机关是监督宪法实施的国家权力机关。承担违宪法律责任的形式主要有：撤销有关国家机关所制定的同宪法相抵触的法律、法规、规章；罢免国家机关的领导成员；罢免人大代表等。

2. 刑事责任是行为人实施了刑事法律禁止的行为达到了犯罪的程度，依法必须承担的法律后果。刑事法律禁止的行为是指危害社会、依法应受刑罚处罚的行为，即犯罪行为，因此刑事责任是犯罪行为产生的法律后果。刑事法律责任是通过剥夺犯罪分子的财物、人身权利以及剥夺生命等形式予以制裁，是法律责任中最严厉的一种。刑事法律责任只能由司法机关即人民法院、人民检察院和公安机关按照《刑事诉讼法》规定的程序，依刑事法律予以追究，其他机关和个人无权追究。追究刑事法律责任的形式是依法对违法行为人处以刑罚，刑罚可分为主刑和附加刑。主刑是指只能够独立适用的刑罚，包括管制、拘役、有期徒刑、无期徒刑、死刑。附加刑是既能够独立适用，又能附加于主刑而适用的刑罚，包括罚金、没收财产和剥夺政治权利。

3. 民事责任是公民、法人或其他组织违反民事法律规范而应承担的法律责任。民事法律责任由司法机关依法追究。承担民事法律责任的方式有多种，主要包括停止侵害、排除妨碍、消除危险、返还财产、恢复原状、支付违约金等。

4. 行政责任是指行为人违反行政法律规范，造成和足以造成一定后果但尚不够追究刑事责任时，由有关国家行政机关依法给予的一种行政制裁。行政法律责任是因违反行政管理性质的法律规定所引起的。行政法律责任是行政法律关系主体所应承担的责任，这类主体指各类行政法律关系的当事人，包括行政机关、共他国家机关、企业、事业单位、社会团体、公民个人等。行政法律责任是行政法法律关系主体违反行政法律规范，损害行政法律规范保护的个人、组织的合法权益或者国家的利益所应承担的责任。行政法律责任是针对情节轻微尚未构成犯罪的违法行为所给予的一种法律制裁。行政法律责任的形式有：行政处罚、行政处分、行政赔偿、行政补偿、责令改正等。

(三) 法律责任的构成

法律责任的构成，是指认定法律责任所必须考虑的条件。法律责任的构成包括：责任主体、违法行为、损害后果、因果关系、主观过错 5 个方面。

1. 责任主体。是指因违法行为而承担法律责任的人，包括自然人、法人和其他社会组织。责任主体是法律责任构成的必备条件。违法行为首先是一种行为，而行为是由人的意志支配的活动，因此，实施违法必须有行为人。但是，并非任何人都可以成为违法行为的实施者，没有行为能力的人就不能成为实施违法行为的人。因此，责任主体对于法律责任的有无、种类、大小有着密切的关系。

2. 违法行为。违法行为是法律责任构成的核心要素。违法行为包括作为和不作为。作为是指人的积极的活动。直接从事了法律所禁止的事情自然要导致法律责任。不作为是指人的消极的活动，即行为人在能够履行自己义务的情况下不履行义务。区分作为与不作为，对于确定法律责任的范围、大小具有重要意义。

3. 损害后果。损害后果是指违法行为侵犯他人或社会的权利和利益所造成的损失和伤害，包括实际损害、丧失所得利益以及预期可得利益。损害结果可以是对人身的损害、财产的损害、精神的损害。损害结果表明法律所保护的合法权益遭受了侵害，因而具有侵害性。同时，损害结果具有确定性，它是违法行为已经实际造成的侵害事实，而不是推测、臆想、虚构的情况。损害结果的确定性，表明损害事实在客观上能够认定。认定损害结果时一般根据法律、社会普遍认识、公平观念并结合社会影响、环境等因素未裁定。

4. 因果关系。因果关系是违法行为与损害后果之间的必然联系。因果关系是一种引起与被引起的关系，即一现象的出现是由于先前存在的另一现象而引起的。因果关系是归责的基础和前提，是认定法律责任的基本依据。因果关系是客观的，不以人的意志为转移，只能根据事物之间的客观关系来判断因果关系的有无。事实上的因果关系极为复杂，一个结果可能由多个原因造成，法律只考虑其中与法律责任认定有关的因素。因果关系是法律所规定的因果关系，具有法定性。

5. 主观过错。主观过错是指行为人实施违法行为时的主观心理状态。不同的主观心理状态对认定某一行为是否有法律责任及承担何种法律责任有着直接的联系。主观过错包括故意和过失两种。故意是指明知自己的行为会发生危害社会的结果，希望或放任这结果发生的心理状态。过失是指应当预见自己的行为可能会发生损害他人、危害社会的结果，因为疏忽大意而没有预见，或已经预见而轻信能够避免，以致发生这种结果的心理状态。

二、工伤保险法律责任

（一）工伤保险法律责任的概念和种类

关键概念

工伤保险法律责任，是指社会保险行政部门、社会保险经办机构、用人单位、医疗机构、辅助器具配置机构、从事劳动能力鉴定的组织以及有关个人等工伤保险主体违反工伤保险法律规定而依法应承担的法律后果。

工伤保险法律责任，是由工伤保险法律规定的对工伤保险违法行为人所采取的以补偿受到损害的合法利益、恢复被破坏的工伤保险法律关系或者秩序、维护工伤保险制度正常运行为目的，并与一定的制裁措施相联系的国家强制形式。

工伤保险法律责任是工伤保险法律制度的重要组成部分，《工伤保险条例》就“法律责任”设有专章规定。建立和健全工伤保险法律责任制度对于贯彻实施工伤保险立法的宗旨和目的有着重要意义，有利于切实保障因工作遭受事故伤害或者患职业病的职工获得医疗救治和经济补偿、促进工伤预防和职业康复、分散用人单位的工伤风险。

对于违反工伤保险法律的行为，《工伤保险条例》主要规定了行政责任和刑事责任两种法律责任。

1. 行政责任。《工伤保险条例》规定的行政责任的形式有：行政处罚、行政处分、行政赔偿、责令改正等。

（1）行政处罚。违反工伤保险法律规定的行政处罚，主要是由社会保险行政部门及有关行政机关依法对单位或个人、医疗机构、辅助器具配置机构、从事劳动能力鉴定的组织或个人违反工伤保险法律规定的行为采取的制裁措施。《工伤保险条例》第七章确定的行政处罚形式主要有：罚款、没收违法所得等。

(2) 行政处分。违反工伤保险法律规定的行政处分，是指社会保险行政部门、财政部门、社会保险经办机构对其工作人员违法失职尚不构成犯罪的行为，依法给予的惩处措施。根据《国家公务员暂行条例》的规定，违反工伤保险法律规定的行政处分形式分为警告、记过、记大过、降级、撤职、开除 6 种。

(3) 行政赔偿。违反工伤保险法律规定的行政赔偿，是指社会保险行政部门、社会保险经办机构及其工作人员在行使行政职权时侵犯单位或者个人、医疗机构、辅助器具配置机构等管理对象的合法权益造成损害的，依法应当承担赔偿责任。

(4) 责令改正。社会保险行政部门发现单位或个人、医疗机构、辅助器具配置机构、从事劳动能力鉴定的组织或个人等管理对象违反工伤保险法律规定，可以责令其改正。

2. 刑事责任。根据《社会保险法》的规定，有关工伤保险法律责任中的刑事责任涉及的罪名有滥用职权罪、玩忽职守罪、徇私舞弊罪、贪污罪、受贿罪、挪用公款罪、诈骗罪、提供虚假证明文件罪等。

【阅读链接】

郑尚元. 工伤保险法律制度研究 [M]. 北京：北京大学出版社，2004

(二) 有关工伤保险法律责任的具体规定

《工伤保险条例》及有关法律法规规定，对社会保险行政部门、社会保险经办机构、医疗机构、辅助器具配置机构、从事劳动能力鉴定的组织或者个人、用人单位、职工及其近亲属等工伤保险主体违反工伤保险法律规定时所应承担的法律责任作了具体规定。

1. 单位或者个人违反规定挪用工伤保险基金的法律责任

(1) 单位或者个人的范围。挪用工伤保险基金的单位或者个人只有可能是直接接触基金的有关单位或者人员，一般是主管、经管、经手的单位或者人员。目前，管理工伤保险基金的单位或者人员主要是社会保险行政部门和财政部门及其工作人员以及社会保险经办机构及其工作人员。根据有关规定，社会保险行政部门、财政部门按照职责对工伤保险基金的预算、决算以及收入户、支出户和财政专户的基金收支和结余情况履行管理监督的职责。社会保险经办机构按照规定管理工伤保险基金的支出以及核定工伤保险待遇等。因而，社会保险行政部门、财政部门以及社会保险经办机构及其工作人员均负有不同方面的对工伤保险基金管理监督的职责，属于主管、经管、经手工伤保险基金的单位或人员。

（2）单位或者个人挪用工伤保险基金的情形。工伤保险基金是由依法参加工伤保险的用人单位缴纳的工伤保险费等资金形成的基金，基金应当存入国家建立的财政专户进行管理。工伤保险基金是用于工伤职工补偿的专项基金，为确保基金的安全，严防基金的流失，《工伤保险条例》第十二条规定，工伤保险基金用于工伤保险待遇，劳动能力鉴定，工伤预防的宣传、培训等费用，以及法律、法规规定的用于工伤保险的其他费用的支付。因此，任何单位或者个人将工伤保险基金用于上述规定以外的用途，例如将工伤保险基金用于投资各种工程项目、投资房地产经营、兴建或者改建办公场所、发放奖金，或者挪作其他用途等，都属于挪用工伤保险基金的行为。

（3）单位或者个人挪用工伤保险基金应承担的法律责任。根据《工伤保险条例》第五十六条的规定，单位或者个人违反本条例第十二条规定挪用工伤保险基金，应承担下列法律责任：

1）刑事责任。即“构成犯罪的，依法追究刑事责任”。也就是说，是否构成犯罪，属于何种犯罪，如何进行处罚等，均应当依照《刑法》和《刑事诉讼法》等进行。有关单位或个人挪用工伤保险基金的违法行为，有可能构成挪用公款罪。挪用公款罪具有下述特征：

①犯罪主体是国家工作人员，即依照法律从事公务的人员。就挪用工伤保险基金方面的挪用公款罪来讲，主要是指社会保险行政部门、财政部门以及社会保险经办机构的工作人员。

②侵犯的客体是公共财产关系中的公款所有权和国家财经管理制度。所谓公款，包括国家所有、集体所有的财产以及其他公益事业的社会捐助资金、专项基金等。工伤保险基金也属于公款的范围。

③犯罪的客观方面表现为行为人利用职务上的便利，挪用公款归个人使用，进行非法活动，或者挪用公款数额较大进行营利活动，或者挪用公款数额较大超过 3 个月未还。挪用工伤保险基金有上述 3 种情形之一的都可以认定为挪用公款罪。

④主观方面表现为故意。即明知是公款仍故意违反财经纪律而挪用，其目的是非法取得对公款的使用权，挪作他用，以满足单位或个人的某种需要。

根据《刑法》第三百八十四条的规定，国家工作人员利用职务上的便利，挪用公款归个人使用，进行非法活动的，或者挪用公款数额较大、进行营利活动的，或者挪用公款数额较大、超过 3 个月未还的，是挪用公款罪，处 5 年以下有期徒刑或者拘役；情节严重的，处 5 年以上有期徒刑。挪用公款数额巨大不退还的，处 10 年以上有期徒刑或者无期徒刑。

2）行政处分。即对于挪用工伤保险基金尚不构成犯罪的单位或者个人，按照《国家公务员暂行条例》的规定给予行政处分。

3）责令退回并没收违法所得。被挪用的工伤保险基金由社会保险行政部门追回，并入工伤保险基金；有违法所得的，没收违法所得依法上缴国库。

2. 社会保险行政部门工作人员违反工伤认定规定应承担的法律责任

（1）社会保险行政部门工作人员违反工伤认定规定的情形。根据《工伤保险条例》第五十七条的规定，社会保险行政部门违反工伤认定规定的主要有以下 3 种情形：

1）无正当理由不受理工伤认定申请，或者弄虚作假将不符合工伤条件的人员认定为工伤职工。

无正当理由不受理工伤认定申请，是指有权受理工伤认定的社会保险行政部门，无法定的原因或者其他正当理由而拒不受理工伤认定申请的情形，主要表现为：申请人提出的工伤认定申请符合法定工伤认定申请条件，工伤认定机关拒不受理的；申请人提出的工伤认定申请符合法定工伤认定申请条件，工伤认定机关在法定的受理期限内不予受理的；申请人提交的工伤认定申请材料符合工伤认定申请要求，工伤认定机关故意设置障碍不予受理的；因工伤认定有关工作人员的失职行为导致申请人超过申请时限的；因工伤认定机关的原因使申请人无法按正常情形申请，工伤认定机关不予受理的。上述行为都侵犯了工伤认定申请人的合法权益。

弄虚作假，将不符合工伤条件的人员认定为工伤职工的，是指在工伤认定中，负责工伤认定的社会保险行政部门工作人员利用职权，采取编造事实，提供虚假证明材料、虚假鉴定或者故意违反工伤认定程序等行为，将不属于工伤范围的人（如工伤认定工作人员的亲友或者有其他利益关系的人）认定为工伤的情形。将不属于工伤的人员认定为工伤，主要表现为：违反有关工伤范围构成要件进行的认定。根据《工伤保险条例》的规定，对于因事故造成的伤害，必须以在工作时间、在工作场所和因工作原因 3 个构成要素为认定前提。故意将不具备工伤构成要件的人员认定为工伤职工，属于弄虚作假行为；违反工伤认定的程序，故意超越阶段进行认定，不按照时限要求认定等；故意将《工伤保险条例》规定不得认定为工伤的人员认定为工伤，如因本人醉酒或者故意犯罪造成伤害的人员认定为工伤；不严格执行视同工伤的条件，故意扩大视同工伤的范围；利用职权，编造虚假证明材料，将不属于工伤范围的人认定为工伤等。

2）未妥善保管申请工伤认定的证据材料，致使有关证据灭失。妥善保管申请工伤认定的证据材料，是工伤认定工作人员的职责。人力资源和社会保障部发布的《工伤认定办法》第二十四条规定："工伤认定结束后，社会保险行政部门应当将工伤认定的有关资料保存 50 年。"有关人员必须采取防潮、防蛀、防盗、防火等措施妥善保管，保证证据材料的真实性和安全性。因有关人员的行为导致有关申请工伤认定的书证、物证、视听材料等证据损毁、失窃以至无法重新获取，是一种严重的失职行为。

3）收受当事人财物。

（2）社会保险行政部门工作人员违反工伤认定规定应承担的法律责任。根据《工伤保险条例》第五十六条的规定，应承担下列法律责任：

1）行政处分。即对于具有上述违法行为之一的社会保险行政部门工作人员，按照《公务员法》的规定给予行政处分。

2）刑事责任。即"情节严重，构成犯罪的，依法追究刑事责任"。社会保险行政部门工作人员违反工伤认定规定的行为有可能构成徇私舞弊罪或者滥用职权罪、玩忽职守罪和受贿罪。

社会保险行政部门工作人员在工伤认定活动中的徇私舞弊、滥用职权或者玩忽职守的犯罪（受贿罪将在下文叙述），具有以下特征：

①犯罪主体。上述犯罪的主体只限于国家机关工作人员。徇私舞弊、滥用职权或者玩忽职守的犯罪是一种渎职罪，即职务上的犯罪，主体只能是国家机关工作人员。在工伤认定过程中只限于社会保险行政部门工作人员。

②犯罪客体。上述犯罪侵害的客体，是国家行政机关的正常工作秩序。具体到工伤认定中，侵犯的则是国家对社会保险行政部门工作人员职责要求及正常的工作秩序。漫不经心、马虎草率、严重不负责任，往往造成国家利益和人民利益的重大损失。

关键概念

所谓徇私舞弊罪，是指国家机关工作人员为了个人或者亲友私利而弄虚作假致使公共财产、国家和人民利益遭受重大损失的行为。

所谓滥用职权罪，是指国家机关工作人员行使职权违反法律规定，或者是超越权限行使职权，或者故意违法处理公务，致使公共财产、国家和人民利益遭受重大损失的行为。

所谓玩忽职守罪，是指国家机关工作人员不履行职责、不正确履行职责或者放弃履行职责，致使公共财产、国家和人民利益遭受重大损失的行为。

---

③客观方面。行为人在客观方面，或者是表现为不履行或者不正确履行职责，或者是表现为行使职权违反法律规定，或者是超越权限行使职权，或者是表现为为了私情或者私利而弄虚作假。

④主观方面表现为故意或者过失。

根据《刑法》第三百九十七条的规定，国家机关工作人员滥用职权或者玩忽职守，致使公共财产、国家和人民利益遭受重大损失的，处 3 年以下有期徒刑或者拘役；情节特别严重的，处 3 年以上 7 年以下有期徒刑。本法另有规定的，依照规定。国家机关工作人员徇私舞弊，犯前款罪的，处 5 年以下有期徒刑或者拘役；情节特别严重的，处 5 年以上 10 年以下有期徒刑。

3. 社会保险经办机构违反工伤保险规定应承担的法律责任

（1）社会保险经办机构违反工伤保险规定的情形。《工伤保险条例》第五十八条列举了社会保险经办机构违反工伤保险法律规定的 3 种情形：

1）未按规定保存用人单位缴费和职工享受工伤保险待遇情况记录。用人单位缴费记录包括用人单位缴费登记、变更登记以及缴费申报等记录。职工享受工伤保险费待遇情况记录包括记载申请工伤认定、工伤认定结论、劳动鉴定、工伤与职业病伤残等级评定、职工工伤待遇核准、职工实际领取各项工伤保险待遇以及职工伤情变化等情况的材料。用人单位缴费和职工享受工伤保险待遇情况记录，是经办机构依法确定工伤职工是否享受工伤保险待遇以及工伤职工依法领取工伤保险待遇的重要依据，因此《社会保险费征缴暂行条例》规定，“社会保险经办机构负责保存缴费记录，并保证其完整、安全”。所谓完整，即保存的文件资料应当齐全，不能有缺损；所谓安全，即保存的文件不得非法转移、复制、出借，并不得遗失、灭失等。凡违反此规定者，即为未按规定保存有关记录。这里既包括经办机构主观上出于故意而导致的行为，也包括由于过失而导致的行为。

2）不按规定核定工伤保险待遇。这主要包括为不符合工伤保险待遇条件的主体核定工伤保险待遇，例如，为不属于《工伤保险条例》适用范围的伤残职工或者为不具备享受待遇条件的工伤职工核定工伤保险待遇；不按规定的项目和标准核定工伤保险待遇，例如擅自增加或者减少项目、延长或者缩短享受时间、提高或者降低享受标准等；不按有关规定调整已享受工伤保险待遇人员的待遇标准等。

3）收受当事人财物。包括收受当事人的现金、礼品、酬金、有价证券等。收受当事人的财物数额较大的，可能构成受贿罪。

（2）社会保险经办机构违反工伤保险规定应当承担的法律责任。根据《工伤保险条例》第五十八条的规定，应当承担下列法律责任：

1）纪律处分。社会保险经办机构属于依法履行行政职责的事业单位，其工作人员违反规定应给予纪律处分的，参照《国家公务员暂行条例》对国家行政机关工作人员行政处分的规定执行。

2）刑事责任。即“情节严重，构成犯罪的，依法追究刑事责任”。经办机构工作人员违反《工伤保险条例》第五十八条规定的行为可能涉及徇私舞弊罪或者滥用职权罪、玩忽职守罪和受贿罪。前文已对徇私舞弊罪或者滥用职权罪、玩忽职守罪作了解释，此处仅对受贿罪进行阐述。

关键概念

受贿罪是指国家工作人员利用职务上的便利索取他人财物，或者非法收受他人财物，为他人谋取利益的行为。

受贿罪的特征为：

①犯罪主体是国家工作人员。在工伤保险活动中，社会保险行政部门、财政部门、社会保险经办机构及其工作人员以及从事劳动能力鉴定的组织或者个人均可成为受贿罪的主体。

②受贿罪侵害的客体是国家工作人员应当遵守的廉洁从政的制度。

③客观方面表现为行为人利用职务上的便利，索取或者非法收受他人财物，为他人谋取利益。

④主观方面是出于故意，即行为人明知索取或收受他人财物不合法，仍希望得到这些财物。

根据《刑法》第三百八十六条的规定，对犯受贿罪的，根据受贿所得数额及情节，按照贪污罪的规定进行处罚，并规定索贿的从重处罚。按照《刑法》关于贪污罪规定的处罚标准，个人受贿数额在 5 000 元以上的应当认定为犯罪；个人受贿数额不满 5 000 元，情节较重的，也应认定为犯罪。另外，根据《最高人民检察院关于人民检察院直接受理立案侦查案件立案标准的规定（试行）》，单位受贿数额在10万元以上的予以立案；单位受贿数额不满10万元，但故意刁难、要挟有关单位、个人，造成恶劣影响的，以及致使国家或者社会利益遭受重大损失的，予以立案。因而，在工伤保险活动中，受贿罪的主体不仅限于个人，单位受贿也可以构成受贿罪。

4. 用人单位瞒报工资总额或者职工人数应当承担的法律责任

（1）用人单位瞒报工资总额或者职工人数。根据《工伤保险条例》第六十四条的规定，用人单位的工资总额是指用人单位直接支付给本单位全部职工的劳动报酬总额，具体由6个部分组成：计时工资、计件工资、奖金、津贴和补贴、加班加点工资以及特殊情况下支付的工资。用人单位职工人数包括与用人单位存在劳动关系（包括事实劳动关系）的各种用工形式、各种用工期限的劳动者。用人单位必须按照本单位全部职工人数、包括已签订劳动合同和虽未签订劳动合同但存在事实劳动关系的、各种用工形式和各种用工期限的劳动者的各种劳动报酬总额，缴纳工伤保险费。用人单位向社会保险经办机构办理工伤保险费缴费申报时，申报的本单位工资总额、职工人数少于实际数字的，即为瞒报。

（2）瞒报工资总额和职工人数应承担的法律责任。根据《工伤保险条例》第六十二条第一款的规定，由社会保险行政部门责令用人单位改正，补缴应当缴纳的工伤保险费，并自欠缴之日起，按日加收万分之五的滞纳金；逾期仍不缴纳的，处欠缴数额1倍以上3倍以下的罚款。

5. 用人单位、工伤职工或者其近亲属骗取工伤保险待遇，医疗机构、辅助器具配置机构骗取工伤保险基金支出应承担的法律责任

（1）工伤保险基金是参保单位依法缴费形成的社会保险基金，用于工伤职工的救治和补偿，任何人都不得侵占。骗取工伤保险待遇以及骗取工伤保险基金支出，是以不正当手段侵占工伤保险基金的行为，是一种主观上的故意，必须依法惩处。

（2）骗取工伤保险待遇或者工伤保险基金支出应当承担的法律责任。根据《工伤保险条例》第六十条的规定，应当承担以下责任：

1）行政责任。用人单位、工伤职工或者其近亲属骗取工伤保险待遇，医疗机构、辅助器具配置机构骗取工伤保险基金支出的，由社会保险行政部门责令退还，处骗取金额2倍以上5倍以下的罚款。

2）刑事责任。即“情节严重，构成犯罪的，依法追究刑事责任”。用人单位、工伤职工或者其近亲属骗取工伤保险待遇，医疗机构、辅助器具配置

机构骗取工伤保险基金支出可能涉及诈骗罪。诈骗罪是指以非法占有为目的，用虚假事实或者隐瞒真相的办法，骗取数额较大公私财物的行为。诈骗罪的主要特征是：

①犯罪主体是一般主体，凡达到刑事责任年龄、具有刑事责任能力的自然人或者单位均可成此罪。

②侵犯的客体是公私财物所有权。

③客观方面表现为使用虚构事实或者隐瞒真相的方法，使财物所有人、管理人产生错误认识，使其信以为真，将犯罪分子视为合法取得者，按一般管理规则或者给付方法将公私财物交给犯罪分子。

④主观方面是故意，并具有非法占有公私财物的目的。

根据《刑法》第二百六十六条的规定，诈骗公私财物，数额较大的，处3年以下有期徒刑、拘役或者管制，并处或者单处罚金；数额巨大或者有其他严重情节的，处3年以上10年以下有期徒刑，并处罚金；数额特别巨大或者有其他特别严重情节的，处10年以上有期徒刑或者无期徒刑，并处罚金或者没收财产。本法另有规定的，依照规定。

6. 从事劳动能力鉴定的组织或者个人违反工伤保险法律规定应当承担的法律责任

（1）从事劳动能力鉴定的组织或者个人违反工伤保险法律的情形。从事劳动能力鉴定的组织有两类：一是《工伤保险条例》第二十四条规定的省、自治区、直辖市劳动能力鉴定委员会和设区的市级劳动能力鉴定委员会，分别由省、自治区、直辖市和设区的市级社会保险行政部门、卫生行政部门、工会组织、经办机构代表以及用人单位代表组成；二是条例第二十五条规定的接受劳动能力鉴定委员会委托具备资格的医疗机构。从事劳动能力鉴定的个人是指条例第二十四条规定的从事劳动能力鉴定的医疗卫生专业技术人员。《工伤保险条例》第六十一条列举了从事劳动能力鉴定的组织或者个人违反工伤保险法律规定的3种情形：

1）提供虚假鉴定意见。劳动能力鉴定是对劳动功能障碍程度和生活自理障碍程度的等级鉴定。职工确认为工伤后，须经过劳动能力鉴定委员会组织的专家组进行劳动能力鉴定，并取得劳动能力鉴定委员会根据专家组的鉴定意见作出的鉴定结论，才能按照规定领取相应的工伤保险待遇。因此，有关鉴定意见是工伤职工享受工伤保险待遇的重要的、具有法律意义的证明文件，必须保证其真实性。所谓提供虚假鉴定意见，既包括鉴定意见的全部内容不真实，也包括部分内容不真实。例如，劳动能力鉴定委员会出具的鉴定结论根本没有经过专家组鉴定，或者签署鉴定意见的人员根本不具备专家资格，或签署的意见部分或全部是编造的事实。

2）提供虚假诊断证明。如劳动能力鉴定委员会或者有关医务人员出具的诊断，病情与事实不符，或者完全是编造的病情等情形。

3）收受当事人财物。

（2）从事劳动能力鉴定的组织或者个人违反工伤保险法律应承担的法律责任。根据《工伤保险条例》第六十一条的规定，应承担以下责任：

1）行政责任。由社会保险行政部门责令改正，并处 2 000 元以上 1 万元以下的罚款。

2）刑事责任。即“情节严重，构成犯罪的，依法追究刑事责任”。从事劳动能力鉴定的组织或者个人违反工伤保险法律，可能涉及提供虚假证明文件罪、受贿罪。

7. 用人单位应当参加工伤保险而未参加应承担的法律责任

工伤保险制度是国家以强制力保障实施的一项重要的社会保险制度。《工伤保险条例》第二条明确规定，中华人民共和国境内的企业、事业单位、社会团体、民办非企业单位、基金会、律师事务所、会计师事务所等组织和有雇工的个体工商户应当依照本条例规定参加工伤保险，为本单位全部职工或者雇工缴纳工伤保险费。违反参加工伤保险义务的用人单位，应当承担相应的法律责任：

（1）行政责任。根据《工伤保险条例》第六十二条规定“用人单位依照本条例规定应当参加工伤保险而未参加的，由社会保险行政部门责令限期参加，补缴应当缴纳的工伤保险费，并自欠缴之日起，按日加收万分之五的滞纳金；逾期仍不缴纳的，处欠缴数额 1 倍以上 3 倍以下的罚款”和第六十三条规定“用人单位违反本条例第十九条的规定，拒不协助社会保险行政部门对事故进行调查核实的，由社会保险行政部门责令改正，处 2 000 元以上 2 万元以下的罚款”进行相应处罚。同时，根据《社会保险费征缴暂行条例》的规定，用人单位未按规定办理社会保险登记、变更登记或者注销登记，以及未按照规定申报应缴纳的社会保险费数额的，由社会保险行政部门责令限期改正；情节严重的，对直接负责的主管人员和其他直接责任人员可处以 1 000 元以上 5 000 元以下的罚款；情节特别严重的，对直接负责的主管人员和其他直接责任人员可处以 5 000 元以上 1 万元以下的罚款。

【新闻摘录】(中国金融网转载中国台州网—台州日报2011年2月28日讯)

台州市医疗保险事业管理中心有关负责人介绍，截至2010年，台州市有181万人参保了工伤保险，参保人数居5大保险之首，但有的用人单位因为不是正规企业，无法为员工办理工伤保险，有的则因为参保意识不高，认为自己不是高危行业，没必要参保。

针对目前台州市用人单位参加工伤保险情况，3月至4月，原劳动和社会保障局将会同有关部门开展专项执法检查。“重点检查用人单位是否参保及是否存在选择性参保。”对检查中发现用人单位应当参加工伤保险而未参加的，由社会保险行政部门责令限期参加，补缴应当缴纳的工伤保险费，并自欠缴之日起，按日加收万分之五的滞纳金；逾期不缴纳的，处欠缴数额1倍以上3倍以下的罚款。

(http://insurance.zgjrw.com/News/2011228/Insurance/427027908800.shtml)

(2) 承担本单位工伤职工的工伤费用。未参加工伤保险期间用人单位职工发生工伤的，由用人单位按照《工伤保险条例》规定的工伤保险项目和标准支付费用。

思考题

1. 什么是工伤保险争议？
2. 正确处理工伤保险争议的意义是什么？
3. 什么是工伤保险劳动争议和行政争议？二者分别具有什么特征？
4. 如何处理工伤保险劳动争议和行政争议？
5. 什么是法律责任？其特征是什么？
6. 构成法律责任应具备什么条件？
7. 什么是工伤保险法律责任？有什么作用？
8. 单位或者个人挪用工伤保险基金应当承担什么法律责任？
9. 骗取工伤保险待遇或者工伤保险基金支出的应如何处理？

主要参考文献

1. 尹蔚民. 中华人民共和国社会保险法释义［M］. 北京：中国劳动社会保障出版社，2011

2. 胡晓义. 工伤保险条例释义与实务［M］. 北京：中国劳动社会保障出版社，2011

3. 孙树菡. 工伤保险［M］. 北京：中国人民大学出版社，2000

4. 郑功成. 社会保障学［M］. 北京：中国劳动社会保障出版社，2005

5. 胡晓义. 走向和谐：中国社会保障发展 60 年［M］. 北京：中国劳动社会保障出版社，2009

6. 陈刚. 工伤保险［M］. 北京：中国劳动社会保障出版社，2005

7. 周弘. 社会保障制度国际比较［M］. 北京：中国劳动社会保障出版社，2011

8. 陈刚. 劳动能力鉴定标准应用指南［M］. 北京：中国劳动社会保障出版社，2007

9. 赵湘平. 工伤保险实用指南［M］. 长沙：湖南人民出版社，2004

10. 周弘. 125 国（地区）社会保障资金流程图［M］. 北京：中国劳动社会保障出版社，2011

11. 郑尚元. 工伤保险法律制度研究［M］. 北京：北京大学出版社，2004

12. 向春华，刘伟. 劳动能力鉴定理论与实务［M］. 北京：中国劳动社会保障出版社，2008

13. 胡晓义. 社会保险法知识问答［M］. 北京：中国劳动社会保障出版社，2011

14. 穆怀中. 社会保障国际比较［M］. 北京：中国劳动社会保障出版社，2002

15. 邓大松. 社会保险（第二版）［M］. 北京：中国劳动社会保障出版社，2009

16. 吕学静. 日本社会保障制度［M］. 北京：经济管理出版社，2000

17. 杨燕绥. 劳动和社会保障立法国际比较研究 [M]. 北京：中国劳动社会保障出版社，2001

18. 孙树菡，余飞跃. 中国工伤保险预防职能和衍生 [J]. 北京劳动保障职业学院学报. 2007，1 (2)

19. 翟玉娟. 中国工伤保险制度预防机制的不足及完善 [J]. 天津市政法管理干部学院学报. 2009，2

20. 唐丹. 我国“十一五”工伤康复事业的新发展 [J]. 中国康复医学杂志. 2011，6 (26)

21. 陈曦. 基于工伤保险体系下的我国工伤预防机制研究 [J]. 特区经济. 2010，6

22. 张小平. “三位一体”工伤保险体系下的工伤预防机制研究 [D]. 中国人民大学劳动人事学院. 硕士论文，2008.

23. 张军. 工伤预防体系研究 [J]. 中国社会保障. 2011，2

24. 石孝军. 日本的工伤保险经验与启示 [J]. 中国社会保障. 2006，2

25. 王思斌. 社会工作概论 [M]. 北京：高等教育出版社，1999

26. 卓大宏. 中国康复医学（第二版）[M]. 北京：华夏出版社，2003

27. 郭成伟，王广彬. 公平良善之法律规则——中国社会保障法制研究 [M]. 北京：中国法制出版社，2003

28. 许莉娅. 个案工作 [M]. 北京：高等教育出版社，2004

29. 唐丹. 康复医学的新领域——工伤康复. 中国康复医学杂志. 2003，18 (4)

30. 李忠. 我国工伤康复制度的现实选择 [C]. 工伤康复国际研讨会论文集. 广州：2005

31. 广东省工伤康复中心. 粤港湘工伤康复培训教材 [M]. 广州：2006

32. 劳动和社会保障部. 关于加强工伤康复试点工作的指导意见. 2007

33. 黄敏英，罗筱媛. 工伤康复医院个案管理员在康复服务中的角色 [J]. 国际医药卫生导报. 2010，16 (1)

34. 罗筱媛. 职业社会康复之个案管理模式的时实践. 第二届内地与香港工伤康复及预防交流研讨会暨第三届中国工伤康复论坛论文集. 广州：2010

35. Tang D., Chen G., Xu Y. W., et al, “An Emerging Occupational Rehabilitation System in People's Republic of China”, J Occup Rehabil, 2011, 1 Suppl 1: S35—43.

36. Theo Nichols, *The Sociology of Industrial Injury*, Mansell Publishing Limited, London, UK, 1997.

37. Nick Ellison & Chris Pierson, *Developments in British Social Policy*, Macmillan Press Limited, London, UK, 1998.

后 记

2010年10月28日，十一届全国人大第十七次会议通过了《社会保险法》，自2011年7月1日正式施行。《社会保险法》对工伤保险作出了具体明确的规定，为工伤保险制度的完善和发展确定了方向和原则。作为配套法规，《工伤保险条例》进行了相应修订，新修订《工伤保险条例》于2011年1月1日正式实施，其中对扩大工伤保险实施范围和工伤认定范围、增强参保强制性、提高工伤保险待遇水平等方面都进行了修订和完善，对工伤预防、工伤康复等内容增加制度性安排。《工伤保险》一书正是基于这样的背景，在对2005年出版的《工伤保险》（全国劳动和社会保障干部培训教材、劳动和社会保障岗位资格证书考试教材、高等教育自学考试劳动和社会保障专业专科教材）进行梳理的基础上编写的，书中融入了有关法律法规的最新内容，体现了最新的法律精神，以供广大读者学习参考。本书内容全面，内涵丰富，逻辑清晰，文字简洁，对进行工伤保险理论政策学习具有较强的指导性和实用性。本书编写具有以下特点：

一是内容系统全面。本书共分为九章，包括工伤保险概论、工伤预防、工伤认定、劳动能力鉴定、工伤保险待遇、工伤康复、工伤保险基金管理、工伤保险管理与服务、工伤保险争议处理与法律责任，内容涵盖了包括工伤保险基本概念、基本原则、国内外理论沿革发展和我国工伤保险制度体系架构及工伤保险各项业务工作及管理服务内容等，不仅介绍了工伤保险基础理论和制度体系的发展，而且还以大量篇幅详细阐述了工伤保险业务领域的更新和变化，从而使本书在强调知识性的同时，又突出了整体性和时效性。

二是理论性和实用性相统一。本教材全面介绍了工伤保险基础理论、法律政策和基本业务等理论知识，同时，在理清主干的基础上适当拓展，考虑到不同层次读者的需要，内容难度作出明确的层次区分，以利于不同层次读者对知识的掌握，使读者通过学习本教材；既能够了解和掌握工伤保险知识体系，又能够重视理论联系实际，重视案例的引领与分析。作为全国人力资源和社会保障干部培训教材，本书在人才培养目标上定位于“应用型”人才培养，突出实践能力的形成，力求提高工作实践应用技能和解决问题的能力。本书还精选了工伤保险有关文件和经典案例等，力求通过政策理论和实践相结合的形式，提高工伤保险工作者的业务素质。

三是注重形式与内容的创新。本书编写过程中，在内容上力求注重前沿性、科学性、基本结构的完整性以及可读性和可操作性，教材特别重视反映最新理论成果和工作动态，特别开列拓展阅读文献，在章节内容中设置了“关键概念”“阅读链接”“阅读参考”“新闻摘录”“案例”等内容，大大增加了内容的丰富性和生动性，为读者提供拓展学习和阅读的空间和导引，同时在本书每章的开头和结尾还从读者的实际接受能力出发设计了学习导读与思考题，力求使本书以鲜活的体例更加贴近读者实际，具有较强的可读性和应用性。

本书在编写过程中得到人力资源和社会保障部部领导的高度重视和支持，本书主编胡晓义副部长对编写工作多次作出重要批示和具体指导。工伤保险司原司长、现国家公务员局副局长陈刚同志为本书大纲的编写和章节设计等提供了宝贵的意见和指导。为保证教材编写工作的顺利进行，工伤保险司组织业务骨干和有关专家学者，集中力量、通力协作、精益求精，保质保量完成了撰写工作。刘梅、颜清辉同志组织统稿，徐文磊、侯硕涵、顾智锦同志参与了统稿工作。各章编写人员分别是：张晗（第一章）；李晓军（第二章）；王丽、石瑛（第三章）；周永波（第四章）；邱明月（第五章、第七章、第八章）；唐丹（第六章）；高永贤（第九章）。全书由张晗同志负责统筹。在本书的编写过程中，人力资源和社会保障部社会保险基金监督司、社会保险事业管理中心对本书的编写工作提出了宝贵意见；中国人民大学劳动人事学院孙树菡教授作为审纲审稿专家，从理论角度对大纲和书稿进行了审核；中国人民大学的刘茜茜同学为本书有关章节的编写做了很多基础工作，在此一并致以真诚的谢意。本书在编写过程中还参考了许多相关教材、著作和论文，我们已在书中一一注明。

由于水平所限，加之时间仓促，编写人员多而统稿难度较大，不足之处在所难免，敬请读者批评指正。

编 者

2011 年 12 月